大学生心理健康教育

朱海雪 徐涛 主编
吴锐 吴迪 秦莉 副主编

江苏人民出版社

图书在版编目（CIP）数据

大学生心理健康教育 / 朱海雪，徐涛主编. -- 南京 : 江苏人民出版社，2025. 1. -- ISBN 978-7-214-29656-6

Ⅰ. G444

中国国家版本馆 CIP 数据核字第 2024ME4164 号

书　　名	大学生心理健康教育
主　　编	朱海雪　徐　涛
责任编辑	张惠玲
装帧设计	许文菲
责任监制	王　娟
出版发行	江苏人民出版社
地　　址	南京市湖南路 1 号 A 楼，邮编：210009
照　　排	南京紫藤制版印务中心
印　　刷	江苏凤凰通达印刷有限公司
开　　本	718 毫米×1000 毫米　1/16
印　　张	22　插页 1
字　　数	350 千字
版　　次	2025 年 1 月第 1 版
印　　次	2025 年 1 月第 1 次印刷
标准书号	ISBN 978-7-214-29656-6
定　　价	38.00 元

序 言

PREFACE >>>>

2018年，教育部印发了《高等学校学生心理健康教育指导纲要》，明确指出心理健康教育的价值功能要体现"育心与育德相统一"，强调"学生心理健康素质与思想道德素质、科学文化素质协调发展"。2023年教育部、最高人民检察院、宣传部等十七部门关于印发《全面加强和改进新时代学生心理健康工作专项行动计划(2023—2025年)》的通知，也提出了新时代学生心理健康的重要性。可见，大学生心理健康教育是落实立德树人的根本任务，是提升思想政治教育质量、推动工作内涵式发展的重要任务。2021年7月，《习近平新时代中国特色社会主义思想进课程教材指南》亦明确指出，课程思政要依据学科特点、科学编排、有机融入原则，将习近平新时代中国特色社会主义思想积极融入到相关教材中。编写《大学生心理健康教育》教材，有利于教师选择教学策略、确定教法、实现教学目标和突破教学重难点等。目前，《大学生心理健康教育》教材在选材、内容方面固然有诸多研究，但有关教材课程思政改革的研究并不多。教材作为课程的载体，承载着课程的目标、内容、实施和评价要素，其改革与创新是更好发挥育人功能的必要前提。因此，在课程思政视域下编写《大学生心理健康教育》教材尤其重要，也更符合新时代大学生心理健康的培养要求。

在编写本教材的过程中，我们始终将课程思政融入学生身心发展特点和形成过程中，提高心理健康教育教材的课程思政站位，把握学生积极心理品质的培养，坚持心理教育与德育相结合，注重学生人生观、价值观的塑造。本书充分体现了知识、能力、思政三方面教学目标的有机结合，做到：(1) 以学生为中心，遵循大学生心理成长和认知发展规律，充分体现内容的丰富多样和生动活泼；(2) 既有理论支撑，又在文字表述上浅显易懂，案例来自实际生活，做到了从实际中来，又回到实际中去。(3) 内容继承了大学生心理健康教育一些公认的、稳定的基本知识、技能，在保证内容科学全面的同时，又勇于改革和创新，将课程思政充分融入到教材中，积极吸收当今国内外最新心理健康教育案例及心理健康教育活动，突出新时代大学生心理健康教育的新颖性、创新性。(4) 全书除了基本的理论篇之外，增加了实践篇，充分激发大学生的主观能动性，做到“在课堂上实践，在实践中求知”。这与传统心理健康教育教学主要以理论讲授为主(共32课时)不同，因为在人才培养方案中，《大学生心理健康教育》将32课时分为22课时理论讲授和10课时实践。因此，本书作者将理论与实践充分融合，试图达到真正解决实际问题的目标。

本书编写人员分工如下：理论篇共分为十章，分别为：第一章：朱海雪、骆玲玲；第二章：吴迪、张燕倪；第三章：秦莉；第四章：秦莉；第五章：徐涛；第六章：徐涛；第七章：吴锐；第八章：吴迪、张燕倪；第九章：吴锐；第十章：朱海雪、贾轶。实践篇共分为五大主题，全部由徐涛完成。

本书的撰写得到了滁州学院规划教材(2023ghjc004)、安徽省高校优秀青年科研项目(2022AH030108)、滁州学院启动基金项目(2023qd80/2022qd64/2024qd63)的资助，同时，也得到了学校与学院的大力支持。作者均为心理学专业且教授心理健康教育的一线教师或辅导员，对大学生心理健康教育具有深刻的见解，能够把握新时代大学生心理健康特点。本书的撰写也得到了同行专业人士的指导，他们对本书提出的建议均已被采纳，期望读者给予批评与指正。

目 录

CONTENTS>>>>

理论篇

实践篇

理论篇

第一章 CHAPTER 1 >>>>

心灵启航：大学生心理健康教育概览

案例导入

张华是一名聪明、勤奋的大二学生，因为过度焦虑，逐渐失去了学习兴趣，甚至开始厌学。张华从小成绩优异，一直是老师和同学们眼中的“学霸”。他的父母都是公务员，对他的期望很高，从小就为他规划了详细的学习和生活路线。进入大学后，张华依然保持着优异的成绩，但他逐渐感受到巨大的压力。他报了许多竞赛，积极参加各种社团活动，但由于竞争激烈，他屡次失利，这让他开始对自己的能力产生怀疑。特别是在一次重要的学科竞赛中落选后，他感到极度沮丧，甚至怀疑自己是否有能力继续学业。

自此，张华的情绪开始变得不稳定，经常因为一些小事而焦虑，在课堂上也无法集中注意力。面对即将到来的考试，他总是感到极度的紧张，甚至在考试前夜无法复习，失眠。他曾努力尝试控制自己的焦虑情绪，但总是失败。最终，张华对学习和生活都失去了兴趣，开始逃课，渐渐成为同学眼中的“异类”。他感到非常痛苦，但不知道该如何摆脱这种困境。

张华同学出现了什么心理健康问题？我们如何帮助他走出困境？

第一节　大学生心理健康教育概述

一、健康与心理健康

（一）健康

当今社会，“健康”是一个人们经常挂在嘴边的词。过年时，我们会祝福长辈：“祝您健康长寿，开心每一天！”看见朋友在吃辣条、炸鸡等，我们会说：“天天吃‘垃圾’食品，这样不健康！”放假了，每天睡到日上三竿，妈妈会掀开被子说：“起来吃饭，一会儿陪我出去转转，老这么窝在家里一动不动，不健康。”你也许会对朋友说：“我挺健康的，上个月体检，身体指标一切正常。”长久以来，“无病即健康”的观点影响深远，人们一般从身体健康的角度去理解健康。无病无痛，功能正常就是健康。许多生理不健康都被归于生物学方面的原因。人类可以控制自己的健康，良好的生活习惯是身体健康的基础。这些朴素的健康观影响了一代又一代人，大多数人都认为影响健康的只有生物因素。随着科技的进步和社会的发展，健康观已拓展了传统的生物医学模式，各种医学研究都证明，生理与心理双因素对人类健康都有着重要的影响。

世界卫生组织总干事马乐博士曾经说过：“必须让人们认识到，健康并不代表一切，但失去了健康，便失去了一切。”那么，什么是健康？《现代汉语词典》对健康的解释是：“（人体）发育良好，机理正常，有健全的心理和社会适应能力。”其实早在 1948 年世界卫生组织（WHO）成立时，其宪章就对健康下了这样的定义：“健康乃是一种生理、心理和社会适应都日臻完满的状态，而不仅仅是没有疾病和虚弱的状态。”1989 年，世界卫生组织又修改了健康的概念，增加了道德健康。由此可见，衡量是否健康至少包括四个层面的内容：

第一，身体发育情况，如是否有生理疾病或缺陷、身体各部分的机能状况等，这是健康的基础。

第二，心理发展状况，如是否有心理疾病，是否有持续的、积极的心理发展状态等。

第三，掌握了多少生活知识和技能，是否有正确的人生目标，是否能遵守社会生活规则,融入现实社会生活,能否在不同时间、不同岗位上扮演好各种角色等。

第四,道德文明水准,如道德认知水平和道德行为状况等,道德健康的最高标准是无私奉献,最低标准是不损害他人。

世界卫生组织在定义了健康的概念后,还进一步指出了健康的新内涵:一是有充沛的精力,能从容不迫地担负日常工作和生活,而不感到疲劳和紧张;二是积极乐观,勇于承担责任,心胸开阔;三是精神饱满,情绪稳定,善于休息,睡眠良好;四是自我控制能力强,善于排除干扰;五是应变能力强,能适应外界环境的各种变化;六是体重得当,身材匀称;七是牙齿清洁,无空洞,无痛感,无出血现象;八是头发有光泽,无头屑;九是反应敏锐,眼睛明亮,眼睑不发炎;十是肌肉和皮肤富有弹性,步伐轻松自如。因此,健康是生理健康与心理健康的统一,二者是相互联系,密不可分的。当人的生理产生疾病时,其心理也必然受到影响,会情绪低落、烦躁不安、容易发怒,从而导致心理不适;同样,长期心情抑郁、精神负担重、焦虑的人,也易产生身体不适。因此,健全的心理与健康的身体是相互依赖、相互促进的。健全的心理有赖于健康的身体,而健康的身体也离不开健全的心理。

1999 年,世界卫生组织把身心健康的新标准概括为“五快三良好”。“五快”是生理健康标准,即快食、快眠、快便、快语、快行。其具体内容为:“快食”包括胃口好、不挑食、不偏食、不狼吞虎咽;“快眠”是指入睡快、睡眠质量高、精神饱满;“快便”是指大小便通畅、便时无痛苦、便后感舒适;“快语”是指思维敏捷、说话流利、口齿清楚、表达正确;“快行”是指行动自如、步伐轻捷。

“三良好”是心理健康标准,即良好的个性、良好的处世能力、良好的人际关系。“良好的个性”是指心地善良、乐观处世、为人谦和、正直无私、情绪稳定;“良好的处世能力”是指观察事物客观现实,有良好的自控能力,能较好适应复杂的环境变化;“良好的人际关系”是指助人为乐,与人为善,待人接物宽和,不过分计较小事。

（二）心理健康

1. 心理健康概念

迄今为止,关于心理健康还没有一个统一的定义。1946 年召开的第三届国际心理卫生大会对心理健康是这样界定的:“所谓心理健康,是指在身体、智能以及情感上与他人的心理健康不相矛盾的范围内，将个人的心境发展成最佳状态。”这个定义是把心理健康放在与他人的比较中来界定的。如果一个人与其他人相比较，符合同龄阶段大多数人的心理发展水平，那么，这个人的心理状况就是健康的，反之就是不健康的。广义的心理健康是指人能够在社会环境中健康地生活，保持良好的情绪状态，适应社会生活变化节奏，能与人正常交往；狭义的心理健康是指人能够预防心理障碍或异常行为出现。前者是从宏观上要求人应该达到的可能状态，后者是指对未出现的或可能出现的异常行为进行防御与抵抗。1948 年，世界卫生组织又将心理健康定义为：“人们在学习、生活和工作中的一种安宁平静的稳定状态。”

我国心理学界一般认为，心理健康是以有效的心理活动、正常平稳的心理状态，对当前和发展的社会、自然环境及自我环境具有良好适应能力的心理状态。

2. 心理健康特点

人的生理健康可以通过身体各项指标的测量和身体功能水平评估的指标进行评定。因心理活动的主观性、复杂性和内隐性，需要通过外显的行为才能被观测到，所以人的心理健康往往很难用统一的标准来衡量，但仍然是有可参照的、可操作的标准。

美国学者坎布斯（A.W.Combs）认为：一个心理健康、人格健全的人应有四种特质：

① 积极的自我观；② 恰当地认同他人；③ 面对和接受现实；④ 主观经验丰富，可供取用。

马斯洛（A. H. Maslow）和米特尔曼（B. Mittelman）提出，具有自我实现的人格特征的人是心理健康的人。所谓自我实现的人，就是精神健全，能充分开拓并运用自己的天赋、能力、潜力的人，具有以下几个特征：

① 有充分的安全感；② 对自己有较充分的了解，并能恰当地评价自己的能力；③ 自己的生活理想和目标切合实际；④ 能与周围的环境保持良好的接触；⑤ 能保持自身人格的完整与和谐；⑥ 具备从经验中学习的能力；⑦ 能保持适当和良好的人际关系；⑧ 能适度地表达和控制自己的情绪；⑨ 能在集体允许的前提下，有限度地发挥自己的个性；⑩ 能在社会规范的范围内，适度地满足个人的基本需要。

台湾地区学者王沂钊历经多年的研究,认识到人唯有健康的心理,才会有健康的生活习惯与健康的身体,才能在社会上保持较高的效能。他提出以下六项衡量个人心理是否健康的准则:

① 要有工作而且乐于工作(这是人性最高的心理需求和快乐的来源);② 要有朋友而且乐于与他人交往(通过与人分享心情,体会爱的幸福感,能够稳定情绪);③ 要适当地了解自己并且悦纳自己;④ 能客观地评价他人与认可他人;⑤ 能与现实环境保持良好的接触;⑥ 经常保持满意的心情。

另一个台湾地区学者黄坚厚 1982 年也提出了衡量心理健康的四条标准:

① 乐于工作,能在工作中发挥智慧和能力,以获取成就和满足;② 乐于与人交往,能和他人建立良好的关系,与人相处时积极态度多于消极态度;③ 对自己有适当的了解和悦纳的态度;④ 能与环境保持良好的接触,并能运用有效的方法解决所遇到的问题。

著名心理学家郑日昌教授认为,心理健康包括正视现实;了解自己;善与人处;情绪乐观;自尊自制;乐于工作。

心理学者王希永等认为,心理健康的标准可以概括为:

① 智力正常,思维方式正确,能辩证地看待社会,看待自己,看待一切事物;② 具有高尚的情感体验,能控制自己的情绪;③ 正确对待困难和挫折,不苛求环境,不推卸责任,有战胜困难的信心、勇气、毅力,有创新意识和开拓精神,顺利时不骄傲自满;④ 需要是合理的,动机是可行的,有理想、有追求、有社会责任感,精神生活充实;⑤ 具有自觉的社会公德,具有社会所赞许的道德品质,能恰当地处理人际关系;⑥ 经常处于内心平衡的满足状态,出现心理不平衡时,自己可以及时、有效地进行调整。

拓展阅读

“健康中国 2030”

2016 年 10 月 25 日,中共中央、国务院印发了《“健康中国 2030”规划纲要》(以下简称《纲要》),《纲要》指出:推进健康中国建设,必须高举中国特色社会主义伟大旗帜,全面贯彻党的精神,以马克思列宁主义、毛泽东思想、邓小平理论、“三个代表”重要思想、科学发展观为指导，深入学习贯彻习近平总书记系列重要讲话精神，紧紧围绕统筹推进“五位一体”总体布局和协调推进“四个全面”战略布局，认真落实党中央、国务院决策部署，坚持以人民为中心的发展思想，牢固树立和贯彻落实新发展理念，坚持正确的卫生与健康工作方针，以提高人民健康水平为核心，以体制机制改革创新为动力，以普及健康生活、优化健康服务、完善健康保障、建设健康环境、发展健康产业为重点，把健康融入所有政策，加快转变健康领域发展方式，全方位、全周期维护和保障人民健康，大幅提高健康水平，显著改善健康公平，为实现“两个一百年”奋斗目标和中华民族伟大复兴的中国梦提供坚实健康基础。

《纲要》第五章第三节中强调，要加强心理健康服务体系建设和规范化管理。加大全民心理健康科普宣传力度，提升心理健康素养。加强对抑郁症、焦虑症等常见精神障碍和心理行为问题的干预，加大对重点人群心理问题早期发现和及时干预力度。加强严重精神障碍患者报告登记和救治救助管理。全面推进精神障碍社区康复服务。提高突发事件心理危机的干预能力和水平。到 2030 年，常见精神障碍防治和心理行为问题识别干预水平显著提高。

[资料来源：节选于中华人民共和国人民政府网站，https://www.gov.cn/zhengce/2016-10/25/content_5124174.htm?eqid=9d4da6bb000833c0000000046496f297]

二、大学生心理健康的标准

心理健康是整个时代的课题，是现代社会进步与人类自身发展的客观要求。心理健康问题已在世界范围内得到重视和发展。对当代大学生而言，社会的改革与进步为其提供了成才的广阔舞台和更多的发展机会，但同时，激烈的竞争也带来更多严峻的挑战，时代的发展对大学生提出了更高、更新、更多的要求。

一些大学生进入大学后，生活中充满困惑和烦恼，出现诸多不适感、焦虑感、压抑感、紧张感等消极心理体验。如果这些消极心理体验长期积累，得不到缓解，就容易出现心理障碍，轻则影响正常的学习与生活，重则导致心理疾病，影响今后人生的发展。因此，优化心理素质，保持心理健康，不仅是大学期间正常学习生活的保证，也是其人格完善和德、智、体、美、劳全面发展的重要条件。

综合国内外专家学者的观点，黄希庭教授和马建青教授等根据我国大学生群体的年龄、心理和社会角色特征，提出了八条心理健康的标准。

（一）智力正常

智力正常是大学生学习、生活和工作的最基本的心理条件，是学生胜任学习任务、适应周围环境变化最需要的心理保证，因此它也是衡量大学生心理健康的首要标准。大学生智力正常且充分发挥的标准是：有强烈的求知欲和浓厚的探索兴趣；智力结构中各要素在其认识活动和实践活动中都能积极协调地参与，并能正常发挥作用；乐于学习。

（二）情绪健康

情绪健康的主要标志是情绪稳定和心情愉快。这是大学生心理健康的一个重要指标，因为情绪在心理变化中起核心作用，情绪异常往往是心理疾病的先兆。大学生情绪健康包括以下几方面内容：

第一，愉快情绪多于不愉快情绪。一般表现为乐观开朗、积极热情、富有朝气、满怀自信、善于自得自乐、对生活充满希望。

第二，情绪稳定。善于控制和调节自己的情绪，既能克制约束，又能适度宣泄，不过分压抑，使情绪的表达既符合社会的要求也符合自身的需要；在不同的时间和场合恰如其分地表达情绪。

第三，情绪反应。情绪反应是由面临的情景引起的，反应的强度与引起这种情绪的情景相符合。

（三）意志健全

意志是人在完成一种有目标的活动时，所进行的选择、决定与执行的心理过程。意志健全者在行动的自觉性、果断性、顽强性和自制力等方面都表现出较高的水平。意志健全的大学生在各种活动中都有自觉的目的性，能适时地做出决定，并能运用切实有效的方法解决所遇到的各种问题；在困难和挫折面前，能采取合理的应对措施，并能在行动中控制情绪和言行，既不顽固执拗、轻率鲁莽、言行冲动，也不意志薄弱、优柔寡断、害怕退缩。

（四）人格完整

人格指人的整体精神面貌。大学生人格完整的主要指标是：人格结构的各要素完整统一，具有正确的自我意识，没有自我同一性混乱；以积极进取的人生观作为人格的核心，并把自己的需要、愿望、目标和行为统一起来。

（五）自我评价正确

正确的自我评价是大学生心理健康的重要条件。一个心理健康的人对自己的认识应该是接近现实的，应该有“自知之明”。对自己的优点感到欣慰但不狂妄自大，对自己的缺点不回避也不自暴自弃，而是善于正确地“自我接纳”。

（六）人际关系和谐

和谐的人际关系，既是大学生保持心理健康的途径和条件，也是大学生心理健康的标准。其表现有以下几方面：

(1) 乐于与人交往，既有稳定而广泛的人际关系，又有知心朋友。

(2) 在交往中保持独立而完整的人格，有自知之明，不卑不亢。

(3) 能客观评价别人和自己，善于取长补短。

(4) 宽以待人，乐于助人。

(5) 积极的交往态度多于消极的交往态度。

(6) 交往动机端正。

（七）适应能力强

较强的适应能力是心理健康的重要特征。这里所讲的适应，不是被动、一味地迎合，甚至与不良风气、落后习俗同流合污，而是在认清社会发展趋势的基础上，主动适应社会发展的要求，不逃避现实，不妄自尊大、一意孤行，与社会需要背道而驰。

（八）心理行为符合大学生的年龄特征

大学生是处于特殊年龄阶段的特殊群体，应具有与自己的年龄和角色相应的心理行为特征。一个大学生若经常严重地偏离自己所处的年龄阶段和自己的角色应该具有的相应的心理特征，则有可能是心理异常的表现。

三、影响大学生心理健康的主要因素

总的来说，大学生的心理问题主要由来自社会、学校和家庭的各种压力造成。一般来说，大学生的文化层次较高，社会对其期望、要求也较高，大学生自我关注和人生目标的定位也较高。因此，他们面临的心理压力可能要比一般的社会成员要大，压力源也广得多。影响大学生心理健康的因素归纳起来主要有以下几方面。

（一）社会环境因素

1. 社会竞争的压力

随着我国社会的变迁，各项改革的深入发展，竞争在人才培养和就业制度上的引进等，大学生面临着各种竞争的压力。如在经济转轨、社会转型期大学毕业生由国家统一分配转向人才市场双向选择，这种就业制度的重大变化，使"天之骄子"的大学生优越感受到强烈冲击，感到前途渺茫，原有的优越感、美好的理想不再存在，这种失落感很容易导致大学生产生心理问题。

2. 信息矛盾引起的认知问题

大学生正值长身体、学知识、学做人的重要时期，正处于世界观、人生观、价值观的形成时期，可塑性强。随着网络信息时代到来，各方面信息纷繁复杂，良莠共存，而大学生思想不成熟，缺乏经验，对信息的加工处理能力不强，理想与现实产生激烈的矛盾或冲突，如果这些矛盾或冲突得不到及时疏导，日积月累就会产生心理问题。

（二）学校环境因素

1. 生活环境的压力

生活环境变化是促使大学生心理发生变化的基础。从中学到大学，令人感触最深的莫过于换了一个环境，开始过独立的集体生活。它要求大学生要做到生活自理，要有奉献精神。当代大学生很多是独生子女，往往会因第一次离开父母、家庭而缺乏生活自理能力，过不惯集体生活，感到压抑而产生焦虑。

2. 学习环境的压力

在大学里，竞争不局限于学习成绩，眼界学识、文体特长、社交能力、组织才干等都成了竞争的方面。在这种情况下，大学生很容易因为巨大的心理落差而对自己全盘否定。中学时，大部分学生习惯于老师的详细讲解和具体辅导，缺少自学能力培养，依赖性强。到了大学，学生除了从老师的授课中获取知识外，自学占了很重要的位置。加之大学的考试方式比较灵活，那些死记硬背、缺乏灵活运用知识能力的大学生，往往会很不适应而感到困难重重。

3. 个人情感的压力

大学生正值青年中期，对性的问题比较敏感。他们渴望与异性交朋友，渴望得到异性的友谊甚至爱情。但其生理早熟和心理滞后之间的矛盾往往导致需要爱与理解爱之间的偏差。一方面,大学生生理成熟萌发性意识,产生需要爱情的欲望,但道德、纪律和法律又限制着这种欲望,于是在需求与满足之间出现了尖锐的矛盾和冲突,心理失去平衡。另一方面,大学生的世界观、人生观正处于形成阶段,尚未树立正确的恋爱观,导致三角恋、单相思、失恋、胁迫恋爱以及性心理异常等现象产生。这些来自情感的压力,一旦得不到及时有效的缓解或调适,就可能引起心理失衡,严重的会导致精神类疾病。

4. 人际关系的压力

大学校园属人群密集型场所,大学生面临着各种复杂的人际关系。大学生来自不同地域,文化背景、价值观不尽相同,其个性、习惯的差异突出,学生之间容易产生人际关系方面的摩擦与冲突,且无力自行妥善解决,造成交往受阻。还有一些大学生因为缺乏交往技巧和能力,为找不到真正的知己而苦恼,出现不同程度的人际关系焦虑症状。

(三)家庭环境因素

1. 父母期待的压力

当今社会,家长们普遍存在"望子成龙、望女成凤"的心态。为了子女升学,诸如考大学、考研或出国留学等,许多家长煞费苦心,不惜一切代价。来自父母的强烈期望,既可能成为大学生勤奋学习的动力,也可能适得其反,成为他们难以承受的心理负担。

2. 经济压力

在经济转轨时期,城乡差别以及收入悬殊问题在大学生中会表现得相对明显。就高校贫困生而言,尽管谁也不愿贴上"贫困生"的标签,但现实却是,从吃穿用度乃至言行举止都与来自大城市的学生有很大差别。他们除了学业竞争外,还得承受学费和生活开支带来的经济压力,在学习之余不得不依靠勤工俭学维持学习和生活,所承受的心理压力明显超过家庭经济条件较好的同学,容易产生心理不平衡。

(四)自身因素

有少数大学生因遗传等因素,在长相、身材的高矮胖瘦等方面差强人意;或因患有某种疾病导致身体素质欠佳,在学习和训练的过程中感到力不从心；或因自身的某些个性，如性格内向、急躁冲动、固执多疑等，让大学生产生“我不如人”的心理，久而久之，就会造成严重的心理负荷和问题。

第二节　大学生心理健康常见问题

目前，大学生心理健康问题已成为影响大学生健康成才以及高校稳定的突出因素，大学生心理素质教育和心理健康教育工作亟待引起社会各界的高度重视。正如中国心理学会前理事长张侃呼吁的那样：在社会如此文明、科技如此发达的今天，不能再让“灰色的青春蒙住孩子的笑脸”。大学生的心理健康不仅关系到个人的成长，也关系到民族素质的提高，更关系到一代新人的培养，这是社会主义精神文明建设的一个重要方面。影响心理健康的因素是各种各样的，既有个体自身的因素，也有外界环境的因素。就当前大学生的具体现状而言，大学生常见的心理健康问题主要表现在以下七个方面。

一、学习心理问题

学习心理问题在大学生中比较普遍，不仅影响着学生的学业成绩，更深刻地影响着他们的心理健康。这些问题主要表现在以下四个方面。

（一）学习目的不明确

不少学生进入大学之后，学习目的不明确。很多同学为了应付学业不得不参加考试，有的学生甚至直截了当地说：学习只为了能够考试过关，至于为什么学心中不清楚。一位学生这样写道：“在中学时代，各方面表现都很出色，进入大学后，沿着中学的惯性学习，尽管成绩还算理想，但学习却常常感到心力交瘁，学而无所获。”更多的学生是“懒得精益求精，但求蒙混过关”。面对人才竞争的巨大压力，很多学生内心也有危机感，但要真正行动、努力学习，却提不起劲头来。

（二）学习内驱动力不足

在“大学生生活事件量表”中，列在第一位的是学习压力较大。调查结果表明：大约有 69.6％的新生感到“学习难度较大，学习方法不适应”；在问到为什么学习时，学生淡淡地说“为学习而学习，但学习始终不能进入状态”，总感到是在巨大的考试压力下被动地学习，对学习没有兴趣。静下来想学时，又会感到很苦恼和为将来担心。较普遍的情况是学生考入大学后，暂时丧失了前进的方向，有松口气的想法，因而内驱动力不足。

（三）学习努力但成绩不理想

学习困难的学生在大学生群体中占的比例不是很大，但他们的负性情绪对其成长极其不利。有的学生上课注意力无法集中，有的学生不适应大学生活，虽然学习上很尽力，而学习成绩总是不理想，因而感到很自卑，心情十分沮丧、压抑。

（四）学习动机功利化

市场经济的利益杠杆直接影响着学生的学习行为，对于学习，学生表现出明显的功利意识和行为。对还没有学的课，学生问的第一个问题是“我学习这门课有什么用?”因而出现了对一些专业课、基础课不重视，而技能类课程如计算机、外语、各种证书班门庭若市的现象。“考证热”是学习功利化的直接表现。学生充分了解市场对各种证书的青睐，因而放弃了专业课的学习而去追逐各种证书的暂时效益。

二、人际关系心理问题

人际关系心理问题是指在人际交往过程中产生的各种心理困扰和障碍。这些问题可能源于沟通不畅、信任缺失、冲突处理不当、孤独感、社交焦虑等多种因素。在人生的黄金时期，大学生正站在青春的十字路口，面对着学业、职业、情感等多重挑战。人际关系作为社会交往的重要组成部分，其质量直接影响着大学生的心理健康状态。

（一）人际交往不适

进入高校，远离原来熟悉的生活与学习环境，学生多少有些不适。部分学生对大学的师生关系、同学关系、异性关系感到紧张。一位新生感叹：“在大学，没有一个可以谈得来的朋友，心里真的好孤独。”对于如何关心别人和如何得到别人的关心想得较少；另外，大学生又希望得到别人的认可。“有心里话却不知道对谁说”成为大学生普遍的烦恼。

（二）自卑心理

有些大学生来到一个新环境容易产生自卑感，自己瞧不起自己，缺乏自信，办事无胆量，畏首畏尾，随声附和，没有自己的见解。这种心理如不慢慢学习克服，会损伤他们的独特个性。

（三）社交恐惧

大学在一定程度上给学生创造了一个小的社会环境，学生可以充分展示自我，展示大学生活的风采。但部分学生缺乏在公众场合表达自己思想的能力与勇气，面对各种各样的活动，有兴趣又担心失败，只是羡慕而积极参与的不多，久而久之，开始回避，然后感叹“外面的世界很精彩，外面的世界很无奈”。这直接影响了他们潜能的充分发挥。

（四）猜疑心理

有些大学生在社交中过于敏感，托同学、朋友办事时，往往爱用不信任的目光审视对方，无端猜疑，捕风捉影，说三道四，结果影响了同学、朋友之间的关系。

（五）心灵闭锁

从校门到校门，部分学生缺乏人际交往经验，而自身的不自信又影响了人际交往的品质，妨碍了良好的人际交往圈的形成。据调查，大约 30%的新生认为没有朋友，23%的学生感到“孤独、寂寞”；在与他人主动交往方面，大约 45%的学生希望自己成为交流的对象而不是交流的直接发起者。个体间的正常沟通交往不够，又易引发猜疑、妒忌等，使少数学生把自己包裹起来而回避他人。

三、情绪心理问题

凡是能够满足人的需要或符合人的愿望的事物，就使人产生肯定的态度，引起积极的情绪体验；凡是不符合人的需要或与人的愿望相违背的事物，则会产生否定的态度，引起消极的情绪体验。有时，即使是同一事物，由于人的需求不一样，也可能引起不同的内心体验。

稳定的情绪、积极良好的情绪反应，是学生成长成才很重要的因素，有助于学生心理健康的养成。据某高校一项调查，学生的负向情绪常高于正向情绪，值得引起广大教育工作者的重视。以下是大学生常见的情绪心理问题。

（一）情绪失衡

大学生的社会情感丰富而强烈，具有一定的不稳定性与内隐性，表现为情绪波动大，容易冲动，喜怒无常，会因一点小小的成功而沾沾自喜，也易为一次考试失败、情感受挫而一蹶不振，特别是负性情绪的控制相对较弱。个体的负性情绪表现为情绪高低不定、易怒，难以驾驭自己的情感，不能保持一种常态的情绪，如有的学生一次考试失败，就很难从失利的阴影中走出；群体负性情绪又是制造校园事端的直接原因。如某大学几年间遭违纪处分的71个案例中，打架占到45%，且起因多数是生活中的小摩擦。学生的群体情绪一旦激发，很难受到理性与校纪校规的约束，容易产生为“朋友而战”、为“义气而战”的行为，当情绪稳定下来时，大多又后悔不已。学生对大学生活的评价中认为“充实”的仅占14.2%，负性情绪明显高于正向情绪。

（二）抑郁

抑郁是一种持续时间较长的低落消沉的情绪体验。处于抑郁状态的学生，看到的一切仿佛都笼罩着一层暗淡的灰色，对什么事都提不起兴趣，常常感到精力不足、无精打采，注意力难集中，思维迟钝，心情压抑、沮丧，什么活动都懒于参加。同时伴有痛苦、羞愧、自怨自责、悲伤、身体不适、睡眠不足，并且自我评价偏低，对前途悲观失望。中国矿业大学连续三年对新生进行心理健康测试，结果列在第一位的心理不适是抑郁，如连续的考试失败、失去亲人、失恋、同学感情失和等都是抑郁的直接诱因。

（三）焦虑

焦虑是一种紧张、害怕、担忧、焦急混合交织的情绪体验，被焦虑困扰的学生，内心感到紧张、着急、不安、心烦意乱，注意力难以集中，思维迟钝，记忆力减弱，同时常伴有头痛、心慌、失眠、食欲不振、胃肠不适等生理反应。

1. 形象焦虑

青年时期比任何年龄更关注自己在他人尤其是异性心目中的形象，学生受长相、胖瘦、高矮、能力、魅力因素的影响，会产生各种各样的焦虑。有的学生认为自己长得不够漂亮，不能获得异性的好感，甚至部分女生因没有男生追求而苦恼；有的学生总感到自己的先天条件不够理想，非常自卑，不能建立恰当的自我形象。

2. 考试焦虑

考试焦虑对大学生尤其是学习基础较差的学生尤其突出，他们无端担心考试失败，甚至产生了厌倦考试的状态。考试前担心睡不好觉，一想到考试就非常害怕；考试时紧张、心慌、出汗、手发抖等。如果第一门功课考得不好,又担心下一门功课考试依旧会失败,不能很好地进行自我调节。

四、情感心理问题

这表现为异性交往困难、陷入多角关系不能自拔、单相思、失恋的痛苦。有的学生看到同学纷纷交友结伴而自惭形秽,有些学生恋爱不是出于爱情,而是为了填补内心空虚和寂寞等,出现了"寂寞期恋爱""痛苦期恋爱""攀比期恋爱"等现象;还有的学生因失恋而长期精神萎靡甚至轻生。

(一)爱情观念消极

近年来,大学生恋爱越来越普遍。据调查,在校大学生恋爱比例已高达61.9%。虽然恋爱在大学并非一门必修课,学生仍然从各个方面开始自己的情感之旅,甚至"专业恋爱业余学习"的情况不是个例。有的学生说"爱是情感,不是规范",甚至存在一些不正确的恋爱观:"每周一哥""普遍撒网、重点培养、择优而谈"。面对爱情,学生更多的是"不在乎天长地久,只在乎曾经拥有",将爱情与婚姻分离是一种普遍的观念。

(二)友谊与爱情困扰

友情是人生路上的精神食粮,校园独特的文化氛围与人文氛围滋润着学生的各种情感。恋爱过程中产生的嫉妒心理,部分学生无法正视,个别人想方设法报复对方,甚至走上犯罪道路。还有的学生看不清友谊与爱情的区别,不能很好地把握男女交往的尺度,希望友谊、珍惜友谊又不经意地与友谊失之交臂。

五、性心理问题

除了恋爱导致的心理困扰外,更沉重的心理负担是性心理的问题。如:有的学生因为性知识的匮乏,产生对性冲动、性自慰行为的焦虑自责等;有的学生因手淫习惯或因自认为性器官的某些缺陷和难以克制的窥视欲望而背上"精神十字架",产生种种忧虑和烦恼,甚至对生活失去希望。大学生性心理问题主要体现在以下方面:

(一)生理适应不良

青春期性生理的成熟,必然带来相应的心理变化,渴望获得异性的好感与承认,产生性幻想、性冲动等,据调查,大约18.3%的新生和30%的老生有过"性幻想"。用一种自慰的方法解决生理冲动,是正常的行为。由于性教育的缺失,很多学生不能正确认识自己的性反应,产生了堕落感、耻辱感,把性与不洁联系起来。曾有一位大学生因做性梦产生性幻想不能自拔，萌发轻生的念头。学生对自身性欲望的放纵，与恋爱对象发生性行为并不罕见。

（二）性心理问题

大学生性困扰主要有性无知、性罪恶、性压抑以及情感障碍。青春期性心理与性生理密切相关，对异性有好感，希望在异性心目中确立良好的形象，获得对方的认可。有的大学生认为，“爱，不能没有性”“禁欲是对美好爱情的打击”。性生理的成熟与性心理不够成熟的矛盾，使很多学生面临这样的选择：最初的恋人可能不是最终的选择，性关系无论从道德上还是从心理上都使对方多了一份沉甸甸的责任，“面对男朋友的性要求，如何选择才既不伤双方感情，又保持了自身的尊严”？“既不破坏社会公德，又不影响他人，健康的性行为为什么不可以呢”？性的好奇、性贞洁感的淡化，性与爱的困惑、分离，由于性行为引起的后果及产生的心理压力，都需要大学生重视并慎重应对。

六、择业心理问题

随着高校毕业分配制度的改革，不少毕业生在求职择业方面不适应而出现种种困惑和苦恼。这表现为缺乏选择的主动性，不了解与自己个性、能力相匹配的职业领域，对面试缺乏自信，过于功利，缺乏走上社会的心理准备等。如有的学生面对人才市场五花八门的招聘单位与条件不知所措，难以抉择；有的学生不懂面试礼仪及技巧，不知怎样才是适当的自我推荐；有的学生对种种社会现实不能正确分析，产生逃避社会的心理或过于担忧的心理。

思政小贴士

紧扣立德树人的育人目标，结合当代大学生的身心发展特点，在传播心理健康知识与技能的同时，有机嵌入社会主义核心价值观。改革后的心理健康教育课程的育人目标，应紧紧围绕培养大学生良好的品格，塑造他们健全的人格，引导学生树立正确的国家观、民族观、价值观、文化观、历史观为核心要点，促进大学生心理健康素质与思想道德素质、科学文化素质协同发展，让他们成为自尊自信、理性平和、积极向上、意志坚定的大学生。

培养大学生爱自己、爱他人、爱生活的情感与价值观，引导大学生正确看待心理健康常见问题；促成学生健康意识养成，提升心理健康调适能力。

［余琼.课程思政视域下大学生心理健康教育课程教学改革［J］.西部素质教育，2024(06)：69.］

第三节　大学生心理健康教育的任务和途径

促进学生身心健康、全面发展，是党中央关心、人民群众关切、社会关注的重大课题。随着经济社会快速发展，学生成长环境不断变化，叠加新冠疫情影响，学生心理健康问题更加凸显。为认真贯彻党的二十大精神，贯彻落实《中国教育现代化2035》《国务院关于实施健康中国行动的意见》，全面加强和改进新时代学生心理健康工作，提升学生心理健康素养，教育部等十七部门印发了《全面加强和改进新时代学生心理健康工作专项行动计划（2023—2025年）》的通知。学校要以习近平新时代中国特色社会主义思想为指导，全面贯彻党的教育方针，坚持为党育人、为国育才，落实立德树人根本任务，坚持健康第一的教育理念，切实把心理健康工作摆在更加突出位置，统筹政策与制度、学科与人才、技术与环境，贯通大中小学各学段，贯穿学校、家庭、社会各方面，培育学生热爱生活、珍视生命、自尊自信、理性平和、乐观向上的心理品质和不懈奋斗、宠辱不惊、百折不挠的意志品质，促进学生思想道德素质、科学文化素质和身心健康素质协调发展，培养担当民族复兴大任的时代新人。

一、大学生心理健康教育的任务

大学生心理健康教育不仅关乎学生的个人成长与发展，更直接影响到社会的整体素质和未来。良好的心理健康教育，能够帮助学生树立正确的人生观、世界观，培养积极向上的心态和坚韧不拔的毅力，从而在面对各种挑战时能够保持冷静和理智，做出正确的决策。同时，心理健康教育还能够增强学生的自我调节能力和抗压能力，让他们在未来的工作和生活中更加自信和从容。因此，高校应该高度重视大学生心理健康教育工作，加强心理健康教育师资队伍建设，完善心理健康教育课程体系，提高心理健康教育的针对性和实效性，为培养具有高素质、高能力的优秀人才奠定坚实基础。

对大学生来说，心理健康是学业有成、事业成功、生活快乐的基础。因此，加强和改进大学生心理健康教育是新形势下全面贯彻党的教育方针、推进素质教育的重要举措，是促进大学生健康成长、培养高素质合格人才的重要途径，也是加强和改进大学生思想政治教育的重要任务。加强和改进大学生心理健康教育的总体要求是：遵循思想政治教育和大学生心理发展规律，开展心理健康教育，做好心理咨询工作，提高心理调节能力，培养良好心理品质，促进大学生思想道德素质、科学文化素质和身心健康素质协调发展。

高等学校大学生心理健康教育工作的主要任务为：第一，宣传普及心理健康知识，使大学生认识自身，了解心理健康对成才的重要意义，树立心理健康意识。第二，介绍增进心理健康的途径，使大学生掌握科学、有效的学习方法，养成良好的学习习惯，自觉地开发智力潜能，培养创新精神和实践能力。第三，传授心理调适的方法，使大学生学会自我心理调适，有效消除心理困惑，自觉培养坚韧的意志品质和艰苦奋斗的精神，提高承受和应对挫折的能力和社会生活的适应能力。第四，解析心理异常现象，使大学生了解常见心理问题产生的原因及主要表现，以科学的态度对待各种心理问题。

二、学校心理健康教育的途径

（一）开设心理健康教育课程

大学生心理健康教育要开设专门课程，这是教育部门领导、专家、学生管理部门、教师和学生经过多年实践达成的共识。《大学生心理健康教育》作为必修课，是各专业大学生获取心理健康知识和技能的基本方式和渠道。现在，在课程体系的建设、内容的设定、讲授的方法等等方面已逐步完善，越来越多的院校已经根据需要，形成了选用专用教材、由专任心理教师任教的规范化教学。也有院校在其专业教学体系中，增加了一定的心理学课程与心理健康教育课程，相互补充，努力丰富专业教学课程体系。

（二）开展心理健康教育讲座

首先，学校可通过举办心理健康教育讲座，有针对性地介绍相关知识，使新生入学后尽快适应校园环境和校园生活，接纳学习环境和新的人际关系，学会基本的独立生活技能，也尝试认识自我并悦纳自我，学会初步的自我心理调节方法，预防和克服可能产生的适应问题。

其次，学校可通过心理健康教育相关课题的带动，提倡广大教师进行心理健康教育原理与模式的研究，在学校形成一个人人都设法为学生创造宽松、和谐、勇于实践的学习环境。学生积极进取，老师有了成就感，彼此的心态平和下来，就会出现教学相长的好态势，形成教育活动的良性循环。

最后，学校还可以指导学生观看一些著名心理健康教育专家的讲座和录像，指导学生阅读心理健康方面的书籍，引导学生学写心理日记，剖析自己心理成长中的事例，达到自我成长和心理健康的目的。

（三）开辟心理健康教育"第二课堂"

除课堂教学以外，学校为使学生在良好氛围中接受潜移默化的影响，积极开拓"第二课堂"也非常重要。"第二课堂"包括学校的广播、刊物、板报等学生自己组织完成的稿件、绘画等，也包括针对学生干部和骨干的专题培训，组织学生社团活动，尤其是心理协会、心理委员、"朋辈"心理辅导员等都能起到非常大的学生自我教育作用，而学生自己组织开展的趣味运动会，有关心理健康专题的知识竞赛、文艺表演等丰富多彩的心理健康教育活动，可以让学生在实践中践行认知，激发价值，锤炼意志，自觉弘扬和践行社会主义核心价值观，不断增强"四个自信"，塑造良好的心理品质。

（四）在学科教学中渗透心理健康教育

心理健康教育是一种教育思想、一种教育理念、一种教育精神、一种教育追求、一种教育实践。不要把心理健康教育局限于某一方面的工作，要树立全局观念，全方位渗透心理健康教育。每位教师都有关注大学生心理健康的责任，都应成为大学生的心理保健医生。

首先，教师要注重提升自己的教育理念，尊重每个学生，创造一个学生可自由发展的空间，解放学生的创造力，相信人人都具有成功的潜能。

其次，学科教学中教师应注重人文关怀、积极情感的感染，指导学生构建良好的心理素质模式。教师既要结合学科教学内容渗透心理健康教育，又要通过对学生的宽容、理解、期待的态度以及科学的评价反馈等，促进学生的心理健康成长。结合大学生发展需要，分层分类开展心理健康教学，关注学生个体差异，帮助学生掌握心理健康知识和技能，树立自助、求助意识，学会理性面对困难和挫折，增强心理健康素质。

最后，对学生进行心理健康教育，要提高教师的心理素质。面对来自社会各方面有形无形的压力，有的教师产生了心理冲突和压抑情绪，心理状态消极和不稳定，这必然导致不适当的教育行为，对学生产生不良影响。所以，教师要重视自身的心理健康，科学地调整心态，积极乐观、平和稳定，以旺盛的精力、丰富的情感和健康的情绪投入到教育教学工作中去。

（五）开展心理健康状况普查

学校对入学新生进行全面心理普查，建立心理健康档案，做到从心理上关注和关怀每一个学生，对所有数据、结果进行存档，对需要重点给予帮助的学生，及时给予心理关怀，并建立相应制度；同时加强制度落实和严格管理。心理健康普查主要包括以下两个方面内容：

第一，加强心理健康监测。组织研制符合中国大学生特点的心理健康测评工具，规范量表选用、监测实施和结果运用。依托有关单位或学校心理健康教育部门，对大学生心理健康进行监测，构建完整的学生心理健康状况监测体系，加强数据分析、案例研究，强化风险预判和条件保障。

第二，开展心理健康测评。坚持预防为主、关口前移，定期开展大学生心理健康测评，并科学规范运用测评结果，建立"一生一策"心理健康档案。建立健全测评数据安全保护机制，防止信息泄露。

积极心理学提倡以积极的态度看待每一个个体，发展积极体验与特质是预防心理问题发生的重要心理复原力量。这启示我们，心理健康普查可以利用心理测评这一载体，除测试心理危机学生之外还可以引导学生认识自我，发展自我的优势与潜力。心理学者马建青曾指出：危机预防不应该是心理健康普查的主要目的，心理健康普查应该持积极导向，为全体大学生服务。帮助大学生了解自己的情绪、行为方式、个性特点、心理健康状况等，促进大学生自我认识、潜能开发、个性发展。郭兰教授认为，心理测评与心理咨询等教育形式不同，它能够吸引大学生主动参与其中，认识自己。大学生在参加测评之后可能会主动学习心理健康知识，并为完善自己而走近心理咨询，获得专业的指导和帮助。

（六）开展心理咨询等相关工作

开展大学生心理咨询工作是咨询人员运用心理学的理论、方法和技术，借助语言和文字等媒介，帮助学生消除心理障碍，维护和增进身心健康，促进大学生个性发展和潜能开发的过程。它是一种补救性措施。

学校心理健康教育以预防和发展性辅导为主。有些学生慑于其他人的议论而不敢轻易找心理教师，这不利于心理健康教育工作的开展。学校心理咨询室应该成为学生倾诉心声、减轻心理压力、获得心理帮助的精神家园,不应该办成心理门诊。学校还应设立心理咨询热线,建立心理档案,为学生提供心理咨询全程服务。

鼓励高校班级探索设置心理委员。高校要强化心理咨询服务平台建设,完善"学校—院系—班级—宿舍/个人"四级预警网络,辅导员、班主任定期走访学生宿舍,院系定期研判学生心理状况。重点关注面临学业就业压力、经济困难、情感危机、家庭变故、校园欺凌等风险因素,以及校外实习、社会实践等学习生活环境变化的学生。发挥心理援助热线作用,面向因自然灾害、事故灾难、公共卫生事件、社会安全事件等重大突发事件受影响学生人群,强化应急心理援助,有效安抚、疏导和干预。对于可能的突发事件或心理健康方面的特殊情况,还可以采取请进来、走出去的方法来解决,即请知名专家来校园帮助解决特殊问题,或建议(或带领)学生到校外寻求心理援助,包括专科医院心理医生的帮助。

此外,学校要加强对家长的指导和帮助,形成心理健康教育系统。可以通过新生入学时的家长座谈会、辅导员平时与家长的联络等方式,加强对家长的指导,使家长学习教育孩子的正确方法。同时,面向家长开展心理咨询,让家长懂得青少年心理发展的特点,懂得心理健康的重要性,了解青少年年龄特点,并指导家长科学地引导孩子健康成长。

拓展阅读

"5.25"的由来

为引导大学生关注自身的心理健康,2000 年,"5.25 全国大学生心理健康节"在北京师范大学拉开帷幕,截取"5.25"的谐音"我爱我",意为关爱自我的心理成长和健康,活动的主题是大学生人际交往和互助问题,口号为"我爱我——走出心灵的孤岛"。2004 年,教育部、团中央、全国学联办公室向全国大学生发出倡议,把每年的 5 月 25 日确定为全国大学生心理健康日。

只有爱自己才能更好地爱他人。选择"5.25"是为了便于大学生记忆,关注自己的心理健康。随后,"5.25——大学生心理健康日"在全国高校得到认同,全国高校都利用这一天开展多种形式的心理健康教育活动,甚至认为这一天就是"大学生的心理健康节"。北京师范大学心理学院院长车宏生教授说："大学生心理健康活动周的举行，说明心理学受到老百姓的重视。社会的发展需要心理学，希望这个活动能推广到全国各地。"如今，"5.25 大学生心理健康活动周"已遍及全国各地，成为全国大学生活动的一个著名的品牌，其影响力越来越大。

[资料来源于网络：https://baike.baidu.com/item/%E5%A4%A7%E5%AD%A6%E7%94%9F%E5%BF%83%E7%90%86%E5%81%A5%E5%BA%B7%E6%97%A5/4408056]

思政小贴士

高校大学生心理健康教育过程中实施课程思政，必须以心理健康教育课程内容为基础，有目的、有计划性地渗透课程思政的相关内容，否则会过于突兀，让学生产生抵触情绪。这就要求在高校心理健康教育中深挖课程思政的内涵，让学生在接受心理健康教育时，明确自身的特点，找到实现自我价值的方法，进而培养积极向上的心理品质，促进自身心理健康发展。

[资料来源：梁瑛楠.高校大学生心理健康教育课实施课程思政的路径创新策略[J].高教学刊，2022(06)：37.]

思考题

1. 什么是心理健康？它具有哪些标准？
2. 大学生常见心理健康问题有哪些？
3. 大学生如何应对心理问题？

测一测

心理健康症状自评量表①

指导语：以下表格中列出了有些人可能有的病痛或问题，请仔细阅读每一条，然后根据最近一星期以内(或过去)下列问题影响你或使你感到苦恼

① 汪向东，王希林，马弘等.心理卫生评定量表手册[M].北京：中国心理卫生杂志社，1999：34－37.

的程度，在方格中选择最合适的一格，划一个“√”。请不要漏掉问题！

题目	从无	很轻	中等	偏重	严重
1. 头痛。					
2. 神经过敏，心中不踏实。					
3. 头脑中有不必要的想法或字句盘旋。					
4. 头晕和昏倒。					
5. 对异性的兴趣减退。					
6. 对旁人责备求全。					
7. 感到别人能控制您的思想。					
8. 责怪别人制造麻烦。					
9. 忘记性大。					
10. 担心自己的衣饰整齐及仪态的端正。					
11. 容易烦恼和激动。					
12. 胸痛。					
13. 害怕空旷的场所或街道。					
14. 感到自己的精力下降，活动减慢。					
15. 想结束自己的生命。					
16. 听到旁人听不到的声音。					
17. 发抖。					
18. 感到大多数人都不可信任。					
19. 胃口不好。					
20. 容易哭泣。					
21. 同异性相处时感到害羞不自在。					
22. 感到受骗、中了圈套或有人想抓住您。					
23. 无缘无故地突然感到害怕。					
24. 自己不能控制地发脾气。					
25. 怕单独出门。					
26. 经常责怪自己。					

续 表

题目	从无	很轻	中等	偏重	严重
27. 腰痛。					
28. 感到难以完成任务。					
29. 感到孤独。					
30. 感到苦闷。					
31. 过分担忧。					
32. 对事物不感兴趣。					
33. 感到害怕。					
34. 我的感情容易受到伤害。					
35. 认为旁人能知道您的私下想法。					
36. 感到别人不理解您不同情您。					
37. 感到人们对您不友好，不喜欢您。					
38. 做事必须做得很慢以保证做得正确。					
39. 心跳得很厉害。					
40. 恶心或胃部不舒服。					
41. 感到比不上他人。					
42. 肌肉酸痛。					
43. 感到有人在监视您谈论您。					
44. 难以入睡。					
45. 做事必须反复检查。					
46. 难以作出决定。					
47. 怕乘电车、公共汽车、地铁或火车。					
48. 呼吸有困难。					
49. 一阵阵发冷或发热。					
50. 因为感到害怕而避开某些东西、场合或活动。					
51. 脑子变空了。					
52. 身体发麻或刺痛。					
53. 喉咙有梗塞感。					

续　表

题目	从无	很轻	中等	偏重	严重
54. 感到没有前途没有希望。					
55. 不能集中注意。					
56. 感到身体的某一部分软弱无力。					
57. 感到紧张或容易紧张。					
58. 感到手或脚发重。					
59. 想到死亡的事。					
60. 吃得太多。					
61. 当别人看着您或谈论您时感到不自在。					
62. 有一些不属于您自己的想法。					
63. 有想打人或伤害他人的冲动。					
64. 醒得太早。					
65. 必须反复洗手、点数目或触摸某些东西。					
66. 睡得不稳不深。					
67. 有想摔坏或破坏东西的冲动。					
68. 有一些别人没有的想法或念头。					
69. 感到对别人神经过敏。					
70. 在商店或电影院等人多的地方感到不自在。					
71. 感到任何事情都很困难。					
72. 一阵阵恐惧或惊恐。					
73. 感到在公共场合吃东西很不舒服。					
74. 经常与人争论。					
75. 单独一人时神经很紧张。					
76. 别人对您的成绩没有做出恰当的评价。					
77. 即使和别人在一起也感到孤单。					
78. 感到坐立不安心神不定。					
79. 感到自己没有什么价值。					
80. 感到熟悉的东西变成陌生或不像是真的。					

续 表

题目	从无	很轻	中等	偏重	严重
81. 大叫或摔东西。					
82. 害怕会在公共场合昏倒。					
83. 感到别人想占您的便宜。					
84. 为一些有关“性”的想法而很苦恼。					
85. 您认为应该因为自己的过错而受到惩罚。					
86. 感到要赶快把事情做完。					
87. 感到自己的身体有严重问题。					
88. 从未感到和其他人很亲近。					
89. 感到自己有罪。					
90. 感到自己的脑子有毛病					

评定方法：

分为五级评分(从 0—4 级),0＝从无,1＝轻度,2＝中度,3＝相当重,4＝严重。有的也用 1—5 级,在计算所得总分时,应将所得总分减去 90。SCL - 90 除了自评外,也可以作为医生评定病人症状的一种方法。

分析统计指标：

1. 总分

(1) 总分是 90 个项目所得分之和；

(2) 总症状指数(General Symptomatic Index),国内称总均分,是将总分除以 90(＝总分÷90)；

(3) 阳性项目数是指评为 1—4 分的项目数,阳性症状痛苦水平(Positive symptom distress level)是指总分除以阳性项目数(总分/阳性项目数)。

(2) 因子分

SCL - 90 包括 9 个因子,每一个因子反映病人某方面的症状痛苦情况,通过因子分可了解症状分布特点。

因子分＝ 组成某一因子的各项目总分/组成某一因子的项目数。

9 个因子含义及所包含项目为：

(1) 躯体化(somatization):包括 1,4,12,27,40,42,48,49,52,53,56,

58 共 12 项。该因子主要反映身体不适感，包括心血管、胃肠道、呼吸和其他系统的主诉不适，以及头痛、背痛、肌肉酸痛以及焦虑的其他躯体表现。

(2) 强迫症状(obsessive-compulsive)：包括 3,9,10,28,38,45,46,51,55,65 共 10 项。它主要指那些明知没有必要，但又无法摆脱的无意义的思想、冲动和行为，还有一些比较一般的认知障碍的行为也在这一因子中反映。

(3) 人际关系敏感(interpersonal sensitivity)：包括 6,21,34,36,37,41,61,69,73 共 9 项。它主要指某些个人不自在与自卑感，特别是与其他人相比较时更加突出。在人际交往中的自卑感，心神不安，明显不自在，以及人际交流中的自我意识，消极的期待亦是这方面症状的典型原因。

(4) 抑郁(depression)：包括 5,14,15,20,22,26,29,30,31,32,54,71,79 共 13 项。苦闷的情感与心境为代表性症状，还以生活兴趣的减退、动力缺乏、活力丧失等为特征，以反映失望、悲观以及与抑郁相联系的认知和躯体方面的感受。另外，还包括有关死亡的思想和自杀观念。

(5) 焦虑(anxiety)：包括 2,17,23,33,39,57,72,78,80,86 共 10 项。一般指那些烦躁、坐立不安、神经过敏、紧张以及由此产生的躯体反应，如震颤等。测定游离不定的焦虑及惊恐发作是焦虑因子的主要内容，还包括一项躯体感受的项目。

(6) 敌对(hostility)：包括 11,24,63,67,74,81 共 6 项。它主要从思想、感情及行为三个方面来反映敌对的表现。其项目包括厌烦的感觉、摔物、争论，直到不可控制的脾气爆发等各方面。

(7) 恐怖(photic anxiety)：它包括 13,25,47,50,70,75,82 共 7 项。恐惧的对象包括出门旅行，空旷场地，人群，公共场所和交通工具。此外，还有反映社交恐怖的一些项目。

(8) 偏执(paranoid ideation)：它包括 8,18,43,68,76,83 共 6 项。本因子是围绕偏执性思维的基本特征而制定，主要指投射性思维，敌对，猜疑，关系观念，妄想，被动体验和夸大等。

(9) 精神病性(psychoticism)：它包括 7,16,35,62,77,84,85,87,88,90 共 10 项。反映各式各样的急性症状和行为，有代表性地视为较隐讳、限定不严的精神病性过程的指征。此外，也可以反映精神病性行为的继发征兆和分裂性生活方式的指征。

此外,还有 19,44,59,60,64,66,89 共 7 个项目未归入任何因子,分析时将这 7 项作为附加项目(additional items)或其他,作为第 10 个因子来处理,以便使各因子分之和等于总分。

活动体验

1. 自我观察

每一个人都来自过去,“过去”对我们的心理和行为有着不容忽视的影响,正视这些影响并选取其中积极向上的成分,是心理健康教育的目的之一。作为高考的过来人,盘点我们亲历高考这一过程的利弊,于我们的成长和发展极有意义。请写一篇短文,谈谈高考对你的影响。

2. 想想做做

(1) 想想:自己来到大学后的心态。

(2) 想想:围绕心理健康宗旨,自己需要做哪些调整。

(3) 做做:以小组为单位,创作一段关于大学生心理健康的群口相声。

(4) 做做:以小组为单位,抢说学习方法,每个同学说出一种,大家掌声鼓励。

(5) 做做:做一名志愿者,在校园里开始实践,一个月拿出 1 小时的时间就可以,坚持做下去,你会发现自己的心理在变化。

(6) 做做:让学院小道的上空回荡着你的朗朗读书声,在学院实习基地的机器旁移动着你一丝不苟操作的身影……努力实践,不论在哪个方面,使自己产生并享受高峰体验。

参考文献

陈秋红,彭怀学,熊娟梅.大学生心理健康教育——为心灵护航[M].成都:电子科技大学出版社,2019.

樊富珉,王建中.当代大学生心理健康教程[M].武汉:武汉大学出版社,2006.

樊富珉.大学生心理健康与发展[M].北京:清华大学出版社,1997.

郭兰,邓芳.(2004).心理测评:开放式心理健康教育的一种手段[J].思想理论教育导刊,(10):62-63+74.

李墨池.现代大学生心理健康教育[M].天津:天津科学技术出版

社，2018.

马建青，王东莉.（2009）.大学生心理健康普查和建档工作的理性思考[J].应用心理学，15(01)：78－83.

刘嵋.心理健康教育[M].北京：清华大学出版社，2019.

刘嵋，刘岳.大学生心理健康教育[M].成都：电子科技大学出版社，2019.

罗晓璐，夏翠翠.大学生心理健康教育[M].上海：上海交通大学出版社，2016.

梁瑛楠.高校大学生心理健康教育课实施课程思政的路径创新策略[J].高教学刊，2022(06)：36－39.

钱铭怡.心理咨询与心理治疗[M].北京：北京大学出版社，2008.

邱亚飞，魏荣霞，邱吟.（2020）.健康中国背景下大学生心理普查工作探新[J].高教学刊，(27)：57－60.

沈伊默.大学生心理健康教育[M].重庆：重庆大学出版社，2021.

汪向东，王希林，马弘等.心理卫生评定量表手册[M].北京：中国心理卫生杂志社，1999.

余琼.课程思政视域下大学生心理健康教育课程教学改革[J].西部素质教育，2024(06)：67－71.

张大均.大学生心理健康[M].北京：清华大学出版社，2007.

周蓓，雷玉霞.大学生心理健康案例教程[M].北京：人民邮电出版社，2012.

推荐阅读

《心的出路》(伊丽莎白·库伯勒·罗斯，戴维·凯思乐著，张美惠译，国际文化出版社)

推荐影片

1.《阿甘正传》

2.《心灵捕手》

3.《放牛班的春天》

第二章 CHAPTER 2

生命之旅：大学生生命教育探索

案例导入

春天是万物复苏的季节，它带来了生机与希望。在初春的温暖阳光下，骨髓采集室迎来了两位特别的女孩——小羽和小铭。她们年轻、充满活力，而这一天，她们将用无私的行动为两位血液病患者点亮生命之光。

小羽，一位年轻的出版社编辑，早在2017年的一次无偿献血中，就决定将自己的造血干细胞信息加入中华骨髓库。她当时的这一决定，犹如一颗种子，悄悄埋入大地，等待发芽的时刻。

当得知自己的造血干细胞与一位血液病患者初配型成功时，小羽没有犹豫，立即表示同意捐献。面对那些对造血干细胞捐献尚存疑虑的人，小羽用她的亲身经历告诉大家："如果身体允许，不妨加入中华骨髓库，为那些需要帮助的生命和家庭带去一份希望。"这份对生命的尊重和关怀，让人感动。

与小羽同龄的小铭，是一名互联网公司的设计师。早在2013年，还在大学就读的她，就加入了中华骨髓库。她说："当时红十字会在学校做了相关宣传，我觉得这是一件很有意义的事情，所以就登记入库了。"

当得知自己的造血干细胞与另一位患者匹配成功时，小铭毫不犹豫地表示愿意捐献。她认为，自己只是恰巧拥有健康的身体，并且有机会将这份幸运传递给他人。"很感谢整个流程上的每一个人，理解和关心我的家人朋友、积极配合的公司、认真负责的红十字会工作人员、细心专业的医护人员,让我可以完成这样一件有意义的事情。"小铭的话语中充满了感恩。

小羽和小铭,两位年轻的女孩,用她们的行动诠释了无私奉献和感恩之心。她们的故事,像是温暖的春风,吹拂着人们的心田。在这个充满爱与希望的日子里,小羽和小铭分别成为北京市第652、653例造血干细胞捐献者。她们的故事,是对无私奉献和感恩之心的美好诠释。通过她们的行动,我们看到了新时代青年的责任感和积极向善的力量,为社会注入了生命的温暖和希望。

[案例来源:光明网,两位年轻女孩同天捐献造血干细胞 为两位患者点亮生命之光,https://gongyi.gmw.cn/2024-05/30/content_37354078.htm]

心理学家弗兰克尔(V.E.Frankl)认为,生命意义是指人们对自己生命中的目的、目标的认识和追求,即每个人的生命中都有一些独特的目的或者核心的目标,人们必须有一个清晰的认识,知道自己将来要做什么,并为实现自己的价值努力去做。也就是说,当人们有比较明确的生活目标并为之付出努力的时候,就会觉得自己的生活充满价值。

第一节　生命教育概述

随着时代的进步和社会的发展,大学生生命教育备受人们的关注,大学生心理健康教育在实施过程中也应该包含生命教育。生命教育是直面生命的教育,其目标是让学生认识生命、了解生命,懂得敬畏、珍惜生命,学会积极生存、健康生活、独立发展,实现自我生命的最大价值。

一、生命教育的概念

生命教育,顾名思义与生命有关的教育,是以生命为核心,以教育为手段,倡导学生认识生命、珍惜生命、尊重生命、爱护生命、发展生命的一种教育活动,帮助学生提升生活质量、获得生命价值。唤醒学生的生命意识,让学生认识生命和珍惜生命是生命教育的重中之重。生命教育分为狭义和广义两种。狭义的生命教育指的是对人生命本身的关注，包括个人与他人的生命，进而扩展到一切自然生命的教育。广义的生命教育是一种全人类的教育，不仅包括对生命的关注，还包括对生存能力的培养和生命价值的提升。

拓展阅读

陶行知的生命教育观

陶行知先生认为，一个人的生命是具有多种含义的。它在生物学上是一个活的个体，在社会学上是具有真善美人格的活人。人的生命不仅应该在各个维度得到平衡发展，而且应该是精神性的存在，是具有独立人格和自主品质的。

（一）“真”的生命

陶行知先生认为，教育就是要尊重人的遗传和自然发展规律，从早期的培养开始，尤其是对于人的生命习惯和生命中重要特征的教育，应该较早地进行。生命教育中要以真诚、真实的态度去面对真实的生命状态。不仅如此，整个生命教育都是要教人做一个具有真实生命温度的人，保持生命的真性情、真发展和真教育是难能可贵的，“千教万教，教人求真；千学万学，学做真人”，一切教育都以求生命之真为基础。

（二）“活”的生命

陶行知的“生活教育”思想，既是指教育与生活相结合，也是指教育与“生动”“活泼”的生命相结合。教育的出发点和目标都是“活人”。陶行知先生用“鸟”和“鸟笼”做比喻，认为传统的教育把人当作关在笼子里的鸟，使其失去和大自然、大森林接触的机会，这种教育不能发挥人的天性，脱离了学生的生活，使人受到束缚。

（三）平衡的生命

生命是有多个维度的，只有在各个维度上得到平衡发展的生命，才算是完整的，这也是生命教育所应该追求的。陶行知先生强调了两个方面：首先是身体与学问的平衡，要使物质生命得到充分的发展，就要有健康的身体。但是光有健康的身体还不够，还要有不断生长的学问；其次是手脑的平衡发展,完整的生命应该是手脑共同发展的,完整的生命质量应该是生物与精神双重衡量的。作为一个完整的生命,要想有所发展,就必须在劳力与劳心之间取得平衡。

(四) 健全的生命

生命既需要均衡发展,也离不开各个方面的健全发展。一个健全的生命首先是一个完整的人;其次,还应有健全的人格;此外,还要有饱满的精神。他将具备以上条件的生命称为"健全的生命",将这样的人称为"人格真善美"的活人。而对于这样一个"健全生命"的教育,陶先生认为,应该持续人的一生,为此,他提出"寿命终身的教育"。也就是说,生命教育是寿命终身的,而不是一时一刻的。

(五) 独立自主的生命

一个生命完整的人,还应该拥有独立自主的生命。陶行知先生认为,"新教育的目的就是要养成'自主''自立'和'自动'的共和国国民"。教育应该不教人升官发财,他只教中国的民众起来做主人,做自己的主人,做政府的主人,做机器的主人。他教人做到'工以养生、学以明生、团以保生'。一个自主——自立的人不是孤立的,也不是到处升官发财,跨在他人之上的"人上人",而应该是一个"人中人"。

[资料来源:朱小蔓,王平.陶行知的生命教育思想与实践[J].江海学刊,2019(01):226.]

二、生命教育的心理学基础

(一) 发展心理学

发展心理学研究个体从受精卵开始到出生、成熟直至衰老的生命全过程中心理的发生发展的特点和规律。埃里克森(E.H.Erikson)认为,个体在一生中会经历八个阶段,而每个阶段都有其特定的发展任务,发展的成功就会形成积极的品质,发展的不成功则会形成消极的品质。埃里克森提出心理发展八个阶段的任务、冲突分别是:婴儿期的基本信任与不信任冲突,儿童期的自主与害羞冲突,学龄初期的主动与内疚冲突,学龄期的勤奋与自卑冲突,青春期的自我同一性与角色混乱冲突,成年早期的亲密与孤独冲突,成年期的生育与停滞冲突,成熟期的自我调整与绝望冲突。皮亚杰(J.Piaget)以人的思维发展为基础,将人的心理依次划分成四个阶段,即感知运算阶段、前运算阶段、具体运算阶段和形式运算阶段。不同的心理发展阶段有着不同的思维和人格特点，但任何阶段都是以生命的存在为基础的。

（二）人本主义心理学

人本主义心理学派对人性持积极乐观的态度，强调人的尊严与价值，主张研究正常的人，不仅要发掘人的心理潜能，还要研究人的热情、信念和生命尊严等高级心理，促进人的自我实现。人本主义心理学家从现象学的观点出发，在研究中采用开放性模式，要求直接面对现实问题，不求证明，但求发现；不排斥客观性、但强调主观性；不忽视外部因素、但重视人的内在体验，如感情、态度、信念、价值、抱负等。心理学的研究对象不再仅仅是实验室中的实验品，而是现实生活中的人。在当代社会条件下，人本主义心理学有其独特贡献。它强调人的利益、价值及个人的尊严和自由。人被视为一种自由的力量，有能力选择自己所愿意的任何行动路线。由于有这种自由，个人必须对自己的行为负责。这些观点为生命教育提供了新的思考路径和实践方向。其中有些教育思想也成为生命教育理论的一部分，为生命教育提供了理论基础。

三、生命教育的内容

生命教育的内容主要包含“三生教育”，即生命教育、生存教育和生活教育，是培养人的正确的生命观、生存观和生活观的教育活动过程。“三生教育”是人性教育，是人生观和价值观的教育。它不是一门学科的教育，而是渗透到各门学科的教育理念和教育实践，是渗透到学校教育、家庭教育、社会教育之中的通识教育。

（一）生命教育

生命教育是为了使学生认识个体的自我生命和他人的生命，认识生命的生老病死过程，认识自然界其他物种的生命存在和发展规律，最终树立正确的生命观，领悟生命的价值和意义。生命教育要以个体的生命为着眼点，在与自我、他人、社会、自然建立和谐关系的过程中，促进生命的和谐发展。生命教育是一个过程，是终身接受的教育。教育的实施主体是人，教育的起点和终点是人的生命发展和生命价值的实现。生命教育是全社会、全人类，不分国家、民族，不分阶层，不分年龄都应该接受的教育。生命教育既是一切教育的前提，同时也是教育的最高追求。因此，生命教育应该成为指向人的终极关怀的重要教育理念,是在充分考察人的生命本质基础上提出来的,符合人性要求的一种全面关注生命多层次的人本教育。生命教育不仅只是教会青少年珍爱生命,更要启发青少年完整理解生命的意义,积极创造生命的价值;生命教育不仅只是告诉青少年关注自身生命,更要帮助青少年关注、尊重、热爱他人的生命;生命教育不仅只是惠泽人类的教育,还应该使青少年明白让有生命的其他物种和谐地同在一片蓝天下;生命教育不仅只是关心今日生命之享用,还应该关怀明日生命之发展。

（二）生存教育

生存是对生命存在的证明。人和动物都要生存,区别在于动物只靠本能生存,人靠本能和智能生存。生存能力的教育主要是向学生传授生存的知识和经验,有目的、有计划地培养人的生存意识、生存能力和生存态度,树立科学的生存价值观。生存教育主要是对人的适应能力、独立能力、共生能力、选择能力和意志力的教育。通过生存教育,能够提高人适应环境的能力,包括适应社会环境、自然环境,适应学习环境、职业环境、生活环境的能力;能够培养人的独立人格和独立生存的能力,提高人的社会化程度,使其融入社会,与其他社会成员共同生存和发展;能够培养人的选择能力,在复杂的社会环境和不同的人生经历过程中,做出适合自己的选择,并为自己的选择负责。意志力在实现所选择目标中起着至关重要的作用。有些人在生存过程中自暴自弃,甚至放弃生命。这可能是他们没有坚强的意志力,不能积极面对现实、面对困难、面对挑战。生存教育必须进行意志力的培养,增强生存意志力,不但要适应生存,更要挑战生存。

（三）生活教育

从广义上讲,生活是人的生命活动过程,是人在生存过程中各种活动的总称。这里所说的生活,是生命的高级活动,是生存的升华和更高境界,是区别于生存又与生存紧密联系的生命活动的高级阶段。当今一些人缺乏起码的生活信仰和良好的生活习惯;物质匮乏导致精神贫瘠,物质富有却不能让精神富有。这就更需要进行生活教育。生活教育主要是培养生活信仰,增强生活智慧,转变生活方式,培养生活习惯,创造幸福生活。生活教育能够使人认知生活、热爱生活、创造生活和幸福生活,最重要的是培养理性生活信仰,使人有“生之信,活之仰”,树立正确的生活观和具有对美好生活的无限向往。生活信仰是一切信仰的基石,是人生观的灵魂。生活信仰的教育在于使人追求殷实的物质生活、丰富的文化生活和高贵的精神生活，不断提高生活品质。生活教育要转变人们的生活方式，从愚昧转为文明，从落后转为先进，从低品位转为高品位，使人们过上自然、生态、简约、高雅、文明、和谐的生活。生活教育培养人良好的生活习惯和规则意识，使人的生活具有灵魂自由和意志自律。生活教育使人认知发展，实现对生活的创造潜能，创造自己的职业生活、家庭生活和社会生活，丰富自己的物质生活和精神生活，肩负起生活的责任。

生命、生存和生活教育既相互联系又相互区别。生命教育是基础，生存教育是过程，生活教育是目标，形成生命教育—生存教育—生活教育—生命教育的人生教育周期律。生命教育、生存教育和生活教育既是三个具有明显边际、层次分明的范畴定义，又是具有密切联系的生命活动的具体教育过程，有利于在不同的年龄阶段和不同的社会群体中进行不同内容和不同层次的生命、生存、生活教育。

拓展阅读

教育部印发《普通高等学校健康教育指导纲要》

高校健康教育内容主要包括健康生活方式、疾病预防、心理健康、性与生殖健康、安全应急与避险五个方面，其目标和核心内容分别为：

1. 健康生活方式

目标：树立现代健康意识，掌握健康管理和健康决策的基本方法，养成文明健康的生活方式，提高自觉规避、有效应对健康风险的能力。

核心内容：现代健康的概念；高校学生面临的主要健康问题和影响因素；健康决策和健康管理的基本原则；饮食行为与健康，中国居民膳食指南及其应用，日常生活常见的食品安全隐患与防范（食品安全五要素）；睡眠与健康，睡眠不足与睡眠障碍的危害，劳逸结合，规律作息，预防网络成瘾；运动与健康，科学锻炼原则及方法、运动负荷的自我监测；烟草危害及戒烟策略，毒品（新型毒品）危害及禁毒，物质滥用（酗酒、滥用镇静催眠药和镇痛剂等成瘾性药物等）的危害及防范；环境卫生与健康。

2. 疾病预防

目标：增强防病意识，掌握常见疾病的预防原则和常规措施，提高防控传染病和慢性非传染性疾病的能力。

核心内容：常见传染病（如流感、结核病、病毒性肝炎等）的预防；慢性非传染性疾病（如高血压、糖尿病、肿瘤等）的基本知识、预防原则和常规措施；抗生素滥用对健康的危害，在医生指导下使用抗生素；定期进行健康体检的意义和项目选择；常用的健康指标、正常范围，测定身体健康状况的常用方法（如测量腋温和脉搏、血压等）；正确选择必要、有效的保健与保险服务。

3. 心理健康

目标：树立自觉维护心理健康的意识，掌握正确应对学业、人际关系等方面的不良情绪和心理压力必需的相关技能，提高心理适应能力。

核心内容：心理健康的概念；心理健康与身体健康的关系；学生心理发展特点和相关社会因素；抑郁症和焦虑症的表现，自我心理调适与技能，促进积极情绪与缓解不良情绪的基本方法；维护良好人际关系与有效交流的方法；心理咨询与服务利用，常见心理问题或危机的辨识与求助；珍爱生命。

4. 性与生殖健康

目标：树立自我保健意识，掌握维护性与生殖健康的知识和技能，提高维护性与生殖健康的能力。

核心内容：性与生殖健康的基本知识；友谊、爱情、婚恋、家庭与伦理道德；优生优育与适宜有效的避孕方法；非意愿怀孕和应对措施；常见生殖健康问题与自我保健方法；无保护性行为对生殖健康的影响；常见性传播疾病和预防；艾滋病的传播、流行与控制，易感染艾滋病的高危行为和预防措施，艾滋病咨询检测和服务，不歧视艾滋病感染者和病人；预防性侵害的方法和技能。

5. 安全应急与避险

目标：树立安全避险意识，掌握常见突发事件和伤害的应急处置方法，提高自救与互救能力。

核心内容：突发事件与个人安全防范，意外伤害（触电、溺水、中暑、中毒、运动创伤等）的预防、自救与互救的基本原则和方法；无偿献血基本知识，无偿献血是公民的义务；休克、晕厥、骨折等急症的现场救护原则，心肺复苏、创伤救护（止血、包扎、固定、搬运）等院前急救技能；动物（犬、猫、蛇等）抓伤、咬伤后的应急处置；防范网络安全风险，甄别不科学、不健康信息的技能与方法；实验、实习等场所安全要求与防护技能，注意个人防护，避免职业伤害；旅行卫生保健的基本要求，规避旅行中的健康与安全风险的基本措施和策略。

［资料来源：节选于中华人民共和国教育部关于印发《普通高等学校健康教育指导纲要》的通知，http://www.moe.gov.cn/srcsite/A17/moe_943/moe_946/201707/t20170710_308998.html.］

第二节　大学生的生命教育

大学时期是人生的重要转折点。人们普遍认为：大学生应该是充满信心和活力的，他们文化和道德素质较高，经历了千军万马过独木桥般的高考，有较强的心理承受能力。可近年来，关于大学生自杀和他杀的恶性事件层出不穷。此类事件的频繁发生，反映了大学生在遇到问题时往往选择逃避，容易走极端，对生命的认识极为肤浅。也正因为如此，高校应当开设与大学生生命教育相关的课程，教会大学生关注生命、关爱他人。

一、大学生生命教育的内涵

生命教育不是一个孤立的概念，是由生命和教育共同构成，可视为生命与教育关系的“合成”，呈现出不可分割、相互生成的特征。从学者对生命教育内涵的理解可以得知：生命教育在人、自然、教育和社会的关系中产生，是一项涉及人之生命的人类社会实践活动，并且源自对主体人生命质量提高和社会价值增值的考量。

总结国内外专家学者对生命教育内涵的论述，主要内容可以概括为以下五种观点：第一种观点认为生命教育就是全人类的教育，就是认识生命现象，感悟生命境界；第二种观点认为生命教育就是生活的教育，是在生活中发生和实践，解决生活问题的教育；第三种观点认为生命教育是生命价值教育，要培养人的正面积极、乐观上进的生命价值观；第四种观点认为生命教育就是生死教育，引导人们正确面对生与死；第五种观点即“三生教育”，这种观点基本包括了前面四种观点的主要内容。

从具体实施的角度看，比较有代表性的观点为以下四种：郑晓江教授等学者从哲学的角度出发，主张生命教育的核心为生死观的教育，相应地在实践领域可以纳入思想政治教育范畴；行政主管部门和各级学校目前则倾向于“以解决社会问题为前提，即青少年自杀、安全事故及危机事件应对、艾滋病传播和毒品泛滥的预防等”，更多从心理健康教育和技能训练的角度来具体实施生命教育；还有学者认为生命教育是素质教育的核心理念，提出要在现有素质教育体系中增加对生命的关爱、珍惜和尊重的内容，使素质教育生命化。综上所述，生命教育就是关于生命的教育，是为了生命而进行的教育。我们认为，大学生生命教育的内涵就是引导和帮助大学生“保存生命、发展生命、幸福生活”。

二、大学生生命教育的特点

（一）教育对象的特殊性

大学生生命教育的对象是大学生群体，大学生正处于青年期，从生理层面来看，已基本具有成年人的各种生理机能，心智也基本成熟；但从心理层面来看，还容易产生心理困惑和心理问题。大学生的生理发育与心理发展是不平衡不协调的。虽然大学生逐渐具有了一定的社会经验，独立生活能力和人际交往能力也在不断提高，但在其生活和交往中还是很容易出现自我中心感较强，不懂得尊重他人，缺乏团结协作意识，承受挫折和困难的能力差等问题。不少学生对生命的认识，对生命意义和价值的思考都很迷茫。不过，大学生与同龄人相比，又有较高的素质、较高的自我价值要求、较强的社会责任感，这就决定了在开展大学生生命教育时，必须深入分析大学生的现状，确保教育的内容、方式等符合大学生身心和群体的特点。

（二）教育内容的广博性

大自然中各种各样生物的生命结构不尽相同，人们在对生命进行认知、理解与把握时很容易出现差异。在对大学生进行生命教育时，应注意使大学生能够从不同的层面、不同的阶段、不同的关系中把握和理解生命。大学生生命教育的内容必须是广博的。只有这样，大学生才能够从更多层面学习与实际生活联系紧密的知识，提高自我生命意识。

（三）生命教育的目的性

高校开展大学生生命教育是为了培养和引导大学生热爱生命、珍视生命来构建健全人格，以及开发生命潜能、培养人生智慧，为大学生提高生命质量,实现人生价值和终身幸福奠定基础。不论是组织大学生生命教育的内容,还是选择大学生生命教育的形式和方法等,都必须始终围绕大学生生命教育的目的来进行。只有这样,才能培养出智慧和灵魂兼备、激情和理性互补、技能和道德兼具的人格健全的大学生,才能最终实现大学生生命教育的目的。

(四)教育形式的多样性

对大学生进行生命教育应采取多种多样的教育形式,将生命教育与学校教育、家庭教育、社会教育相结合。不仅要在课堂上讲述生命教育的理论知识,而且要将理论知识与社会实践相结合。从大学生关注的事件出发,采取多样的教育形式,不完全局限于课堂环境,让大学生深入各种社会实践中,使其对生命及其意义有更深的理解。加强责任意识教育,使其真正学会尊重生命、珍爱生命,创造生命的价值,实现人生的意义。

三、大学生生命教育的实施原则

在开展大学生生命教育时要确保获得良好的教育效果,必须遵循一定的原则。

(一)差异性原则

大学生生命教育的对象是大学生,而大学生在经济背景、家庭环境、身心发展、知识基础、学习技能、人际关系处理能力等方面存在较大差异,因此高校在开展大学生生命教育时,必须在遵循总体框架结构的前提下,针对大学生的实际情况,选择有针对性的生命教育内容。此外,高校的具体发展情况以及所在地区的经济发展状况,也要求大学生生命教育必须遵循差异性原则。

(二)情感性原则

大学生生命教育的情感性原则,主要包括以下三方面内容:

第一,高校开展大学生生命教育,所面对的是鲜活的个体,那就既要关注生命外在的显现,也要关注生命内在的情感需求,教育和引导大学生有效发展积极情感,及时宣泄不良情绪。

第二,高校开展大学生生命教育,要引导大学生与教师进行积极的情感交流,使大学生切实意识到教师对他们的热爱与期望。这对大学生在遇到各种问题时积极寻求教师的帮助,有着重要的推动作用。

第三，高校开展大学生生命教育，要积极培养大学生丰富的生命情感，引导大学生树立正确的情感观念，获得情感体验，养成健康的情感意识。

（三）超越性原则

超越性原则指的是高校开展大学生生命教育，要积极唤醒大学生的超越性意识，引导大学生追求生命的价值，实现自我的超越，提升生命的意义。也就是说，在开展生命教育过程中，要让大学生在认可自己的存在、认识生命具有不稳定性的前提下，积极追求，实现自己生命存在的价值。超越性原则就是要注意引导大学生在日常生活中积极思考，不断反思自己的不足，明确自己的人生目标和发展方向，从中体会自己存在的价值与意义，实现自我超越，创造生命价值。

（四）发展性原则

生命意义教育要求大学生把学到的本领运用到实际生活和工作中去，使学生的潜力得到更大程度的发挥，在"为人民服务"的社会实践中让他们感受到知识的意义、人生的意义。在这个"知识—能力—学以致用""发现生命的意义—体验生命的意义—获取生命的意义"的多次转化过程中，学生将逐步使"无意义的人生"转化为"有意义的人生"、"短暂意义的人生"转化为"长远意义的人生"，使"有个人和家庭意义的人生"转化为"有社会意义的人生"，在不断获取生命意义的激励下，使自己的生命价值不断得到提升。生命意义所产生的内在的"心灵动力"，就这样驱使着大学生可持续地向前发展。

四、大学生生命教育的功能

（一）认识功能——认识自我，升华道德境界

大学生生命教育的内容覆盖大学生生活的方方面面，如生命理想教育、生命信仰教育、人生责任教育、人生幸福教育等。大学生生命意义教育的中心任务，就是帮助学生发现自身特殊的生命意义。当大学生生活迷茫、不知路在何方时，通过生命理想的教育，引导他们树立科学的人生理想，并为之奋斗；当部分大学生在社会的激烈竞争和巨大的就业压力下，模糊了前进的方向，甚至一蹶不振走上轻生的道路时，人生责任教育告诉他们，人生不仅要对自己负责，更要对家庭、学校、社会负责，应该乐观地面对学习生活中的各种压力和挫折；当部分大学生认为金钱是万能的，为了金钱可以不惜一切手段的时候，人生幸福教育会告诉他们，幸福是一种内心快乐的体验，幸福

不等于金钱、地位、权利、名誉。开展大学生生命教育，将改善现实教育中忽略生命教育的现状，从大学生的生理、心理特点和社会发展现状出发，引导大学生珍惜和热爱自己的生命，形成积极健康的生命态度，并在此基础上实现生命的价值。

（二）实用性功能——张扬个性，增强就业能力

生命意义教育坚信“人人都有特殊的责任和使命，因而人人都有特殊的生命意义”。它强调从实际出发，根据学生的家庭背景、个性特点、特长爱好和社会需求，引导学生发现自己特殊的生命意义，制定有个性特色的职业生涯规划，并在个性得到充分尊重的职业教育环境下，人尽其才，各扬其长，使学生的个性、特长得到淋漓尽致的发挥。

（三）激励功能——确立目标，提高学习效率

意志力消失的结果就是感觉生命失败和价值的丧失。为此，生命意义教育要求教育者必须培养大学生树立长远目标和远大理想，使其产生使命感。另一方面，帮助大学生规划出一个个近期的、明确的并完全可以实现的小目标，使其有兴趣、有信心去完成。比如熟练操作一个职业技能，巩固和掌握一个专业知识要点，就是这样的一个个小目标产生的“心灵动力”便可以驱使着学生不断进步。由于其前进的驱动力来自大学生内心的需要，是一种来自内心的对自身、家庭和社会的高度负责的神圣使命感，因而绝不同于来自外面强加的约束力。它能产生持久坚强的意志力，促使学生不断地完成目标下的各项任务。在目标和任务的驱使下，生命意义产生的“心灵动力”伴随着坚强的意志力，促使学生在略微紧张的状态下快速提高自己的知识水平和技能水平。

（四）预防性功能——充实生活，促进身心健康

弗兰克尔说：“世界上没有任何东西比生命中存在着意义更能帮助人在最恶劣的环境中生存下来。”相反，如果没有发现生命的意义，我们将容易陷入“存在的空虚”的处境中，就会生活在失去自我的焦虑、孤独以及一种无所适从的空虚之中，在主观情绪的影响下，我们不仅可能一无所获，没有成果，而且还完全可能生病，甚至走向死亡。阿尔伯特·爱因斯坦（A. Einstein）说：“认为生命毫无意义的人不仅得不到快乐，而且很难生存下去。”意义的发现将使人产生一种神圣的使命感和责任感，令生命的意义感油然而生，从

此产生积极的心态和不断进取的人生态度,以及有计划有步骤地学习生活,这是十分有利于学生的身心健康的;同时,由于在追求生命意义的过程中道德境界的提高,意志力的增强,学习效率大大提高,有助于大学生摆脱“自我中心”所造成的人际关系恶化,学习、生活、工作受挫产生孤独、内疚、失落的心理,可以有效预防“存在空虚感”造成的自卑、痛苦、抑郁、成瘾和自杀等现象,可以从整体上提高学生的心理健康水平。

五、大学生生命教育的意义

大学生生命教育是大学生身心健康成长的有效保障,是大学生成长、成才的基础,能让大学生学会认知生命,实现自我的人生价值。

(一) 构建社会主义和谐社会的客观需要

近年来,大学生生命意识淡薄的现象日趋严重,与当前我国构建社会主义和谐社会的要求形成了极大的反差。因此,对大学生开展生命教育将是现在乃至将来高等教育的一个重要课题。泰戈尔说过:“教育的目的应当是向人类传送生命的气息。”对大学生开展生命教育是教育学生理解生命的真正意义,将自己的生命融入社会之中,树立起积极健康、乐观进取的生命价值观,并且能够与他人、社会和自然建立良好的互动关系,不断地提升生命质量。

(二) 回归教育本质的需要

教育的本质是回归到人本身,其根本目的是完善受教育者的人格,即塑造受教育者的健全人格,促使受教育者健康成长,引导受教育者正确对待困境和挫折,自己不断地趋于完美。传统的应试教育存在许多弊端。例如,重知识的传授而轻能力的培养,重人格的教育而轻人格的养成,这些结果与教育的本质是相违背的。因此,现代教育要革除应试教育中的弊端,不能仅仅着眼于智力开发,而应促进大学生全面发展。现代教育要培养大学生珍惜生命、理解生命的意识,帮助他们提升生命的质量。一个人的生命质量与其人格是息息相关的,健全的人格是其全面发展的基础。因此,学校要重视大学生的生命教育,充分发挥教育的功能,回归教育本质,促进大学生的全面发展。

(三) 引导大学生珍惜生命、热爱生命的需要

生命对于每个人都只有一次。它不因贫富贵贱而有区别,生命弥足珍贵。大学生既要珍惜肉体的生命,又要珍惜精神的生命;既要珍惜生命的结果,又要珍惜生命的过程;既要珍惜人类自身的生命,又要珍惜世界万物生

灵的生命。珍惜生命不仅需要大学生尽可能多地学会应对各种突发事件的技能，更为重要的是需要他们具有珍惜生命的智慧和信念。

（四）引导大学生敬畏生命、尊重生命的需要

敬畏生命、尊重生命就是敬畏和尊重生命的价值，因为它是一切价值判断的前提和基础。就个体而言，生命的丧失就意味着一切的终结。人对生命的关注其终极指向便是个体生命的价值。英雄之所以被世人尊崇，是因为他们在生命的历程中创造了超出凡人的生命价值。开展大学生生命教育，就是引导大学生敬畏生命、尊重生命，在自己的生命历程中为国家、社会和他人创造更多的生命价值。

（五）大学生健康成长、成才的需要

一个和谐的个体生命，是身心健康的统一体。大学生是社会主义现代化的建设者和接班人，是家庭、社会和国家的未来。大学生如果不懂得生命的可贵，身心不健康，将会给国家、社会和家庭带来不可估量的损失。大学生正处在人生观、价值观形成的关键时期，又面临学习、生活、就业、情感等多方面的压力，如果对生命缺乏正确的理解，就容易以消极或极端的方式来对待自己或他人的生命。

思政小贴士

谈新时代青年的使命与担当

青，是自然的绿色，是生命的颜色；春，是生长的季节，是成长的时节。青春就是在大自然时节里那片生命的绿色，是阳光下那片最灿烂的笑容。8月12日是国际青年日。青春的美好属于青年，美好的青春赋予时代使命，担当使命是奋斗不息的动力源泉。青年是祖国的未来，是民族的希望，每一位青年朋友要用青春的梦想托起强国梦的实现！

作为新时代的青年，必须站稳政治立场，厚植人民情怀。要树立正确的世界观、人生观、价值观，努力培养优良的德行，提高综合素养，完善人格品质。一种正确、高尚的人生价值观，对于人生的征途具有指导意义，是战胜一切困难的精神动力。作为新时代的青年，要努力树立符合新时代发展潮流的人生价值观，要牢牢记住“为祖国为人民服务”的宗旨，为了国家的繁荣

富强，为了人民的幸福安康，为了社会主义制度的巩固和发展而努力奋斗！

作为新时代的青年，必须坚定理想信念，熔铸精神之魂。人的一生只能享受一次青春，当一个人在年轻时，就要把自己的人生与祖国及人民的事业紧紧相连，他所创造的就是永恒的青春。新时代，新征程，数字信息千变万化，知识更新日新月异，形势逼人自强，理想催人奋进。要坚持勤奋学习，立志成才。要跟上新时代步伐，更好地为现代化建设贡献力量，就必须打下坚实的知识功底，还要勇于创新，勤于实践，善于把所学的知识运用到改造主观世界和客观世界活动中去，坚定理想信念，熔铸精神之魂！

作为新时代的青年，必须发奋增长才干，练就过硬本领。“学如弓弩，才如箭镞。”不管时代如何变迁，社会如何发展，青年要想立足于社会，就离不开学习，要学习、学习、再学习。学习绝不是一句空话，一个口号或是一种装饰，学习要明确前进的方向，找到解决问题的办法。必须发奋增长才干，练就过硬本领。成长没有捷径，广大青年是祖国风景中最有生命力的“花朵”，要拒绝“温室”，主动在“风雨”中淬炼，既读有字之书，也读无字之书，在知行合一中克服“本领恐慌”，让青年本领成为民族“复兴号”扬帆远航的不竭动力。

作为新时代的青年，必须始终砥砺前行，不懈追寻梦想。广大青年把青春之树种在祖国最需要的地方，以青春之“你”、奋斗之“你”，建设青春之国家、青春之民族、青春之宇宙，不辱使命、不负期望，不懈奋斗、砥砺前行，才能顺应时代发展的潮流。

作为新时代的青年，必须拓宽国际视野，认同话语体系。近代以来，国际社会依然处于西方话语体系之下。当今中国在参与世界的过程中，正努力构建自己的话语体系，以新型国际关系和人类命运共同体为引领，以“一带一路”倡议、自贸区建设、全球伙伴关系等为依托。新时代的青年要坚持以马克思主义为指导，贯彻习近平新时代中国特色社会主义思想，增强中国特色社会主义道路自信、理论自信、制度自信、文化自信，讲好中国故事，传递中国精神。新时代青年只有不断扩展国际视野，尊重时代规律，厚植爱国情怀，认同话语体系，才能成为担当中华民族复兴大任的时代新人！

［资料来源：《中国日报》中文版，谈新时代青年的使命与担当，https://column.Chinadaily.com.cn/a/202108/12/WS6114896ea3101e7ce975e583.html.］

第三节　绽放生命的意义

一、培养正确的生命价值观念

（一）认识生命

生命科学认为生物是有生命的物体。化学进化产生原始生命后，接着就开始了生物进化，人类的生命正是这一进化的结果。生命泛指由有机物和水构成的一个或多个细胞组成的一类具有稳定物质和能量代谢现象，能回应刺激、进行自我复制的半开放物质系统。生命个体通常都要经历出生、成长和死亡。生长和发育是生命的基本过程，而新陈代谢则是生命的最基本过程，是其他一切生命现象的基础。生命的一般形态具有某种“合目的性”的行为，作为生命高级形态的人类则具有自觉的目的性行为。

生命，特别是人的生命，由三个因素构成，即形体、心理（精神）和社会性。历史唯物主义认为，人的生命具有多重属性，其中最主要的是自然属性和社会属性，社会属性是人最主要、最根本的属性，它是决定人之所以为人的最根本的东西。生命的自然活动主要包括新陈代谢、生长、发育、遗传、变异、感应、运动等。生命的社会活动主要包括感知社会、角色扮演、人际交往、求学择业、社会竞争等。

人的生命可以分为这样几种形态。首先是生物性生命，即人首先是作为自然生理性的肉体生命而存在的，是和自然界的广大生物一样具有的基本属性。其次是人的精神性生命。人之所以为人就在于人有高于动物的意识活动，有超越生物性生命的精神世界。人不但要思考如何活下来，还要思考如何更好地生活。只要人在世界上存在一天，大脑就不会停止思考，人类就要创造，就要超越，就要更好地认识世界、改造世界。最后是人的价值性生命。每个人在一生中都要思考诸如“为何活着”的问题，这是人对生命意义发自内心的追问，是人对价值生命的一种诉求。

（二）认识死亡

人生是一场旅行，起点是出生，终点是死亡，出生和死亡之间的过程就是人生。尽管人生的旅途有长有短，但每个人毫无例外地都要经历从生到死的旅行，人生的过程性决定了死亡是每个人必然要面对的事件。

死亡是生命的终结，传统医学以呼吸停止、心跳停止以及瞳孔放大三项标准来判定死亡，而标准临床死亡的解释是“人的身体系统，如心脏、血管、呼吸系统等停止工作”，也就是自然的生物性死亡，呼吸、心跳停止后大脑死亡。除去突发性的意外死亡，一般意义的死亡是一段持续过程，人的核心器官“心脏”的功能停止，通常被认为是死亡的开始，随着血液中氧气供给的消失，细胞与组织会逐渐死亡，各项器官与系统慢慢丧失功能，最后导致整个生命机能的衰竭，最终死亡。

国内学者的研究表明，中国内地的大学生对于死亡的态度：存在恐惧与无法接受的比例是 60%，能够坦然乐观地认识死亡的只有接近 20%。古罗马诗人卢克莱修的名言增加了人们坦然、无畏惧地面对死亡的勇气，他说：“死对于我们是不存在的。我们在死后没有知觉，正像生前没有知觉一样。”清楚地了解死亡的定义，无非是让我们用更客观的角度去看清、去面对它，而不是害怕它的到来。每个人的生命都会有着必然的结局，当我们学会接受这个事实时，就能从中得到更多的意义。

人生观既包含人们对“生”的看法，也包含对“死”的认识。死亡观，是人们对死亡的本质、内容、价值和意义的根本性观点。它既是世界观和人生观的有机组成部分，又是人类对自身认识深化的必然结果。大学生正确地看待和思考死亡，正确地理解生命和死亡的关系，树立正确科学的死亡观是促使大学生提升生命质量，积极规划有限人生的重要途径，有利于大学生身心的健康发展。

（三）尊重生命

人类生命的有限性更显出了生命的重要性，大学生只有具备了正确的生命观和死亡观，才能认识到生命存在的有限性和宝贵性。生命是最基本的价值，是人生其他一切价值的前提和基础，没有了生命什么都谈不上。正如著名学者周国平所说：“人生中所有最重要的价值，包括幸福、道德、信仰，都是建立在尊重生命价值的基础之上的。”我们要尊重生命，一方面善待自己的生命，另一方面善待一切生命。大学生可以通过融入社会发展的进程之中来实现生命存在的价值，实现自己的梦想。

1. 尊重生命的存在性价值

人的生命具有特殊的存在价值，生命存在具有唯一性、独特性和不可替代性。所有个体生命都是地球上唯一存在的个体，所以我们应该珍爱和敬畏生命,因为这是个体去创造所有可能性的基础。当代部分大学生没有认识到生命存在的基础性价值,因而出现了大学生自杀和杀人事件。这都是漠视生命存在、否定生命存在性价值的表现。

2. 尊重生命的创造性价值

认识到生命具有存在性价值只是理解了生命的最基本层面。如果仅仅把生命理解为存在性价值,则人类的生命就和其他动物的生命没有实质上的区别,因为任何生命都有存在的价值。生命的价值不仅仅是存在,更重要的是去实现生命的价值。也就是说,生命更高的、更大的价值在于:以保存和珍惜生命为基础,通过社会实践实现生命的价值。所以生命存在的真正价值在于,它可以创造出远远大于生命本身的价值。

3. 尊重生命的超越性价值

人具有通过自身的实践活动去超越生命本身的能力。生命正是在不断超越自身的过程中体现其价值的,这也是人不同于动物的地方。动物的生命是既定的,它们无法完成对自身的超越;而人的生命是未定的,其本质具有超越性。部分大学生看不到生命的创造性和超越性,他们或是被动享受社会提供的物质条件,简单地重复生命消费活动;或是以一种经验的方式重复生命的其他活动。

(四)珍爱生命

生命意识的主要目标是让大学生深刻意识到生命具有唯一性。每个人的生命在世界上只有一次且具有不可逆性,生命一旦失去,便不会再重新开始,这就要求大学生要学会保护自己的生命,不管在生命旅途中遇到多少困难,经历多少磨难,都不能轻易破坏生命的完整性,只有生命体存在,才是进行一切社会活动的前提和保障。大学生遇到困难和挫折时应积极寻求解决问题的正确方法,及时化解消极情绪,以免影响身心的健康发展。大学生应当倍加珍惜和爱护生命,努力将珍爱生命培养成对待生命的一种习惯,时刻珍爱生命,悉心呵护生命,不随意伤害生命,不做危害生命安全的事,不轻视生命。

(五)发展生命

生命意识的最终目的是引导大学生不断发展生命、超越生命和实现生命价值,这一目标建立在大学生充分认识生命和珍爱生命的基础上。鼓励大学生积极主动地完善自己，提升自身生命境界，寻求生命本质与意义。发展生命、提升自身生命境界是一个漫长的过程，它需要不断地努力和坚持，但它也是生命旅程中的宝贵资产，生命的长度是有限的，这是任何人都不能改变的自然规律。大学生唯有积极拓宽生命的广度，增加生命的厚度，才能让自己的人生多姿多彩，活得有意义、有价值。

二、感悟生命的真谛

（一）直面死亡，坦然应对

树立科学、合理、健康的死亡观，可以消除人们对死亡的恐惧和焦虑等心理状态。教育大学生坦然面对死亡，思索各种死亡问题，学习和探讨死亡的心理过程，以及死亡对人们的心理影响，为处理自我之死、亲人之死做好心理上的准备；使大学生勇敢地正视生老病死问题，加深对死亡的深刻认识，并将这种认识转化为珍惜生命、珍爱健康的强大动力，进而提高自己的生命和生活质量；使更多的人认识到人生包括优生、优活、优死三大阶段，从而能够客观地面对死亡，有意识地提高生命质量。

（二）活在当下，乐观豁达

任何人在生的阶段都应该生机勃勃、奋发努力；而到了死的阶段则应该心底坦荡，无所牵挂。现实生活中经常可以看见许多人总以为拥有的东西越多越好，为人处世刻薄、吝啬、毫无怜悯之心，也许他的确成功了，拥有了很多，可是他在这个世界上不爱别人，不帮助别人，当然别人也就不会爱他，不会帮助他。当他面临死亡时，他会因为所拥有的一切将要丧失而痛苦万分。人之生死的相对性就在于人们生前拥有的越多，死时丧失的也就越多；生前拥有的越少，死时丧失的也就越少，其痛苦也就相对要小。

（三）顺应规律，活出精彩

有生必有死，每个人从出生那一刻便一步步迈向死亡，但什么时间死、以何种方式、何种缘由死，谁都无法确定。人生难得，寿命无常，坦然面对这一伟大的生死法则，珍爱生命、珍爱自然，让宝贵的生命过得有意义、有价值才是我们每个人应该做的。人虽然是万物之灵，但生命本身却相当脆弱，十分容易受到外在的和自我的伤害。人的生命只有一次，死亡意味着人们此生的完全结束，这就时刻提醒我们要保护自己脆弱的生命不要受到伤害，更不要选择非正常死亡。

三、学会感恩

（一）感恩父母的养育

感恩父母的养育之恩，在中外感恩文化中都占有重要地位。感恩父母的养育之恩是道德实践的基点，因为个体的来源是父母，对父母养育之恩的认可实际上包含着对自我的认可。只有认识到父母对我们的恩情并真切回报，才能发展到对他人、社会和国家的感恩。

（二）感恩学校和教师的培育

当个体进入学校，在教师的启迪下开始学习后，父母的教育成为智力教育的辅助。尤其在大学阶段，大学生离家住校，父母的教育方式随之改变，大多以电话和网络的方式进行。大学生价值观培养和智力的发展较多地依靠教师。在现代社会，尊师重教也是重要的道德规范和行为要求，尤其是在知识经济时代下，教师的引导对个人成长、成才至关重要。由此，感恩学校和教师应成为大学生感恩教育的重要内容。

（三）感恩社会和他人的帮助

个人的发展离不开他人的帮助和良好的社会环境，个人成长于社会之中，无时无刻不与他人发生联系。因此，感恩教育的内容应包含对社会和他人的感恩。当代大学生的生活与社会联系紧密，所以应培养对社会和他人的感恩之心，为创造良好的社会氛围贡献一份力量。

（四）感恩党和国家的关怀

伟大的祖国给予当代大学生接受教育的基本物质条件，伟大的党塑造了当代大学生的灵魂。当代大学生是生在新社会、长在红旗下的一代，受着党的阳光普照，沐浴在国家的雨露中，党和国家的关怀滋润着他们，使他们在学习上不断进步，思想上不断成熟，意志上更加坚强。因此，新时代的大学生应将党和国家的恩情牢记心间，树立报国之志，为祖国的繁荣富强贡献自己的智慧。

思考题

1. 你觉得生命的意义和价值是什么？
2. 你了解大学校园里的生命危机吗？
3. 大学生如何建立健全的生命观？

测一测

生命意义测量①

如果您对自己关于生命意义的看法感兴趣，请仔细阅读题目后，根据自己的实际情况在每题后面方格上划1个√，注意只能划1个√。

分维度	题号	题目	1 完全不符合	2 大多不符合	3 部分符合	4 大多符合	5 完全符合
死亡	3	想到死后很少人仍记得我，令我感到沮丧。					
	7	我对死亡的担心是：害怕自己消失在世界上。					
	11	我害怕谈论有关生前契约等话题，因为它是象征生命的结束。					
	15	我对死亡有强烈的恐惧感。					
	19	听到亲友死亡的消息，会引发我的焦虑与不安。					
自由	2	遇到困境时，我常感到局限而觉得没有其他办法可解决。					
	6	在团体中，我因不想负责任，所以常选择服从命令。					
	10	面对困境时，我总会想出不同的办法，让自己有更多的选择。					
	14	做选择时，我总是游移不定，因为不确定自己真正要的东西是什么。					
	18	我总是用相同的方法解决问题，不想变通。					
	21	我会为我的选择负责任。					
	23	我不相信自己拥有改变现状的能力。					

① 姚本先，王道阳.大学生心理健康教育（第三版）[M].安徽：安徽大学出版社，2019.

续 表

分维度	题号	题目	1 完全不符合	2 大多不符合	3 部分符合	4 大多符合	5 完全符合
孤独	4	我总是感到孤单，缺少被关爱的感觉。					
	8	没有人可以让我依靠的话，我会感到空虚与失落。					
	12	我不喜欢独立，因为独立的代价就是孤独。					
	16	面对他人生命的消逝，令我有种被遗弃与孤单的感觉。					
无意义	1	当我回顾我的一生，会觉得过得很有意义。					
	5	每个人都需要有坚定的理想，以作为我们一生遵循的指南。					
	9	我相信人活着是有某种待实现的目的。					
	13	我很投入目前的生活，因为我已经找到我的生命意义与目的。					
	17	因为每一个人都会死，做什么事情其实最后都没有意义。					
	20	每个人都可以创造属于自己的生命意义。					
	22	我知道自己生命的意义。					

评分：采用 Likert 五点评定量表的方式，依次为 1 分，完全不符合；2 分，大多不符合；3 分，部分符合；4 分，大多符合；5 分，完全符合。整分量表共 23 题，其中 2、3、4、6、7、8、11、12、14、15、16、17、18、19、23 共 15 题为负向题，其余 7 题皆为正向题，负向题目需要反向计分，当选择“完全不符合”时计为 5 分、选择“大多不符合”时计为 4 分，以此类推。4 个维度得分之和为总分。分维度总分越高，表示受试者于此分量表之正向态度越强；反之，则表示受试者于此分量表之正向态度越弱。

解释：“大学生生命意义量表”以终极关怀理论为基础编制，从忧虑生命的有限性、关系、面临选择的苦恼和缺乏生命意义而痛苦等维度之洞识所发展而来,其说明内在的基本冲突是来自当个体面临一些既定而又无法逃避的事实,欧文·亚龙将这些既定的事实称为终极关怀。全量表包含四个分维度,即死亡、自由、孤独与无意义。

(1) 死亡。该维度的负向态度,包含个体担心生命的终结(结束、毁灭与消灭);而正向的态度,包含了因时间的有限性而对死亡有所觉察与更珍惜生命。

(2) 自由。该维度的负向态度,包含个体逃避责任和选择、不愿为自己的生活与改变负起责任,与推卸责任;而正向的态度,包含个体愿意面对自己应负的责任、为自己选择和决定,与承担责任等。

(3) 孤独。该维度的负向态度,包含面临死亡的孤独、为自己创造未来的孤单害怕,与面对分离所产生的焦虑;而正向的态度,包含个体可以坦然地面对死亡孤单的感觉、承受为自己决定时的孤独与了解成长时所需面临个体化的孤独。

(4) 无意义。该维度的负向态度,包含个体对生命感到未知、迷茫与逃避;而正向的态度,包含个体了解人有追求意义的动机,虽意义本身没有可依循的脉络,唯有借着自身的选择与决定,来创造属于自己的生命意义。

自测后提醒:此问卷仅作为了解自己的参考,如有疑问,请咨询专业人员。

活动体验

万物之灵——生命线

生命不一定是直线,它可以是放射线、曲线等,甚至可以是个圆,只是需要你主动塑造、完成属于你自己的圆。只要有生命,未来就有希望,只要活下去,必定就有力量。

活动主题:生命存在的意义。

活动目的:通过描绘自己的生命线,引导大学生思考自己的人生轨迹和生命的意义与价值,反思自己的目标和追求,并最终提升自己的生命价值。

活动内容:

第一,60 年后的相聚;第二,生命线;第三,分享时刻。

理论分析:人类的生命具有三层意义,即生物层面的基本意义、社会层面的社会意义以及个体层面的独特意义。个体独特的生命意义包括了其独特意义与社会意义。然而，人类作为万物之灵，大脑功能非其他动物所能及。也因此造就了人类的行为不尽然受到本能的约束，而有个人自由意志的选择性行为。这也是人类生命的价值所在。人类可以自己选择如何度过一生，使生命的意义摆脱完全受制于本能。

活动形式：绘画法。

活动材料：纸、彩笔。

活动过程：

1. 60 年后的相聚，预测 60 年以后大家相聚的情景。

2. 生命线

操作方法：在纸上画一条线，在右侧标出箭头，这一条线代表你的生命线，起点代表你出生的时间、在终点写出你预测的死亡年龄，然后找出自己现在所处的位置。回忆过去发生在你生活中的事情，并将它们按时间顺序在生命线上列出来。根据感受、愉快的可以放在线条上方，不愉快的可以放在线条下方：再想象未来想要做的事情及可能发生的事情，仍然按可能愉快或不愉快的感受放在线条的上下方。完成之后仔细看看你的生命线，它就是你的心灵地图

3. 分享时刻

（1）面对生命线你想到了什么？

（2）这些给了你什么启示？

参考文献

刘嵋.大学生生命教育教程[M].北京：北京理工大学出版社，2020.

伍世亮，吴玉梅，林娥.大学生生命教育[M].广东：广东高等教育出版社，2020.

姚本先，王道阳.大学生心理健康教育（第三版）[M].安徽：安徽大学出版社，2019.

方晓义，夏翠翠.大学生心理健康教育（慕课版）[M].北京：人民邮电出版社，2022.

黄希庭，郑涌.大学生心理健康教育（第三版）[M].上海：华东师范大学出版社，2020.

刘梅、刘静洋.大学生心理健康教育（第2版）[M].北京：清华大学出版社，2018.

邱鸿钟.大学生心理健康教育[M].广东：广东高等教育出版社，2018.

俞国良.大学生心理健康[M].北京：北京师范大学出版社，2018.

周莉，张晓京，雷雳.大学生心理健康教育（第四版）[M].北京：中国人民大学出版社，2024.

谭华玉，马利军.大学生心理健康教育：积极心理学的运用[M].广东：华南理工大学出版社，2020.

推荐阅读

《生命教育》（杰·唐纳·华特士著，林莺译，四川大学出版社）

推荐影片

1.《光辉岁月》（*Remember the Titans*）

2.《白日梦想家》（*The Secret Life of Walter Mitty*）

第三章 CHAPTER 3 >>>>

自我探索：大学生自我意识之旅

案例导入

张麦迪(化名)，女，18岁，独生女，大学一年级，从外地考入现在就读的大学。麦迪很要强，中学时学习不错，希望用自己的好成绩满足父母对自己的期望，将来找个好工作，让父母放心。她平时对自己要求较高，在别人眼里她也一直很优秀。然而，最近麦迪状态很差。初入大学，感觉积攒了十几年的激情突然间消失了，奋斗多年的大学梦实现后，内心却有一种莫名其妙的孤独感与失落感。再看看大学，也不是自己梦想中的样子。梦实现了，又悄无声息地破碎了。更郁闷的是，看看周围的同学，她感觉自己什么都不如别人，特别是面对优秀的同学，心中有一种无奈感，再加上思乡之情，她感到落寞、失望，十分痛苦，甚至陷入恐慌，开始怀疑自己、怀疑人生，认为自己要抑郁了。

案例中张同学遇到了什么问题，我们应如何帮助她？

《礼记·大学》中说“古之欲明明德于天下者，先治其国；欲治其国者，先齐其家；欲齐其家者，先修其身”，我们从中可以看出，先哲们把修身放在了第一位，并提出“欲修其身者，先正其心”，修心是修身的前提，更是齐家治国平天下的前提。人的成长过程就是探索自我和完善自我的过程，认识自我是人生之旅的出发点，是大学生发展的重要前提，也是实现自我价值的基础。大学生在生活、学习上已经是独立的个体，自我意识开始划分为理想自我与现实自我,也正是这种分化,形成了大学生思维与行为上的主体性。大学生自我意识逐渐完善,但自我意识的矛盾日益突出,调控能力相对较弱。本章我们将从了解自我意识的概念入手,学会对自我意识偏差进行调适,从而客观地认识自我,正确地评价自我,积极地悦纳自我,有效地控制自我,科学地发展自我。在快乐追寻自我的过程中,不断超越自我,形成一个充满自信心与独立性的健康自我。

第一节　自我意识概述

老子曾在《道德经》中说"知人者智,自知者明",这句话流传到现在就变成了"人贵有自知之明"。尼采说:"聪明的人只要能认识自己,便什么也不会失去。"塞万提斯说:"把认识自己作为自己的任务,这是世界上最困难的课程。"千百年来,人们一直在不断探索自己,认识自己。

一、自我意识的概念

(一)什么是自我

一直以来,人类对自我意识很感兴趣。早在 2000 多年前,人们就开始了对自我的探索。古希腊时期,苏格拉底提出了"认识你自己"的口号,这标志着人类自我意识的觉醒,人类开始将目光从神的光彩转向自身。古希腊哲学家亚里士多德在《论灵魂》中,开始对人类的心理活动进行探究。人类对自我意识的真正研究始于文艺复兴运动,人文主义者针对中世纪神学对人性的扼杀、对个性自我的否定进行了尖锐的批判,并喊出了"我是凡人,我有凡人的要求"的人性解放之声。此后,法国哲学家笛卡尔最先使用了"自我意识"这一概念,提出了"用心灵的眼睛去注意自身"的精辟论断,揭示了发现自我意识的途径。笛卡尔之后,有关自我的研究得到空前的发展。

真正从心理学角度提出自我意识概念的是美国心理学家威廉·詹姆斯(William James)。1890 年他在其著作《心理学原理》中,首次将自我意识引入心理学研究领域,认为自我意识分为两个层面,其一是主我,其二是客我。主我是主动的我,是可以进行自我认识的意识,是自我认识的主体;而客我是主我的认识对象,即主我的观察对象及其结果,包括人对自身的所有知识与信念。

自此以后，自我意识一直是心理学领域里的热点和重点，心理学家们主要对概念、结构、发展因素和自我意识的发生等一系列问题进行理论探讨和实证研究。

精神分析学派创始人弗洛伊德(S.Freud)在1923年的《自我与本我》一书中，提出了"自我的三结构说"，即本我、自我和超我。

社会心理学家库利(C.H.Cooley)提出了镜像自我的概念。他指出：自我是一面镜子，它从别人那里反映自己的行为，自我是经历无数次他人评价而形成的社会产物。

米德(G.H.Mead)认为：自我分为主体我(I)和客体我(me)，着重研究主体我和客体我的关系。他认为客体我是自我意识的对象，是主体我活动的本体结构，它是通过别人(社会)对自我的有组织的态度系统而形成起来的；而主体我是自我动力部分，是客体我变化发展的引导者，它能够认识客观现实和自己。米德认为，个人与社会的变化、发展与完善都源于主体我的特征。

罗杰斯(C.R.Rogers)根据自己的临床实践，提出了与现实自我相对应的理想自我的概念。现实自我指的是个体对自己各种特征的认识和对自己各种行为的看法。理想自我指的是个人根据自己的经验，建构自己所希望达到的理想标准，它引导个体达成理想中的个人自我。罗杰斯发现，现实自我与理想自我的差距是诱发精神病的一个原因。

(二) 什么是自我意识

我国学者黄希庭认为，自我概念是个人对自己所有方面的知觉，是一个多维度、多层次、有组织的结构，具有评价性和区分性。

林崇德认为，自我概念是个人心目中对自己的印象，包括对自己存在的认识，以及对个人身体能力、性格、态度、思想等方面的认识，是由一系列态度、信念和价值标准所组成的有组织的认知结构，个人的各种特殊习惯、能力、观念、思想和情感组织联结在一起，贯穿于经验和行为的一切方面。

在自我意识概念的界定问题上，现在普遍的观点认为：自我意识是个体对自己作为主体我对客体我的意识，个体对自己存在状态的意识，即人们对自己身心状态以及对自己与周围世界的关系的意识，是人的意识发展的最高阶段。它具体包括对自己的生理状态(如身高、体重、相貌等)、心理状态(如兴趣、爱好、能力、性格等)、自己与他人和周围世界的关系(如大学生、儿子、女儿、哥哥、姐姐、党员、自己在群体中的地位和作用等)。

自我意识是意识的核心,是人在社会化过程中逐步形成和发展起来的,对自我以及自己与周围环境关系的多方面、多层次的认识、体验和评价,是个人关于自我全部的思想、情感和态度的总和。自我意识具有目的性、社会性、能动性等特点,对个性的形成、发展起着调节、监督的作用,表现形式丰富多样。

二、自我意识的结构

自我意识是一种多维度、多层次的复杂心理现象,从不同的角度看可以有不同的内涵。

(一)从内容上划分

从内容上看,自我意识由生理自我、心理自我、社会自我三个方面组成。

1. 生理自我

生理自我是个体对自己身体、生理状态(如身高、体重、容貌等)的认识和体验,是我们在与他人交往的过程中通过学习而逐渐形成的,让个人把自我和非我区别开来,意识到自己的生存依托于自己的躯体。生理自我是与生俱来的,随着自我意识的成长,人们对生理自我逐渐有了明晰的看法与正确的认识。但由于青年时期的不确定性,有的大学生对生理自我产生较高的关注。比如:有的女生特别在意自己的外表,关注自己是不是漂亮、迷人、有吸引力;有的男生则关注自己的体形与身高,甚至生理器官、声音的吸引力等等。

2. 心理自我

心理自我是个体对自己的心理活动、个性特点、心理品质的认识、体验和愿望,包括对自己的感知、记忆、思维、智力、能力、性格、气质、爱好、兴趣等的认识和体验。例如,自己的理解力、记忆力强还是弱?思维敏捷还是迟钝?做事果断还是犹豫?心理自我随着个体成长而不断发展,情绪、情感、智力、能力、兴趣等都与日俱增,逐渐学会评价自己的心理自我,体验心理自我,如初恋与失恋的体验、成功与失败的体验等。随着自我意识的发展,个体的社会角色开始渐渐明晰并占据重要位置,与此相应的责任感、义务感、角色感也都在同步递增。

3. 社会自我

社会自我是个体对自身与外界客观事物关系的认识、体验和愿望,包括个人对自己在客观环境及各种社会关系中的角色、地位、权利、义务、责任、力量等的认识。例如,是否受人尊重和信任?在集体生活中是举足轻重还是无足轻重?大学生常用“我已经长大了”“我已经独立了”等来表达自己的社会自我,期望家庭、社会给予积极的肯定与认可。

生理自我、心理自我与社会自我是密切联系、相互影响的,它们都包含着不同的自我认知、自我体验与自我控制,但由于比例和搭配的不同,构成了个体与个体自我意识之间的差异,也使得每个人都有对人、对己、对社会的独特看法和体验。

(二) 从形式上划分

从形式上看,自我意识表现为认知的、情感的和意志的三种形式,分别称为自我认识、自我体验和自我调控,具体内涵见表 3-1。

表 3-1 自我意识的结构与分类

	自我认知	自我体验	自我控制
生理自我	对自己的身高、外貌、衣着、风度、家属、所有物等的认识	英俊、漂亮、有吸引力、迷人、自我悦纳	追求身体的外表、物质欲望的满足,维持家庭的利益等
心理自我	对自己的智力、性格、气质、能力、记忆、思维等特点的认识	有能力、聪明、优雅、敏感、迟钝、感情丰富、细腻	追求信仰,注意行为符合社会规范,要求智能与能力的发展
社会自我	对自己的名望、地位、角色、性别、义务、责任、力量等的认识	自尊、自信、自爱、自豪、自卑、自怜、自恋	追求名誉地位,与他人竞争,争取得到他人的好感等

[资料来源:刘嵋,刘岳.大学生心理健康教育[M].成都:电子科技大学出版社,2016:48.]

1. 自我认识

自我认识属于自我意识的认知成分,是一个人对自己的认识,回答的问题是“我是谁”“我是个什么样的人”等问题。它包括自我感觉、自我观察、自我分析、自我概念、自我评价等,其中自我评价是自我认识的核心,是自我体验和自我调控的基础,集中反映个体自我认识乃至整个自我意识的发展水平。

美国心理学家约瑟夫·勒夫特(Joseph Luft)和哈里·英格拉姆(Harry Ingram)提出了关于自我认识的理论,被称为“乔韩窗口理论”。他们认为人对自己的认识是一个不断探索的过程,因为每个人的自我有四个部分，即公开的自我、盲目的自我、秘密的自我和未知的自我，如表 3－2 所示，通过与他人分享秘密的自我，通过他人的反馈减少盲目的自我，人对自己的了解就会更加客观全面。

表 3－2　乔韩窗口理论

	自知	自不知
他知	A 公开的我	B 盲目的我
他不知	C 秘密的我	D 未知的我

［资料来源：梁艳，曾本君.大学生心理健康教育［M］.成都：电子科技大学出版社.2019：60.］

2. 自我体验

自我体验属于自我意识的情感成分，是伴随着自我认识产生的内在感受，反映为对自己的满意状况。它包括自尊感、自卑感、自豪感、自信、内疚、优越感、义务感等方面的内容，其中自尊感是自我体验中最主要的方面，主要涉及“我是否喜欢自己”“我是否满意自己”等，是一种自我的感受。自我认识决定自我体验，同时，自我体验又往往强化自我认识，并影响自我调控。

3. 自我调控

自我调控属于自我意识的意志成分，是一个人对自身的心理与行为的主动支配和掌握，即指一个人不受外界因素的干扰，能自觉调节自己的情感冲动和行为。它包括自主、自立、自我监督、自我控制、自我教育等，主要涉及“我如何成为自己理想的那种人”“我怎样才能成为一个更有自信的人”等涉及个人对自己的行为活动的调节。

自我认识是自我体验和自我调控的基础，自我体验能强化（含正强化和负强化）自我调控，自我调控的结果又会强化、校正、丰富自我认识。以上三者互相联系、有机组合、完整统一，构成了一个人的自我意识，成为一个人个性的核心内容。

（三）从存在方式上划分

从存在方式上看，自我意识可以分为现实自我、理想自我和镜中自我。

1. 现实自我

现实自我是个体从自己的角度和标准出发，对自己当前总体实际状况的基本看法，包括生理特点、行为、人格特点以及性别、种族、角色特点等。

涉及的问题是“我实际上是个什么样的人”。

2. 理想自我

理想自我是指个体想要达到的比较完美的形象，涉及的问题是“我应该是怎样的一个人”“我想成为一个什么样的人”。理想自我是个人追求的目标。新时代的大学生应“做一个自信、自尊、自强、自爱的人”，将个体“小我”的命运自觉嵌入国家这个“大我”中。如我国唯一一位集中国科学院院士、“两弹一星功勋奖章”、中国军人最高荣誉“八一勋章”、国家最高科学技术奖于一身的程开甲将军。新中国成立时，他已经是英国皇家化学工业研究所研究院的研究人员，婉拒导师著名物理学家玻恩的挽留，回到祖国。1960年，程开甲加入中国核武器研究队伍，自此隐姓埋名，在学术界销声匿迹20多年，和朱光亚、郭永怀等科学家一起，开始了秘密研制原子弹的艰苦历程。经过无数次的推算、验证，程开甲在国内首次估算出原子弹爆炸时弹心的压力和温度，为原子弹的总体力学计算提供了依据。1964年10月16日，中国第一颗原子弹在罗布泊准时爆炸，自动控制系统在瞬间启动千台仪器，分秒不差地完成了起爆和全部测试。从参与核武器研制到参与主持决策30多次核试验，程开甲十年内四次转换研究方向，甘冒风险进入超高温强辐射的现场考察。程开甲创立了中国自己的系统核爆炸理论和效应研究，主持、参与和指导核爆炸效应的全面总结，为核武器应用奠定了坚实基础。他是中国指挥核试验次数最多的科学家，人们称他是中国的“核司令”。晚年，程开甲心系国防事业和科学研究依然在自己的位置上发光发热，曾不止一次地说：“我这辈子最大的幸福，就是自己所做的一切，都和祖国紧紧地联系在一起！”

3. 镜中自我

镜中自我也叫投射自我，是指个体所认为的他人对自己各种行为的看法。如想象自己在他人心目中的形象，想象他人对自己的评价以及由此产生的自我感。镜中自我与现实自我之间往往是有距离的，当这种距离不断加大时，个体便会感到自己不被别人所了解。

三、自我意识的形成与发展

个体的自我意识不是与生俱来的，而是在后天的社会交往中，随着语言和思维的发展而发展起来的。自我意识经历了萌芽、发生、发展和完善的过程。一般来讲，如果说婴儿期是自我意识的萌芽阶段，童年期至少年期则是自我意识进一步发展的阶段，那么，青年期则是自我意识迅速发展并趋向于成熟的阶段。

（一）自我意识的发生

婴儿出生时，不能区分自己和非自己的东西，认识不到自己的存在。婴儿一般在8个月时产生“生理自我”，1岁左右产生自我感觉。婴儿开始能区分自己的动作与动作的对象，之后把自己这个主体与自己的动作区分开来，有了自我意识的萌芽。例如，婴儿发现咬自己的手和脚，与咬别的东西（玩具、饼干等）感觉不一样；可以将拿着玩具的手同玩具区分开来，不会再认为玩具是手的一部分，等等。婴儿开始认识到自身是一个独立实体，是动作的主体，体验到了自我的存在和力量，产生了最初的自豪感和自信心，从而形成了自我感觉。

2岁左右的幼儿，逐渐学会用第一人称代词“我”来称呼自己，这标志着自我意识的重大飞跃。因为能用“我”来称呼自己，表明幼儿已经能够把自己从周围事物中区分出来。

3岁左右的幼儿，开始出现羞耻感，要求自主。这一时期的幼儿，其行为是一种以自我为中心的行为，以自己的身体为中心，以自己的想法和情感来认识和投射外部世界，因此这一时期的自我意识被认为是生理自我时期。

拓展阅读

点红实验

1972年，美国北卡罗来纳州立大学的阿姆斯特丹为6—24个月的婴儿设计了“点红实验”，真正确定了婴儿的“自我再认”。实验开始，在婴儿毫无察觉的情况下，主试在其鼻子上涂一个无刺激红点，然后观察婴儿照镜子时的反应。研究者假设，如果婴儿在镜子里能立即发现自己鼻子上的红点，并用手去摸它或试图抹掉，表明婴儿已能区分自己的形象和加在自己形象上的东西，这种行为可作为自我意识出现的标志。

阿姆斯特丹测试了88个婴儿，最终只得到16个婴儿的可靠资料。阿姆斯特丹对研究结果进行总结，得出婴儿对自我形象的认识要经历三个发展阶段：

第一个是游戏伙伴阶段:6—10 个月。此阶段,婴儿对镜中自我的映像很感兴趣,但认不出他自己。

第二个是退缩阶段:10—20 个月。此时,婴儿特别注意镜子里的映像与镜子外的东西的对应关系,对镜中映像的动作伴随自己的动作更是感到好奇,但似乎不愿与"他"交往。

第三个是自我意识出现阶段:20—24 个月。这是婴儿在有无自我意识问题上的质的飞跃阶段,这时婴儿能明确意识到自己鼻子上的红点并立刻用手去摸。

阿姆斯特丹的实验结果之后在更多的被试身上得到了验证。另外,在设置了控制组的实验中发现,这个年龄段的孩子如果鼻子上没有红点就不会碰自己的鼻子。这说明摸鼻子并不是他们看到自己影像的自然反应,而是因为婴儿具有自我再认的能力,能认出镜子里的"自我",他们才会注意到新出现的红点而去摸鼻子。

[资料来源:李龙,李晨光,陈恒英.大学生心理健康教育[M].重庆:重庆大学出版社,2018:50-51.]

(二)自我意识的发展

从3岁到青春期这段时间,是个体自我意识发展的时期。这一时期是个体接受社会化影响最深刻的时期,经历了从幼儿园、小学、中学到大学的人生成长最为关键的阶段。个体在游戏、学习、劳动、生活中,通过模仿、认同、练习等方式,逐步形成了各种角色观念,建立起角色意识。他们开始意识到自己在人际关系、社会关系中的地位和作用,意识到自己所承担的社会责任与享有的社会权利。

幼儿期:自我意识的特点是,完全依照成人的影响来认同自己、他人以及自己与他人的关系,几乎是从他人那里获得"肤浅"的自我评价与自我认识。

童年期:自我意识的特点是模糊、不大自觉,被动的心理活动主要指向外部世界,对自己的内心世界没有多少认识,如果问"你是一个什么样的人",许多小学生会答不上来,或说没有想过。即使回答,也往往是对自己一些外部特点的描述,如"我是一个爱画画的人""守纪律的人""爱玩猫的人"等,或者是转达教师、家长或其他成人对他的评价。小学儿童已经能够对自己的行为及与行为相联系的一些品质进行评价,并能初步有意识地调节控制自己的行为。

少年期：自我意识的发展有了质的变化，独立性、自觉性和自律性都有了迅速发展，并能够深入自己的内心世界，意识到自己的个性品质，但水平还比较低，不够清晰全面。此时，个体开始意识到自己与他人、与集体的关系，意识到自己的内心活动，开始想到自己，开始“发现”自己，开始关心自己的发展，开始根据自己的喜好规划自己的人生，出现了有一定现实基础的理想，有了较稳定的兴趣爱好；同时，还有了许多内心的“小秘密”；他们开始对周围人的精神世界、个性品质等感兴趣，开始关注周围人的内心体验、动机、想法、个性特点等。但这时自我意识的水平还不高，对自己的内心世界的了解也不深。随着生理发育的加快、面对的压力增加，心理矛盾开始变得日益突出。这一时期他们认识自我的最主要途径是他人的评价，因此这一时期个体的自我意识发展，被称为“社会自我”的发展阶段。

（三）自我意识的成熟

青年期是自我意识迅速发展并趋向成熟的阶段。一般来说，青年期的自我意识发展经历了一个特别明显的分化、矛盾和统一的过程，每一次分化和统一都使青年的自我意识不断走向成熟。

1. 青年期自我意识的分化

青年期自我意识的继续发展，表现在自我意识的分化上，即把自我分化为主体我和客体我。主体我是观察者的自我，客体我是被观察者的自我。自我意识的明显分化，使这一时期的青年主动迅速地对自己的内心世界和行为有了新的认识，开始意识到自己那些从来没有被注意到的“我”的很多细节。青年期自我意识的分化，还表现在理想自我与现实自我的分化。随着青年期自我意识的逐步成熟，个体内心常为自我画像，既画自己当前现实的像，也画自己未来的像，也就是自我意识分化为“现实自我”与“理想自我”了。青年期个体常常用“理想自我”去催促“现实自我”前进、成长，也用“现实自我”去补充、丰富、校正和发展“理想自我”，形成了推动自我发展的新动力。

2. 青年期自我意识的矛盾

由于自我意识的分化，“主体我”和“客体我”、“理想自我”和“现实自我”的矛盾、冲突也开始出现。大学生富有理想，充满激情，希望在大学期间能够发展自己、完善自己。可现实往往会让他们失望，理想自我与现实自我常常有很大的差距,他们常常会因为自我意识出现矛盾而焦虑、苦恼或无能为力,甚至迷茫,不知道自己在大学究竟要做什么。其实,自我意识出现矛盾并非坏事,每种矛盾的背后都是一个让自己变得更好的契机,处理得当,还能成为个人进步的动力。关键在于通过主观的努力,对各种不确定的想法用实践来证明到底哪一个选择才是最适合自己的,正确处理自我意识的各种矛盾,最终使自己的意识倾向得到统一。

3. 青年期自我意识的统合

自我统合是一种个人自我一致的心理感受。根据埃里克森(E. H. Erikson)的发展阶段理论,青少年期(12—20 岁)的一个核心问题是自我同一性的发展。自我同一性是指个体尝试把与自己有关的各方面结合起来,形成一个协调一致的、不同于他人的独具"同一风格"的自我。简而言之,就是把自己"众多的人格方面"统一起来,形成一个比较完整稳定的人格。自我同一性的确立,就意味着个体对自身有充分的了解,能够将自我的过去、现在和将来组合成一个有机的整体,确立自己的理想与价值观念,并对未来自我的发展作出自己的思考。自我意识的分化、矛盾所带来的痛苦不断促使大学生寻找方法,以求得自我意识的统合,包括主体我和客体我的统合,理想我与现实我的统合,自我与客观环境的统合,自我认识、自我体验、自我控制的统合等。个体进入青年期后,由于身心两方面都发生了很大的变化,个人开始从自我现状、生理特征、社会期待、以往经验、现实环境等方面去思考关于"自我"的问题,统而合之,用以回答"我是谁""我将走向何方"两大问题。

拓展阅读

自我认同感

埃里克森认为,青少年面临的主要发展障碍是获得自我认同感——一种对于自己是谁、将要去向何方、在社会中处于何处的稳固和连贯的知觉。自我认同感是在应对许多选择的过程中形成的:作为一个男人或一个女人或有性别的个体,我是谁?茫茫人世中我身在何处?什么样的职业是我想要的?我该有什么样的价值观?当然,这一切困扰了许多青少年,埃里克森用"认同危机"来进行描述。当这些青少年思考现在的自己是谁,决定"我能

(该)做怎样的自己"时,他们会有一种混乱甚至焦虑的感受。

自我认同感的形成要花费一些时间,大约要等到青春期晚期或成年早期——大学期间,这些小伙子、小姑娘才能从混乱或提前结束水平进入延缓偿付水平,然后才能获得认同感。这并不意味着自我认同感完全形成了,许多成年人仍然为之感到困扰。以下是自我认同感的四个水平,同学们可以结合自己的情况,看一看自己处于哪个水平。

(1) 认同感混乱。这类个体对认同问题不做思考,对将来的生活方向未能澄清。例如,"我对未来职业没有多少考虑,我不知道我喜欢什么"等。

(2) 提前结束。这类个体获得了自我认同感,但是在这种认同感获得的过程中并未经历在寻求最适合的自己时应体验的危机。例如,"我父母是老师,我长大了也做老师""我就是这样长大的"等。

(3) 延缓偿付。这类个体经历了认同危机,正在主动提出生活价值的问题并寻求答案。例如,"我对自己的信念加以评判,希望能获得一种适合我的信念""基督教伴随我成长,我相信它为我提供了一些解释,但我仍存疑虑"等。

(4) 认同感获得。这类个体通过自身的付出有了特定的目标、信念、价值观的承诺,解决了认同问题。例如,"在对我的信仰和其他信念进行了多次探索之后,我最终知道该信仰什么不该信仰什么了"等。

[资料来源:俞国良.大学生心理健康[M].北京:北京师范大学出版社,2018:39.]

第二节　大学生自我意识的特点及冲突

一、大学生自我意识的特点

经过大学的生活和教育,大学生个体的自我意识不断增强,自我认识、自我体验、自我调控三方面趋于协调发展,世界观和人生观基本确立,主要表现出如下特点。

(一) 大学生自我认识的特点

1. 自我认识的主动性和自觉性

自我认识的迫切性在少年期已经有了明显的表现,如"我是一个什么样的人”“我为什么是这样的人”。随着大学生各种心理机制的日趋成熟，他们在自我认识方面更具主动性和自觉性，不仅会用自己的评判标准评判客观事物，而且会将自我评价标准、社会评价标准及学校评价标准相结合，力图将社会期望内化为自我要求，并对自己做出评价。同时，大学生对自己的认识开始从自身的外部特征和具体情景转到自身的性格特征和抽象概念，这反映出他们自我认识的内部指向性和深刻性。

2. 自我评价的客观性

大学生通过对自我进行分析、评价，客观地认识现实的我，对自我的评价更加全面、客观和积极，能更清楚地认识自己的优点和缺点，善于发挥自己的长处。研究发现，大学生理想我与现实我之间的相关度比较高，为0.5—0.6(有的人相关度高达0.9)。并且，大学生的自我评价与他人对他们的评价结果基本一致，两者存在着显著的相关。可见，大学生的自我评价比较符合实际情况，自我评价的客观性有了明显的发展。

（二）大学生自我体验的特点

1. 自我体验的敏感性

大学生的自我体验比较敏感，凡涉及“我”的事物都会引起他们的兴趣，与“我”相关的事物往往能诱发他们的连锁反应。大学生尤其关注自己在别人心目中的形象与地位，关心别人对自己的意见和看法，有时还会根据别人的言谈举止引发一连串联想。

2. 自我体验的深刻性

随着自我评价从自我的外层深入到自我的内层，大学生的自我体验也日渐深刻。在青春早期，自我评价的焦点是身体、容貌，自我体验的喜怒哀乐也多与生理评价有关。到了大学时期，他们的自我评价转入内在特征，自我评价的社会性程度提高，自我体验更多地与自己的道德品质、自我存在的社会价值、社会贡献联系在一起。大学生的自我体验是深刻的。在发生某一件不愉悦的事情后，他们的体验会深刻而持久，会对其情绪体验和情感体验产生深刻影响，若得不到及时有效处理，就很容易产生心理问题。

3. 自我体验的丰富性和波动性

大学生活多姿多彩，自我情感体验比较丰富，有肯定的体验和否定的体验(喜欢自己还是讨厌自己，满意自己还是不满意自己等)、积极的体验和消极的体验（喜悦还是忧愁，趣味无穷还是无聊乏味），以及紧张和轻松、敏感和迟钝等体验。

大学生的自我体验仍然有一定程度的波动性。比如，在取得成绩时，容易产生积极、肯定的情感体验，甚至骄傲自满、忘乎所以；而遇到挫折时，容易产生消极、否定的情感体验，甚至自暴自弃、悲观失望。大学生自我体验的波动性是正常现象，关键是怎样使大学生正确对待这一特点，胜不骄、败不馁，敢在困难和挫折面前坚强自信，塑造自我。

（三）大学生自我控制的特点

1. 自我设计的高标准

大学生有设计自我、完善自我的强烈愿望。一项对大学生自我设计愿望的调查发现，72％的大学生希望成为“德才兼备、博学多才、富有开拓精神、适应性强的大学生”；16％的人希望成为“合格的大学生”；5％的人希望成为“被社会承认的大学生”；只有7％的人愿意成为“能混得过去、不被人们注意的大学生”。这充分反映了大学生自我设计的高标准。

他们根据自我设计的“最佳自我形象”而不断地充实自己的知识，培养自己的能力，形成自己良好的性格与品德。大学生的成就动机是最强的，他们不愿做一个庸庸碌碌的人，都想干出一番事业，能对祖国、对社会有所贡献，以实现自己人生的价值。

2. 强烈的独立意向

独立意向也叫独立感，是指个体力图摆脱监督和管教的一种自我意识倾向。大学生在生理发育上已完全具备了成人的特点，心理成熟和社会成熟也已达到较高的水平。通过对自我的认识、体验和控制、调节，大学生在内心已建立了一个全新的自我——成人式的自我。他们要求自己像成年人那样待人接物，同时也要求别人把他们当作成年人来对待。他们渴望有独立思考的机会、有独立行动的权利，希望家长和师长对他们少指责、多理解；少命令、多商量；少管束、多指点。

3. 自我控制能力仍有待提高

与中学生相比，大学生希望自己主宰自己的命运，他们的自我控制能力有很大提高，自觉性、坚持性、独立性和稳定性显著发展；但是，与成人相比，他们仍然有明显的差距。因而，有心理学家认为，青年与成人的最大区别就是自我控制能力的差异。来自社会的诱惑和他人的压力，使得大学生不能如愿以偿，因而产生困惑、焦虑的情绪。如果此时不能及时地调整人生目标和行为方式，他们可能会愈陷愈深，以至于无法自拔。因此，大学生尤其需要在抵御诱惑及其持久性上加强锻炼，以提高自我控制能力。

二、大学生自我意识的冲突

自我意识的明显分化，一方面使大学生开始意识到自己不曾注意的许多“我”的方面和细节，发现“理想我”与“现实我”的差距；另一方面，由于他们还处于发展阶段，自我形象不能很快确立，自我概念不能明确地形成，因而自我冲突加剧，表现为内心纠结、矛盾，甚至有很大的内心痛苦和强烈的不安感。归纳起来，当代大学生自我意识的冲突主要表现在以下几个方面：

（一）主观我与客观我的矛盾

主观我是个人对自己的认识和评价，客观我是社会上其他人对自己的认识和评价。一方面，作为同龄人中能够接受高等教育的人，大学生对自我有较高的积极评价，但由于他们还未走进社会，缺乏社会经验，在校园浓郁的学术与文化氛围中生存成长，对社会缺乏了解。另一方面，特别是随着高等教育大众化进程的推进，适龄青年接受高等教育的机会增加，社会对大学生的评价更趋客观。

（二）理想我与现实我的矛盾

理想我与现实我的矛盾是大学生自我意识冲突最突出、最集中的表现。理想我是指个人想要达到的完美形象，是个人追求的目标，引导个体实现理想中的自我。现实我是个人从自己的立场出发，对现实中自我的各种特征的认识。在现实生活中，理想我与现实我总是存在着一定的差距，如有的同学希望自己成为一个开拓型人才，向往着干一番惊天动地的大事，但实际上自己连目前的学习都跟不上；有的同学希望自己豁达开朗，却不时要为小事而烦恼生气；有的同学因不再能像从前一样单纯而忧心忡忡等。

每个同学都希望所学的专业能与个人的需要相吻合，易把自己所学的专业理想化。当现实与理想发生冲突时，他们就情绪低落，不安心学习。有一些同学不喜欢所学专业，而哀叹“自己想做的事不能做，不想做的事又非做不可”，感到有志难酬，心情压抑。此外，在交友、恋爱、择业等方面，由于期望和抱负过高，也会产生理想我与现实我的矛盾，从而产生挫折感。

在现实生活中，理想我与现实我之间总是不可避免存在一定差距。合理的差距能够激发大学生奋发进取的积极性，使他们不断进步，奋发有为；如果差距过大，就会给大学生带来苦恼和不满，有可能引起自我意识的分裂，导致一系列心理问题。对理想自我的渴望与对现实自我的不满构成了大学生自我意识发展的重要特点。

（三）独立我与依附我的矛盾

大学生正处在人生第二次飞跃的"心理断乳期"，生理与心理的成熟使他们渴望独立，尤其是在离开父母之后，有了更多的自主空间，希望能在经济、生活、学习乃至思想上独立起来，希望自立自强，成为一个有独立见解、能决定自己命运的人。但长期的校园生活使他们应有的社会阅历与经验相对缺乏，当应激事件出现时，却又盼望亲人、老师、同学能够替自己分忧，无法做到人格上的真正独立。有的大学生长期受到父母的溺爱与保护，这种独立与依赖的矛盾就表现得更为突出。不成熟的独立性与依赖性之间的矛盾，是大学生自我意识冲突的主要根源。过分的依赖使大学生缺乏对问题的分析、判断与决策能力，显得优柔寡断，缺乏主见；而过分的独立又使他们陷入"凡事不求人"的偏执状态，他们我行我素、孤傲自立，但遭遇挫折时又不知如何寻求帮助。

另一方面，大学生生活形式上的独立与经济上的不独立也形成了明显的反差。希望独立，又无法摆脱依赖，这种独立倾向与依赖心理的矛盾一直困扰着大学生。有些大学生面临多元化的价值观时，不能找到自己的坐标，无所适从，茫然失措，失去了自我，陷入苦闷、绝望的境地。他们的心理矛盾如果长期得不到疏导，就可能发展成为心理疾病，例如焦虑症、抑郁症、强迫症等。

（四）理智我与情感我的矛盾

大学生情绪的一个显著特点是容易两极分化，或高或低，波动性大，易冲动，不易控制。但随着身心的发展，认知水平的提高，大学生渐渐成熟，在遇到客观问题时，既想满足自己情绪与情感的要求，又想服从于社会及他人的需求。特别是当遇到交友失败、失恋等打击时，尽管理智上能够理解，却在感情上难以接受。

大学生处于青年期和成年早期，成年早期的心理发展任务为克服孤独感，建立亲密感。一方面，在这个时期每个人都渴望着爱与友谊，渴望着交往与分享，渴望着自我价值得到实现，渴望着探讨人生的真谛，寻找人生的知己,希望成为群体中受尊敬与欢迎的人;另一方面,有的大学生的自我表露又受着心灵闭锁的影响,总是不经意将自己的心灵深藏起来,尤其是性格内向的同学。他们与同学有意无意保持着一定的距离,存在着戒备心理,与人不能敞开心扉交流与沟通思想,感到没有人理解自己,缺乏友谊。

(五)自负我与自卑我的矛盾

自信是一种健康的心理,是一种健全自我意识与成熟人格的标志。大学生的自我意识尚在发展过程中,心理尚未完全成熟,很难对自己有正确的认知。他们对自己的认知往往会出现两种自信偏差:自卑或自负。自负是一种过度的自信。拥有这种心理的人,缺乏自知之明,往往以为自己对而别人错,把自己的意志强加在别人身上,不能与人和睦相处。自卑是一种自我否定,表现为对自己缺乏信心,对自己不满和否定自己。拥有这种心理的人总以为自己存在许多缺点、不足与失误,遇事总会胆怯、心虚、逃避、退缩,缺乏主见。

自负与自卑总是紧密相连的,自负表现强烈的人往往也是极度自卑的人。与其他群体相比,大学生表现出较高的自尊与自信。他们渴望成功,不甘落后,对成功的渴望与预期水平高,当小小的成就来到身边时,很容易表现出骄傲自大、唯我独尊、自我中心,他们相当自负,好像世界尽在手中。当遭遇失败与挫折时,有时甚至是小小的失利,如考试失败、恋爱失败等,他们便开始怀疑自己的能力,进而产生自我否定、自我怀疑甚至自暴自弃的情绪,陷入强烈的自卑之中。这些都与大学生自我认知不良、自我定位不准有关。

拓展阅读

自尊与自卑的心理特点比较

自尊	自卑
1. 喜欢自己,正确评价自己	1. 自暴自弃,通过迎合他人来获得他人对自己的肯定
2. 喜欢被人喜欢的感觉,但如果他人不喜欢自己也无所谓,他们深知希望每个人都喜欢自己是不现实的	2. 需要被人喜欢
3. 有积极的心中私语	3. 有消极的心中私语

续　表

自尊	自卑
4. 接受自我——伤痕和一切	4. 嫌弃自我
5. 相信自我	5. 否定自我
6. 如犯了错,不会苛求自己,只就事论事	6. 犯了错便痛打自己,批评自己
7. 能坦然接受批评	7. 被批评摧毁,因为这进一步让他们坚信自己无用、无望、愚蠢、浅薄
8. 注意力集中在自己的强项	8. 注意力集中在自己的弱项
9. 很果断——支持自己	9. 处于被动地位——让自己被他人踩在脚下,或者攻击他人(以援助其微弱的自尊)
10. 是独立的人	10. 是依赖他人的人

[资料来源:苏碧洋.大学生心理健康教育与辅导[M].厦门:厦门大学出版社,2019:28-29.]

第三节　大学生自我意识的完善

一、健康自我意识的标准

健全的自我意识是心理健康的重要标准,是人类自身内在的一种成功机制。健全的自我意识有五个标准,这五个标准为健康自我意识的形成、调适和培养提供了可供借鉴的依据。

第一,自我意识健全的人,应该是一个有自知之明的人,既知道自己的优势,也知道自己的劣势,能正确评价自我并引导自我健康发展。

第二,自我意识健全的人,应该是自我认知、自我体验和自我控制相协调的人。

第三,自我意识健全的人,应该是积极自我肯定的、独立的并与外界保持一致的人。

第四,自我意识健全的人,应该是理想自我与现实自我统一的人,有积极的目标意识和内省意识,积极进取,永无止境。

第五,自我意识健全的人,应该是心理健康的人,不仅自己健康发展,而且能促进周围的人共同进步。

二、大学生自我意识的完善途径

（一）正确认识自我

“君子不镜于水而镜于人。镜于水，见面之容；镜于人，则知吉与凶。”（《墨子·非攻》）“以铜为镜，可以正衣冠；以史为镜，可以知兴替；以人为镜，可以明得失。”（《旧唐书·魏征传》）德国著名作家让·保罗曾说：“一个人真正的伟大之处，就在于他能够认识自己的渺小。”这些都说明了正确认识自我的重要性。如果一个人能够全面、正确地认识自己，客观、准确地评价自己，就能够量力而行，确立合适的奋斗目标，并为实现这一目标而不懈努力。因此，大学生只有打破自我封闭，拓宽生活范围，增加生活阅历，扩展交往空间，积极参加活动，扩大社会实践，才能找到多种参考系，才能凭借参考系来多方面、多角度地认识自我，做到既不自卑也不过于自信，既不骄傲也不过于谦虚，才能充分发挥自己的聪明才智，实现自己的人生价值。一般来说，可通过以下途径来认识自我。

第一，通过对他人的认识来认识自我。深刻的自我认识是以深刻认识和理解他人、理解社会为前提的。大学生应积极主动地投身于认识世界、改造世界的社会实践活动中去，不断丰富自己对自然、社会和他人的认识。

第二，通过分析他人对自己的评价来认识自我。正确地认识他人对自己的评价，是认识自我的一条重要途径。大学生一般很在乎别人对自己的看法，尤其是有影响力的评价者的看法。他们对别人的评价，往往会产生两方面的反应：一方面积极接受别人的看法，另一方面认为别人的评价不符合自己的实际。因此评价者的特点、评价的性质，将会影响大学生对评价的接受程度。开展同学之间的互评，教师给予具体而有个性的评价，都有助于大学生自我意识的提高。但应注意评价的准确性、全面性、公正性，不切合实际的、片面的、不公正的评价，也可能导致自我认识的误区。重要的是，大学生需正确对待他人评价，从分析他人对自己的评价中进一步认识自我，而不要对别人的批评意见耿耿于怀，也不为自己的优点而沾沾自喜。

第三，通过与他人的比较来认识自我。人总是不由自主地将自己和他人进行比较，在比较中发现自己的优势，明白存在的问题，认识自己能力的高低、道德品质的好坏、追求目标是否恰当等。因此，对大学生进行自我意识培养时，要引导他们与情况和自己差不多的人比较，也要与周围的强者比较。在比较中认清自己的优势和劣势、长处和短处,朝取长补短、缩小差距的目标努力。

第四,通过自我比较来认识自我。大学生也可以从比较自己的过去、现在中认识自我。一方面,鼓励学生不满足于现有的成绩,超越自我;另一方面,引导学生确立恰当的抱负水平,不要对自己定苛刻的目标,从自己的发展历程中进行比较,从前后、此时彼时的比较中认识自我。

第五,通过自己的活动表现和成果来认识自我。大学生在从事各方面的活动中展现自己的聪明才智、情感取向、意志特征和道德品质。通过活动认识自己,用"实践是检验真理的唯一标准"来检查自己。因此,在培养大学生自我意识的过程中,要引导他们正确分析自己的活动表现和成果,客观地认识自己的知识才能和兴趣爱好,进一步发挥自己的长处,弥补自己的不足。

第六,通过自我反思和自我评价来认识自我。曾子曾说"吾日三省吾身",大学生已具备较强的自我反思和自我批评能力,需不断地对自己的心理活动进行反思、分析,勇于剖析自己,敢于批评自己,在自我剖析和自我批评中加深对自己的认识。

第七,通过接受各种心理测验来认识自我。社会专业机构已有大量关于人的各种心理品质的心理测验,科学性和操作性较强,虽然心理测验的结果不是绝对准确的,但是大学生可以利用其测量结果来辅助了解自己。如"我是谁测验(20 问法)",可以帮助了解自己的自我意识;"躯体自信量表"可以帮助了解对自己身体和外貌的满意程度;"韦氏成人智力量表"可以帮助了解自己的智力水平;"卡特尔 16 项个性因素问卷"有助于了解自己的个性;"气质调查表"有助于了解自己的气质;"职业兴趣测验"有助于了解自己的职业兴趣;等等。

(二)积极悦纳自我

悦纳自我是发展健康自我体验的关键和核心。具体来说,悦纳自我就是:第一,接受自己,喜欢自己,不苛求自己,觉得自己独一无二,有高度的自尊和自信,有价值感、自豪感、愉快感和满足感;第二,性情开朗,对生活乐观,对未来充满憧憬,积极情绪多于消极情绪;第三,能平静而又理智地看待自己的长处与短处,冷静地对待自己的得与失;第四,有远大的理想和阶段性目标,并以此激励自己不断努力;第五,既不以虚幻的自我补偿内心的空虚,也不以消极回避的态度漠视自己的现实,更不以怨恨、自责甚至厌恶来否定自己。

大学生要做到悦纳自我,可以从以下几个方面入手:

第一,积极而准确地评价自我。积极而准确地评价自我是促使产生自尊感、克服自卑感的关键。金无足赤,人无完人。每一个人都有自己的优点和缺点、长处和短处,对自己的长处要充分发挥,对自己的短处要正确对待,既不护短也不因某些短处而灰心。一般来说,人的短处有两种:一种是可以改变的,如不良习惯、脾气不好、缺乏毅力等,对此要有闻过则改的态度和精神;另一种是无法补救的,如其貌不扬、身材矮小、四肢残疾等,对此要面对现实,有勇气接受。大学生要提高自己的内在修养,在学业和生活上狠下功夫,培养内在的心灵美。

第二,正确对待挫折和失败。一个人在成长过程中,难免会有失败,要有勇气面对挫折,吃一堑长一智,认真总结教训,树立不达目的不罢休的信心。从哪里跌倒,就从哪里爬起来。因此,大学生需正确地对待学习、生活中的种种困难与挫折,从困境中走出来,总结教训,吸取经验,提高自己的能力,认可自己的能力,实现自己的理想。

第三,建立和巩固良好的自我感觉。找出最近(一年之内)一次或几次自己做过的比较成功的事情,用心体会成功的愉快心情,庆祝自己的胜利;及时了解自己各方面的发展、进步和成绩,肯定自己的能力;记录别人对你的积极评价和态度,增加自信;仔细回忆从前的经历,找出各方面比较出色的表现,肯定自己以前就已具备的良好素质。这样,就能把注意力集中在自己的优点和成功上,而不是集中在缺点和失败上,有助于建立和巩固良好的自我感觉,真正做到悦纳自我。

(三)有效调控自我

孔子强调修己和克己。古希腊哲学家柏拉图提出:“节制是一种秩序,一种对于快乐和欲望的控制。”亚里士多德说:“人与动物的区别,正在于行为与理智。”他们将“节制”定为古希腊的智、勇、义、节四德之一。这些理论虽然有时代的局限性,但是强调人的行为应自觉地受意识和理智控制,反映人类社会生活的客观要求和人类历史发展的归宿。人如果不能有效地自我控制,就如同汽车没有制动,结果是显而易见的。自我控制是自我心理结构中最重要的调节机制,是心理成熟的最高标志。大学生常常“心动而不行动”,事实上心动是一件容易的事,而真正行动则需要更多的自我控制能力。有时即使是一件简单的事,也需要付出一定的意志努力。当意志行为成为一种习惯时，自我控制便转变为“自动化”的“程序”，就标志着良好自控能力的形成。

一般说来，大学生有效调控自我，可以从以下几个方面入手：

第一，建立合乎自身实际情况的抱负，确立适宜的理想自我。也就是面对现实，确定自己具体的奋斗目标，把远大的理想分解成一个个远近高低不同的子目标，由近到远，由低到高，循序渐进，逐步实现。关键是每个子目标的设立需适当、合理、切合实际，是经过努力后可以达到的，避免因目标太远大实现不了而失去信心。

第二，把奋斗的重心放在自己最大的长处和优势上。人的精力是有限的，所以应把精力放在自己最擅长的地方。坚持不懈地在自己已经有所成就的或者自己最有优势的领域努力学习或工作，就容易不断地取得成功，满足自我实现的需要。

第三，增强自尊和自信，使自己有为实现理想自我而努力的强大动力，激励自己不断奋进。

第四，培养顽强的意志和坚强的性格，发展坚持性和自制力，增强挫折耐受力，使自己自觉主动地认清目标，为实现目标而努力排除干扰、克服困难，能正确地面对成功和失败。

（四）不断超越自我

健全自我的过程也是一个塑造自我、超越自我的过程。对于大学生而言，超越自我更是终身努力的目标。在行动上，无论对人对事，均全力以赴，使自己的能力得到最大程度的发挥。

完善自我、超越自我不是一帆风顺的，它需要付出艰辛的努力和沉重的代价，也是一个“新我”形成的过程，是从“小我”走向“大我”、从“昨天之我”向“今日之我”“明日之我”迈进。珍惜已有的自我，追求更好、更高的自我，做一个“自如的、独特的、良好的自我”。既注重自我又不固守自我，而是根据社会要求不断改造自我；既注重自我价值的实现又不仅仅局限于追求个人自我价值的实现，而是把自我价值实现的过程与为祖国现代化建设做贡献的过程统一起来，在为他人和社会服务的过程中实现真正的自我价值。

超越是一种境界，更是一种过程。只有坚持正确的方向，本着科学的态度，投身于火热的社会实践中，辩证地看待社会，分析自我，把握自我，才有可能最终超越自我。

思政小贴士

“积极入世”——实现人生价值的关键途径

儒家经典《周易·乾卦》中有言:“天行健,君子以自强不息。”强调生而为人,必定遭遇艰难困苦,只有胸怀天下、报国为民,不畏艰险、努力奋斗才能实现人生价值,反映了儒家提倡的“积极入世”的主张。当下大学生心理问题频发,其中深层次原因可以归结到大学生的价值观问题上。一方面,目前我国社会仍处于转型发展期,经济下行导致生活成本增加、就业难等社会矛盾相对突出,加之西方不良言论的错误引导,致使部分大学生责任意识薄弱、奉献精神匮乏,理想信念动摇。另一方面,受社会、家庭等多重压力和躺平等不良价值观的引导,部分大学生心理出现了极端化趋势,主要表现为在顺境中迷失自我、放任自流;在逆境中备受打击、一蹶不振。从国家角度来看,儒家思想认为,人作为万物灵长,生来就肩负社会责任,要有“国家兴亡、匹夫有责”的觉悟,有“先天下之忧而忧,后天下之乐而乐”的气节,以国家昌盛、民族振兴、百姓安康为己任,为国分忧、报效国家。从个人角度来看,“自强不息、刚健有为”表现为当个体遇到困境时要奋发图强、努力拼搏;当个体走向成功时要宠辱不惊、勇往直前,以富贵不淫、贫贱不移、威武不屈的意志直面人生选择。显然,儒家“积极入世”思想蕴含的人生哲理对解决现阶段大学生价值观问题至关重要。探求儒家“积极入世”的哲学思想与大学生心理健康教育的融入之道,对于高校解决大学生思想认知方面的心理问题,引导大学生实现人生价值具有重要意义。

[参考来源:李文静,孙金玲.儒家文化与大学生心理健康教育融合之道[J].黑龙江教师发展学院学报,2023(9):150.]

思考题

1. 什么是自我意识?它由哪些内容组成?
2. 大学生常见自我意识冲突有哪些?
3. 大学生如何完善自我意识?

测一测

自尊量表①

说明：请根据以下每一题目符合自己的程度来评分。评分有4个等级：4表示非常符合；3表示符合；2表示不符合；1表示非常不符合。

题目	4	3	2	1
1. 我感到自己是一个有价值的人，至少与其他人在同一水平上。				
2. 我感到我有许多好的品质。				
3. 归根到底，我倾向于觉得自己是一个失败者。				
4. 我能像大多数人一样把事情做好。				
5. 我感到自己值得自豪的地方不多。				
6. 我对自己持肯定态度。				
7. 总的来说，我对自己是满意的。				
8. 我希望我能为自己赢得更多的尊重。				
9. 我确实时常感到自己毫无用处。				
10. 我时常认为自己一无是处。				

解释：以上10个题目中包括了5个正向题目(第1、2、4、6、7题)和5个反向题目(第3、5、8、9、10题)。在累计总分时，要先将5个反向题目的得分反转，即原来评为4、3，2，1分的分别转换成1、2、3、4分。将反转后的5个反向题目的得分与5个正向题目的得分相加，即为总分。总分范围10—40分，分值越高，表示自我接纳程度和自尊程度越高。

参考文献

马斯洛.许金声，刘锋.自我实现的人[M].北京：生活·读书·新知三联书店，1986.

阿尔弗雷德·阿德勒.周朗.生命对你意味着什么[M].北京：国际文化出版公司，2007.

---

① 苏碧洋.大学生心理健康教育与辅导[M].厦门：厦门大学出版社，2019:34.

岳晓东.少年我心:一位心理学者对自我成长的回顾与分析[M].合肥:安徽人民出版社,2011.

罗洛·梅.郭本禹,方红.人的自我寻求[M].北京:中国人民大学出版社,2013.

乔纳森·布朗,玛格丽特·布朗.王伟平,陈浩莺.自我(第2版)[M].北京:人民邮电出版社,2015.

俞国良.大学生心理健康[M].北京:北京师范大学出版社,2018.

彭聃龄.普通心理学(第5版)[M]. 北京:北京师范大学出版社,2019.

马丁·塞利格曼.任俊.认识自己,接纳自己[M].杭州:浙江教育出版社,2020.

凯利·麦格尼格尔.王岑卉.自控力:斯坦福大学广受欢迎的心理学课程[M].北京:北京联合出版公司,2021.

卡罗尔·德韦克.王芳.努力的意义:积极的自我理论[M].北京:中国人民大学出版社,2021.

推荐阅读

1.《蛤蟆先生去看心理医生》(罗伯特·戴博德著,陈赢译,天津人民出版社)

2.《感谢自己的不完美》(武志红著,北京联合出版公司)

3.《自卑与超越》(阿尔弗雷德·阿德勒著,曹晚红译,中国友谊出版公司)

推荐影片

1.《盗梦空间》

2.《美丽心灵》

第四章 CHAPTER 4

学习智慧：大学生学习心理解析

案例导入

小李为了考上一所理想的大学，一直都专注于学习，觉得日子过得很充实。可进入大学以后，他感觉一切都变了。目前就读的学校不是他理想的大学，自进入这所学校的那天起，他就感到不如意，对自己所学的专业也没有多大的兴趣，觉得这个专业技术性太强，不适合自己，不愿意学，经常逃课，到了考试的时候就应付一下。更严重的是他迷上了游戏，在校的大部分时间都在看手机、打游戏。每次父亲来电话，总要问到他的学习成绩，还鼓励他拿奖学金。可目前这种状况他真的很难达到父亲的要求，总感觉无颜面对父亲，所以一直隐瞒自己在大学的学习情况，也越来越感觉到良心不安。两年的时间很快就过去了，看到自己现在的状况，再想想自己的前途，他觉得非常迷茫。曾经想过放弃现在所学的专业，又觉得不太实际，但再这样持续下去，自己都不敢想象结果会是怎样。现在的小李感到非常迷茫和空虚，迫切地需要一个彻底的转变，又不知何去何从。

案例中小李遇到了什么问题？我们可以怎样帮助他走出来？

学习是人类打开知识大门的金钥匙，是人类满足实现自我价值需要的阶梯，是人类生活中的必需品，也是启迪智慧、涤荡灵魂的营养品。古代有很多与学习有关的名言警句，如“欲知天下事，须读古今书”“学不可以已”

"书到用时方恨少""书中自有黄金屋，书中自有颜如玉""善学者，师逸而功倍，又从而庸之；不善学者，师勤而功半，又从而怨之"，更有"有书不读子孙愚""不读诗书形体陋"等警句的流传，可见古人对学习的重视程度。

我们正处在一个竞争激烈、科技迅速发展的时代。据资料统计，人类知识在19世纪每10年增加1倍，20世纪70年代每5年增加1倍，而目前已经达到每3年就增加1倍的速度。要想求得生存和发展，就必须不断更新知识，一段时间不学习，已有的信息和知识就变得陈旧过时，就有被时代淘汰的可能，所以，只有不断地学习、终身学习才能符合时代的要求。法国著名成人教育专家保罗·朗格朗(Paul·Lengrand)首先提出终身教育的主张。他认为："教育应当是每个人一生的过程，在每个需要的时候，随时以最好的方式提供必要的知识。"一个大学生在校学习的知识只占工作所需的10%，而90%的知识需要在工作期间重新学习。面对浩瀚的知识海洋，面对每天都在不断更新的新信息、新技术，如果我们不善于学习，不会学习，那也只能一筹莫展、无能为力。联合国教科文组织的埃德加·富尔(Edgar·Faure)说："未来的文盲不再是不识字的人，而是没有学会怎样学习的人。"为了未来的生存和发展，我们必须学会学习。

经过一路过关斩将，进入大学的你，一定会发现这里的学习和以往不一样了。在特定的时间内究竟要学些什么？为什么要学习它？要学习到什么程度？怎样学？有什么更好的方法？这些问题可能困扰着许多人，本章我们将一起探讨这些和学习有关的问题。

第一节　学习心理概述

学习是心理结构的构建过程，是通过同化和顺应作用，将主体新获得的经验和原有经验结构相整合而实现的。在大学阶段，学习是大学生生活的主旋律，是中心任务和主要活动形式。与中学的学习不同，大学学习有着很强的目的性、自主性、选择性和探索性。大学的生活不单是为了学习而学习，而是为追求而学习，为未来而学习，为发展而学习。更为重要的是，大学时期是人的求知欲最旺盛、记忆力最强和反应最佳的黄金时期，大学生一定要好好珍惜这美好时光，掌握学习规律，认真学习科学文化知识和技能，为未来事业打下坚实的基础。

大学阶段的学习是一种特殊形式的学习，有其自身的特点和要求。这种特点和要求会对大学生的学习心理产生广泛而深刻的影响，使其表现出不同于中小学阶段学习的独特性。

一、学习的含义

（一）中国古代学者对学习的理解

学习一词，在我国古代文献中早已有之，且“学”和“习”是分开的。在《辞源》中，“学”意味着“仿效”，“习”意味着“练习”“复习”等。也就是说，学习是通过观察、模仿学得知识，并在不断练习中巩固知识的过程。

《论语·学而》中有“学而时习之，不亦说乎？”体现了孔子对学习的理解，以学习为乐、主动修养、实践仁德，这种思想体现了我国传统文化的精华。荀子《劝学》中提出“学不可以已。青，取之于蓝，而青于蓝；冰，水为之，而寒于水”，表达了人经过学习或教育之后可以提高自己，通过学习可以超过老师或者前人等思想，体现了学习不是单纯的复制，而是要不断地内化进行自我超越，需要不断地创新来超越前人；同时还表达了“活到老，学到老”和学习需要不断坚持的思想。

据史料记载，晋平公问师旷曰：“吾年七十欲学，恐已暮矣！”师旷曰：“何不炳烛乎？”平公曰：“安有为人臣而戏其君乎？”师旷曰：“盲臣安敢戏其君乎！臣闻之，少而好学，如日出之阳；壮而好学，如日中之光；老而好学，如炳烛之明。炳烛之明，孰与昧行乎？”平公曰：“善哉！”这段劝学故事生动地反映了终身学习的理念，显然古人已经意识到学习是伴随人的整个生命历程，并影响人一生发展的活动。

（二）心理学家对学习的理解

19 世纪，心理学兴起，不同的流派对于“学习”各持己见，如：桑代克(E. L. Thorndike)认为，人类的学习就是人类本性和行为的改变，本性的改变只有在行为的变化上表现出来。加涅(R. M. Gagnè)认为，学习是人类倾向或才能的一种变化，这种变化要持续一段时间，而且不能把这种变化简单地归为成长过程。斯金纳(B. F. Skinner)认为，学习一定的行为，重要的是产生结果。如果产生了令人愉快的结果，就会促使人们的这一行为以更高的频率产生。格式塔学派认为，学习是一个顿悟的过程；皮亚杰认为，学习是一种能力建构的过程；等等。这些论述都在很大程度上推动了学习理论的发展。

联合国教科文组织在1987年的《学习，财富蕴藏其中》的报告中指出，学习是指个体发展、终身教育的理念。学习是一种十分复杂的心理过程，它不仅与感觉、知觉、注意、记忆、思维等认知过程直接联系，而且还涉及人的情绪、动机、个性和社会化问题。

广义的学习是指个体在特定情境下，由于练习或反复经验而产生的行为或行为潜能的比较持久的变化过程。这里的"学习"甚至包括动物的学习，诸如大猩猩学习使用工具等。广义的学习概念有以下四个特点：

第一，学习不是人类特有的现象，动物也会学习，是人和动物所共有的心理现象。动物和人的学习存在本质的差异：动物的学习是简单被动的学习，主要是靠自身的直接经验获得；人类的学习可以通过直接经验和间接经验获得。

第二，学习来源于个体与环境的相互作用，不是先天的本能活动，而是个体后天通过自身的观察、亲身经历等逐渐获得技能和技巧的过程。婴儿吃奶、蜜蜂酿蜜等行为是进化过程中固定下来的本能行为，而婴儿学习说话、猴子学习骑自行车等都是学习。本能行为一般符合以下两个条件：该行为模式是其所在物种中所有个体都具备的；在个体与其物种隔离的情况下，个体仍能产生的行为模式。众所周知，"狼孩""猴孩"等因为出生后不久就脱离了人类的生存环境，往往丧失人类的语言能力，不懂得如何与人进行交流，因此，语言并非与生俱来的能力，而是人类后天习得的。

第三，任何水平的学习所引起的行为变化都是持久的，不能把有机体的一切变化都归为学习，比如有机体的某些变化如疲劳、药物损伤等就不是学习的结果。学习引起的变化主要是指个体形成了一种新的知识结构或者行为技能，运动员通过某种药物使得自己的竞技水平提升，但这种提升是暂时的，不能算作学习结果。个体学会了骑自行车，这种技能往往是永久性的，即便个体多年未骑自行车，当他再骑自行车时，一开始可能无法顺利地驾驭自行车，但这种技能水平的降低不代表他的学习效果消失了，只是与第一次接触自行车时相比，他可花费较少的时间就学会了骑自行车，而这种时间的减少正是之前的学习带给他的。

第四，学习引发的结果可以视为外显可见的（如行为的改变），也可以是内在隐含的变化（如内部心理结构的变化，包括态度、认知结构等）。如学生观看电影《战狼 2》后,提高了自身的民族自豪感和国家荣誉感,他可能表现为积极主动地关心国家要闻,也可能仅仅是内在态度的改变。态度的改变是内在的、无法被直接观察的。学习引发的结果是无法被完全测量的,可以被测量的只是一些外显且可量化的方面,看不见的内在变化无法被精确评估。因此,用学习成绩来判断学习是否发生、学习的质量如何等,并不一定能够客观、全面地反映学生的学习情况,应该结合学习的过程,从多方面对知识获得、行为改变等情况进行评价。

广义的学习伴随着人的一生,了解广义学习的定义,并以此指导我们的学习、工作和生活,都有着重要的意义。

狭义的学习指的是学生的学习,是学生在教育者的指导下,有目的、有计划、有组织地通过各类信息的影响,促进个体的身心发展,以达到社会所期望的状态,成为适应并能够在一定程度上促进社会发展的人。

学生的学习有以下特点:

第一,学生的学习以掌握间接经验为主,是一种特殊的认识活动。它的主要任务是掌握前人所积累的科学文化知识,即间接知识和经验,以避免人类认识活动中的许多曲折和错误。

第二,学生的学习是有计划、有目的和有组织地进行的,学习过程中的实践活动服从于学习目的。

第三,学生的学习不仅要掌握知识、经验和技能,还要发展智力水平,培养良好的品德,形成科学的世界观,促进健康的人格发展,为未来的人生发展奠定基础。

二、学习的理论观点

(一) 行为主义学习理论

在心理学里,每个流派对于学习都有自己的观点。行为主义的学习理论认为,学习是思维与外界相互作用的结果,个体的学习受环境的制约。

1. 早期行为主义的学习理论

著名生理学家巴甫洛夫(Ivan. P. Pavlov)的经典性条件反射理论认为,学习是中性刺激(如铃声)和无条件刺激(如食物)反复结合形成条件反射的过程。美国教育心理学家桑代克(E. L. Thorndike)将饿猫关入迷笼中,由于饥饿,猫在笼内乱抓乱撞,碰巧抓到开门设施,门开启,猫逃出并能吃到放置笼子附近的鱼。经过多次尝试错误，猫学会了辨别开门的设施，打开笼门。后来，桑代克又进行了大量的人类学习实验，依据对动物和人类学习的实验材料，创立了学习的联结—试误学习理论。他认为学习的本质是刺激和反应之间的联结，学习的过程是不断尝试错误形成联结的过程，学习的效果遵循“准备律”“练习律”和“效果律”三大规律。

(1) 准备律：学习的效果与学习者在学习前是否做好准备有关系。在迷笼实验中，猫必须是处于饥饿状态下，才会产生学习行为；如果放一只吃饱的猫在迷笼里，猫就可能不会尝试去打开迷笼。对于学习者而言，如果没有较强的学习动力，也就不会产生较好的学习效果。

(2) 练习律：学习者的学习效果与其进行刺激与反应之间联结的练习次数有关系，练得越多，效果越好；如果长久不练，学习的效果就会减弱甚至消失。

(3) 效果律：刺激与反应之间的联结受反应结果的影响。反应的结果得到的是奖赏，联结的力量就会增强；反应的结果没有奖赏，就不容易形成联结。

2. 现代行为主义的学习理论

美国心理学家斯金纳(B. F. Skinner)认为，学习的本质是操作性条件反射，是个体某种自发行为因得到强化(如当你认真完成作业时会得到父母或者老师的表扬，表扬就是一种强化)而提高了这种行为出现的频率。班杜拉(A. Bandura)提出了社会学习的概念，认为个体的学习不仅可以通过自身直接经验获得，还可以通过观察别人的行为间接地习得，如你看到别人因为认真写作业而受到表扬，那你下次很可能也会认真写作业。

拓展阅读

斯金纳箱实验

斯金纳的整个学习理论是根据他在特制的实验装置——斯金纳箱中的一系列动物实验结果提出的。斯金纳箱是斯金纳在桑代克的迷笼基础上经过改进而设计的一种实验仪器。箱内有一个伸出的杠杆，下面有一个食物盘，只要箱内的动物按压杠杆，就会有一粒食丸滚到食物盘内，动物即可得到食物。斯金纳将饥饿的白鼠关在箱内，白鼠便在箱内不安地乱跑，活动中偶然压到了杠杆，则一粒食丸滚到食物盘内，白鼠便吃到了食丸。以后白鼠再次按压杠杆，又可得到食物。由于食物强化了白鼠按压杠杆的行为，因此白鼠后来按压杠杆的次数迅速上升。由此斯金纳发现，有机体作出的反应与其随后出现的刺激条件之间的关系对行为起着控制作用，它能影响以后反应发生的概率。通过更为复杂的设计，动物还可以学会分化行为。例如，当灯亮时按压杠杆可以得到食物，而灯灭时按压杠杆得不到食物，因此动物学会了只在灯亮时才按压杠杆。

通过大量的实验研究，斯金纳将条件作用的学习分为两种类型：一种是由刺激情境引发的反应，斯金纳称之为应答性反应，与经典条件作用类似；另一种是操作条件作用，是由有机体的自发行为引发的，即实验者针对有机体在刺激情境里自发性的多个反应中，选择其一（要有机体学习的反应）施与强化，从而建立刺激—反应联结。斯金纳认为，在日常生活中，人的绝大多数行为属于操作性行为，它主要受强化规律的支配。

［资料来源：伍新春，张军.儿童发展与教育心理学（第3版）［M］.北京：高等教育出版社，2020：144－145.］

（二）认知主义学习理论

与行为主义学习理论相对立的是认知主义的学习理论，认知主义侧重个体在学习过程中的内在心理过程，强调个体内在心理结构，认为学习是在面对问题情境时，内在心理结构通过积极主动的组织、调整等得到改变或发展，强调刺激反应之间应该是以内在意识为中介的。

1. 早期的认知主义学习理论

德国心理学家苛勒（W. Kohler）认为学习是对知觉的重新组织，学习的过程是一个不断尝试错误，从而对问题情境突然理解，达到顿悟状态的过程。学习非常强调个体的能动性。新行为主义学派的托尔曼（E. C. Tolman）认为学习是有目的的行为，刺激之所以能引起个体进行反应，是因为个体带着某种目的在对这个刺激进行试误，从而在脑内对外界事物的各类属性形成一幅地图——认知地图。认知地图将改变个体后期的行为。

2. 现代认知学习理论

美国教育心理学家布鲁纳（J. S. Bruner）认为，学习是一个学习者主动形成认知结构的过程，知识的学习过程包括新知识的获得、旧知识的改造、知识的评价三个几乎同时发生的过程，强调学习者独立学习、独立思考和自行发现知识等的重要性。美国教育心理学家奥苏贝尔(D. P. Ausubel)认为，学习是一个有意义的过程，是学习者将获得的信息与脑内原有的认知结构发生联系的过程，而不是机械接受外界信息的过程，认为人类最佳的学习方式是有意义接受学习。

3. 建构主义学习理论

建构主义认为学习者在一定的情境之下，利用个体已有的知识经验，主动地将外界信息进行重新认识、理解和编码，从而不断更新个人网络知识结构。外界信息本来没有什么意义，意义是学习者在新旧知识经验间反复、双向的作用过程中建构出来的。学习也不是知识的累加，而是各类知识结构的重新组合。

三、学习的类型

由于学习本身的复杂性以及学者对学习进行分类的角度和标准不同，教育心理学中的学习分类是不一致的。

彼得罗夫斯基主编的《年龄与教育心理学》(1972)一书，把学习分为两大类：反射学习和认知学习。前者是人和动物共有的，后者为人类所特有。他根据人的学习内容和水平的不同，把认知学习分为感性学习和理性学习两类，又把理性学习分为概念学习、思维学习和技能学习。

潘菽主编的《教育心理学》(1980)主要根据内容与结果把学习分为四类：知识的学习，包括对知识的感知与理解；技能与熟练的学习，主要指运动的、动作的技能与熟练；心智的学习，以思维为主的能力的学习；道德品质与行为习惯的学习。这种划分在日常教育工作中常被采用。

有关心理学研究发现，学习类型有如下三种：

1. 视觉型

不同的人对不同的感觉器官和感知通道有不同的偏爱，有些人更喜欢通过视觉的方式接收信息。只使用视觉通道，大约仅能记住材料的25%。

2. 听觉型

有一些人更喜欢通过听觉了解外在世界，只使用听觉通道，大约能记住材料的15%，而视听结合，使用多通道参与学习活动，则能记住材料的65%。

3. 动觉型

一些人更习惯通过动手(或身体运动)来探索外部世界，从而掌握有关信息。

四、学习的生理心理基础

(一) 学习的生理机制与科学用脑

1. 大脑构造的无限和有限

生理学家指出,正常人的大脑具有140亿—160亿个神经元,可储存1000万亿信息单位,相当于美国国会图书馆所藏1000多万册图书50倍的知识。这就是说,无论怎样增加信息接收量,也不会导致大脑负担过重,它具备了人们刻苦学习的物质基础。日本一些科学家通过一系列实验,认为懒惰会引起早衰,而长期从事脑力劳动的人到60岁时仍能像20岁那样思维敏捷。因此,从理论上讲,人脑具有近乎无限的创造潜力。事实上人脑尚有90%以上的潜力未被开发利用。

2. 大脑功能的兴奋与抑制

大脑是思维的器官,注意、观察、记忆、思维、想象、动机、兴趣、方法和习惯等,都在这里产生、进行和完成。大脑皮层功能定位学说告诉我们,要使大脑皮层各个区域经常交换着工作,以防止某一区域脑细胞的疲劳。大脑皮层在做某一工作时,相应部分的脑细胞就处于兴奋状态,其他部分的脑细胞则处于抑制状态。在大脑皮层上形成兴奋区(工作区)和抑制区(非工作区),互相交替地活动着,随着工作性质的改变,兴奋区与抑制区不断轮换。这样不仅使大脑皮层上的各个区域轮流休息,而且兴奋和抑制相互诱导的作用,可以使原工作区加深抑制,从而更快地使疲劳的脑区得到较好的休养。如果善于变换活动内容或使活动内容丰富一些,就学习而言,各学科系统安排、交叉进行,就可以使脑区达到轮换休息的目的,即使延长了学习时间也不至于疲劳。

3. 学习中的科学用脑

所谓科学用脑,就是要根据大脑的生理特点及其运动规律,既使大脑运动灵活,又保证大脑健康,从而发挥大脑更大的潜力。在大学学习中,学生科学用脑可以采用以下方法:

(1) 保证睡眠时间。睡眠是大脑皮层自然产生的一种弥漫性抑制。通过睡眠不仅可以解除生理疲劳,防止超限抑制的发生,还可以给正常的新陈代谢提供补充营养的机会,从而保证人体机能的和谐与平衡。可以说,睡眠同阳光、空气和水一样，是个体生命所需。可见，在一定条件下，睡眠比个体的物质需求具有更重要的意义。对于大学生来说，不要过多牺牲睡眠时间，越是学习紧张越需保证充足的睡眠。

（2）及时转移大脑兴奋中心。一定的心理活动总是发生在大脑皮层的特定区域，与此“无关”的其他区域则处于相对的静息状态。当某种单一的活动强度过大或持续时间过长时，就会引起该区域的疲劳，从而降低该项活动的效率。法国思想家卢梭有一套自己的用脑方法，他合理安排读书时间，相继研究领域不同、难度各异的几个问题，使大脑不会老停留在一个区域，从而得到调节和休息。他说：“如果我连续研究几个不同的问题，即使毫不间断，也能轻松愉快地一个又一个地寻思下去。这一问题可以消除另一个问题所带来的疲劳，用不着休息一下脑筋。于是，我就在我的治学计划中充分利用我所发现的这一特点，对一些问题交替进行研究。这样，即使整天用功也不觉得疲劳了。”因此，大学生在学习时，也可注意学习方式的多样化，手脑并用，读写听说并行，使大脑不同区域交叉兴奋。

（3）坚持体育锻炼。体育锻炼不仅可以增强大学生的体质，而且可以提高他们的反应速度、灵敏度，培养坚强的意志和进取精神，有利于大学生适应紧张的学习、考试活动，增强对紧张学习和长时间学习的承受能力，推迟或减缓疲劳的产生。事实证明：经常从事体育锻炼的学生，他们的神经系统、血液循环系统、呼吸系统、消化系统的功能都较强。这是因为体育锻炼使人体不断地分解和消耗能量，但经过恢复过程再合成的能量总是超过其原来具有的水平，生理学上称这种恢复过程为“超量恢复”。如果大学生经常进行体育锻炼，消耗和“超量恢复”的过程反复发生，体内就可以增加物质能量储备，体质就不断得到增强，就可以间接促进学习效果和考试成绩的提高。

（4）适当增加营养。营养不良会降低人体机制的兴奋限度，使之难以承受较为强烈或持久的刺激，影响注意力的集中、进取精神和探求行动，从而降低活动的效率。可以说，营养不良是产生生理疲劳的主要根源。只有充分保证人体活动所需要的营养，才能提高人体机制的兴奋限度，防止生理疲劳过早或容易发生。因此，大学生平时多吃些蛋白质丰富的食物，如鱼类、肉类等，可以使记忆力明显增强。

（二）学习心理结构

学习心理结构主要包括智力因素和非智力因素两大类。大学生的学习活动是一个复杂的过程,各种智力因素和非智力因素交织在一起,共同影响学习的进程。智力因素作为心理过程中的认识过程,直接影响着学习活动;非智力因素虽然不直接参与认识过程,却是学习活动赖以高效进行的动力因素。

1. 智力因素是大学生“学会学习”的必要心理条件

智力是一种综合的认识能力,它包括注意力、观察力、记忆力、想象力和思维力等,抽象思维能力是智力的核心,创造力是智力的最高表现。智力是影响学习的重要因素,尽管智力的定义尚无定论,但它与学习的密切关系则是众所周知的。国内外学者的多项研究结果表明,智力与学生的学业成绩存在着中等程度的相关。智力不仅影响学生的学业成就,重要的是影响学生掌握知识与技能的速度、深度和灵活性,并且在很大程度上决定着学生的准备状态,决定着学生学习的可教育性程度。在人的一生中,智力的发展水平随年龄发展而变化,但不是匀速直线前进的。一般来说,出生后的前五年智力发展最迅速,5—12 岁发展速度仍有较大增长,12—20 岁智力缓慢上升,到 20 岁左右智力达到高峰,这一高峰期一直持续到 34 岁左右。然后直到 60 岁,智力缓慢下降;60 岁以后,智力迅速下降。大学生正处于智力发展的高峰期,在日常学习中要重视自己智力因素的培养。

2. 非智力因素是大学生“学会学习”的重要心理条件

非智力因素是指除智力因素之外,影响智力活动和智力发展的那些具有动力作用的个性心理因素。它主要包括需要、动机、兴趣、情感、意志、气质和性格等。在个性心理结构中,诸多非智力因素组成了彼此联系、相互制约与相互作用的动力系统,是人的个性中最活跃、最积极的因素,它决定着人进行活动的积极程度。大学生的学习活动是智力因素和非智力因素协同活动的结果。研究表明,学生的学业成就与智力因素具有中等程度相关,而非智力因素对学生成才起决定作用。

在学习活动中,智力因素和非智力因素是相互制约、彼此促进的,智力的发展会促进非智力因素积极特征的发展,非智力因素的积极特征对学习具有调节、控制、维持和补偿的作用,是提高学习质量和促进智力发展的强大动力。但是,这种一致性并不是绝对的、自发的。因此,无论对智力较好还是智力一般的学生，都必须注意既发展他们的智力因素，又要培养他们的非智力因素，并有意识地让智力因素促进非智力因素的发展，让非智力因素促进智力水平的提高。

第二节　大学生常见的学习心理问题及调适

一、大学生的学习特点

（一）自主性

中小学生的学习是在教师指导下进行的，这种学习具有强制性。在大学阶段，学习虽然也有一定的强制性，但较中小学要少得多。大多数大学生所学的专业是自愿选择的，是他们感兴趣的。大学生除了学习基础知识外，还要掌握各种专门知识，成为某学科的专门人才，这就要求大学生必须善于自觉地、主动地学习。大学生根据自己的兴趣和爱好，选择某些选修课，独立地阅读各种书籍，制订学习计划，采用适合自己的有效的学习方法，也体现出较大的自主性。自主性主要表现在以下方面：

1. 有了更多可以自由支配的时间

一般来说，大学生自由支配的时间比较多，除了集中上课，其余的时间都是自己任意支配，这就需要自主且合理地安排好时间。既要安排好学习时间，又要安排好丰富多彩的文体活动和社交活动时间。

2. 学习内容有了更多的选择

与中学相比，大学生拥有更为丰富的学习资源。除了教师的课堂教学，网络、图书馆、阅览室、学术讲座、学生活动、社会实践、师生交流、同学交流等都可以成为大学生的学习资源。

3. 学习方法的独立自主性

在大学里，教师不会规定学生该用什么方法进行学习，往往是直接提出学习目标和要求，至于用什么方法，则由学生自主选择。如果大学生还采用被动学习的方法，显然不适合大学的学习要求。此外，大学生要学习几十门课，而教学课时有限，这就决定了大学的教学活动不可能像中小学那样，教师对一个问题反复讲解、对每部分内容都面面俱到。在大学的课堂上，教师传授知识只是一方面，更重要的一方面是向学生传授学习方法，引导学生自主学习,教师主要讲授难点和重点;而且,教师讲课的内容大多与教材不完全一样,这就要求大学生具有独立思考的能力,从记忆型学习向理解型学习、应用型学习转变。

（二）专业性

大学生的学习是专业学习。从入学开始就有了职业定向,再经过几年学习,大学生逐步成为基础知识扎实、专业知识结构合理,能力强、创造性高、品行高尚的全面发展的高级专门人才。大学生的知识结构、智能结构和各种素质结构,都深深地打上了专业的烙印。

大学生要正确地处理“博”与“专”的问题,做到“博”与“专”的统一。“博”指的是学习知识的广度,“专”指的是学习知识的深度。“博”是学习成才的基本条件,而“专”是对人才的专业要求。俄国著名科学家季米里亚捷夫曾说过,“一切学科你都要知道一些,但有些学科你要知道其中的一切”。这句话很恰当地说明了“博”与“专”统一的关系。

基于大学学习的专业性,大学生应深入了解自己的专业,包括培养目标、就业方向、课程设置、毕业条件等,努力发掘所学专业的魅力,培养对本专业的浓厚兴趣,在此基础上,认真学习专业知识,掌握专业技能。

当然,大学学习的专业化不是狭隘化,大学生在认真学习专业知识的同时,又要清晰地认识到仅仅把眼光盯在专业领域内是很难学好专业的,因为在当下,学科的发展呈现出融合趋势,各学科之间出现了更多的交流和联系。一个学科的专业知识是以另一个学科为基础的。比如,要学好工程专业,必须有扎实的数学基础。很多工作也体现出多学科的合作特征,要成功完成某项工作,仅仅有某个专业的知识是不够的,还需要其他相关专业的知识。所以,专业学习是大学生学习的主体方向,但不是学习的全部。大学生在学好专业知识的同时,需要拓展自己的知识面,了解其他相关学科的知识,形成最佳的知识结构,才能更好地完成未来的专业工作。

当今社会对人才的要求是全面发展,除了专业素质外,还要求学生具有一定的人文素质、科学素质、良好的思想道德素质和心理素质,这些素质需要大学生在相关领域的学习中不断积累。

（三）多样性

学习的多样性是指在大学期间,学生可以通过多种渠道、多种形式进行学习。大学生除在课堂学习之外,还可以通过学校丰富的教学资源进行学习，如听学术报告，到图书馆查阅文献资料、参加社团活动、与教师和同学交流、参与教师的科研课题等，也可以通过网络学习自己感兴趣的知识，拓展知识面，提升自己的综合能力。除了校园内的学习，科学调查、社会实践也是大学生学习的重要方式。灵活多样的学习方式为大学生从不同层次、不同角度学习知识提供了宽广的平台，也为大学生在学习活动中发展多方面的兴趣、培养多方面的能力提供了条件。学生可以通过多种学习方式，学习自己感兴趣的知识，通过参加学生活动锻炼自己多方面的能力，如通过参加演讲比赛，锻炼自己的语言表达能力，通过参加心理协会，学习心理健康方面的知识等。

（四）探索性和创新性

学习的探索性是指在学习过程中表现的创新意识和初步的创造性活动。大学生的学习能力主要是指思维能力。在学习专业知识的基础上，许多大学生已经不能满足对书本现有结论的简单接受，还包括对书本之外新观点新方法的寻求。学术上的新观点、新理论必然会触动大学生的创造思维。大学生可以把以往学到的知识进行重新组合，从新的角度去分析和认识问题，去积极探索未知领域。随着时代对人才渴望的迫切，大学生学习活动的探索性将越来越重要。不少学生在校期间就能够参加教师组织的科研课题，并发表论文，更有佼佼者还承揽了社会上的科研项目。

大学的教学内容由确定结论的论述逐步转向介绍各派理论观点和最新学术发展动向；人文学科的内容变化更大，知识更新更快，这就要求大学生的学习观念从正确再现教学内容向汇集百家之长，形成个人见解的方向转变；大学生从在教师指导下完成作业，到独立完成毕业论文（或毕业设计），都具有明显的探索性。

目前，高等学校普遍加强大学生创新能力的培养，在课程设置、课程安排、课程衔接上突出学生的主体地位，体现创新，加强了学生实践环节的培养，旨在提高大学生的创新能力。

上述特征让我们不难看出，大学生的学习活动更复杂、更紧张，需要花费大量的心智能量，需要良好的心理素质和多方面的能力来保障其顺利进行。进入大学后，确实有一部分大学生存在学习上的不适应，但这种不适应只是暂时的，只要他们善于在学习中思考，在实践中摸索，就会很快地掌握大学的学习规律，找到符合自己的学习方法，成为学习生活的主人。

二、大学生常见的学习心理问题

（一）学习动力缺乏

学习动力缺乏是指学习没有内在驱动力，没有明确的学习方向，缺乏学习兴趣，甚至厌倦学习、逃避学习。用很多同学的话来说，就是学习不像中学那样有劲头了。这种状况在大学校园比较普遍，如不及时调整，会形成厌学的情绪，严重影响大学生的学习效果。

1. 表现

（1）逃避学习，不愿上课，或上课无精打采、不积极思考，上课睡觉、玩手机、课后基本不学习，沉迷于各种各样的娱乐活动、上网、恋爱等。

（2）焦虑过低，缺乏自尊心和自信心，学习不好也不感到丢面子，缺乏动力、懒于学习，有的认为自己也学不会。

（3）学习时注意力不集中，容易受内外各种因素的干扰，学习满足于一知半解。

（4）对学习厌倦、冷漠，畏惧心理严重。

（5）缺乏正确的学习策略和方法，不能主动地去寻找适合自己的学习策略和方法，学习能力较弱，学习成绩不好。

2. 原因分析

学习动力不足的原因是多方面的，归纳起来可分为外部原因和内部原因两个方面。

（1）外部原因。从学校来看，课程设置不合理、专业培养与社会需求脱节、教学内容陈旧、方法刻板、教学效果不佳、教学管理不严、教学条件跟不上等都是造成大学生学习动力缺乏的直接原因；从整个社会来看，知识分子的待遇有待提高、尚未完全建立合理的用人制度、就业不合理与不公平现象依然存在，这些都是影响大学生学习动力的重要原因；从家庭教育来看，家长不恰当的期望、过高或过低的要求，也是导致大学生学习动力缺乏的间接原因。

（2）内部原因。大学生对所学专业缺乏兴趣。当学生所学专业与其兴趣爱好相去甚远时，学生在学习时容易感到疲乏和厌倦，减弱学习动力。其原因主要有以下三方面：其一，部分学生由于高考分数的限制，没有选择专业的条件；其二，部分学生服从于家长的意志，从当前社会热点出发，填报了所谓“好找工作又挣钱多”或相比之下比较轻松的专业，但学生自己对家长所选的专业并不感兴趣；其三，在高考填报志愿时，学生对所选专业缺乏了解，具有一定的盲目性，进入大学后，才发现对本专业不感兴趣，从而情绪低落，消极悲观，随意缺课。

除此之外，学习动机不正确，社会责任感不强，价值观念不健全，自我意识不成熟，学习态度不端正等，都是造成学习动力不足的重要原因。

（二）学习动机过强

有些大学生由于对自己的能力缺乏正确认识，过高地估计自己的能力，对自己的期望远远超出实际水平，因而造成心理上的不平衡和压力。心理压力一旦过大，多半导致失败的结果，而失败的体验又挫伤他们的自信心，最终使抱负和期望变得很低，使自己变得不求上进。

心理学研究认为，学习动机过强会使学生专注于自己的抱负和外部的诱因（如奖惩），从而阻碍正常学习。学习动机过强对大学生的影响是使大学生心理压力增大，仅而难以专注学习。虽然说学习动机对学习活动起着推动、维持的作用，但并不意味着学习动机的强度越大，效果就越好。学习动机作用于学习活动有一个最佳水平的控制问题。动机之所以促进学习，是由于它能唤起、集中并保持学生的注意力，使他们专注学习。动机缺乏，学生则不能专注学习，学习行为不会发生，即使发生了也不能维持。而动机过强既可能是内部的抱负和期望过高，也可能是外部的奖惩和诱因过强，都会使学生专注于自己的内部抱负和外部奖惩，而不能专注于学习，从而阻碍了学习。

1. 表现

（1）学习强度过强。如学习时间过长，使学生长期处于疲惫状态。

（2）奖惩动机过强。一心只想获得奖励，避免受到惩罚。奖惩动机过强的大学生大多被动地学习，不注重能力的培养，往往成绩不错，但思路狭窄、能力不强。

（3）成就动机过强。急于取得成就，所树立的抱负或期望远远超过自己的能力；渴望成功，害怕失败，给心理造成很大的压力。

2. 原因

学习动机过强的原因主要有以下几个方面：自尊心太强，过分看重荣誉；补偿心理，用学习来弥补自己其他方面不如人的劣势；性格原因；自我认识不足，如对自己的能力认识不足，估计过高。

拓展阅读

耶克斯—道德森定律

人们一般认为动机强度越高，对行为的影响越大，工作效率也越高；反之，动机强度越低，则工作效率越低。但事实并非如此。心理学的研究表明，动机强度与工作效率之间的关系不是一种线性关系，而是倒“U”形曲线关系。中等强度的动机最有利于任务的完成，也就是说，动机强度处于中等水平时，工作效率最高。一旦动机强度超过了这个水平，对行为反而会产生一定的阻碍作用。例如，学习的动机太强、急于求成，会使个体焦虑和紧张，干扰了记忆和思维活动的顺利进行，使学习效率下降。考试中的“怯场”现象主要是由动机过强造成的。

心理学家耶克斯和道德森（Yerkes & Dodson，1908）的研究表明，各种活动都存在一个最佳的动机水平。动机不足或过分强烈，都会使工作效率下降。他们的研究还发现，动机的最佳水平随任务性质的不同而不同。在比较容易的任务中，工作效率随动机水平的提高而上升；随着任务难度增加，动机的最佳水平有逐渐下降的趋势，也就是说，在难度较大的任务中，较低的动机水平有利于任务的完成。这就是著名的耶克斯—道德森定律（Yerkes-Dodson Law），如图 4－1 所示。

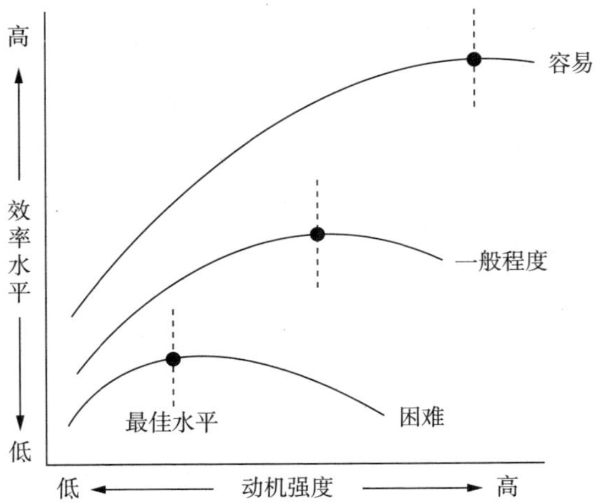

图 4－1　动机强度、任务类型与工作效率的关系

［资料来源：彭聃龄．普通心理学（第 5 版）［M］．北京：北京师范大学出版社，2019：341－342．］

（三）学习适应不良

学习适应不良是指学生不能适应大学的学习方式，包括不会听课、不会复习、不能制定合理的学习计划、不能掌握大学的学习方法等。这一问题在大学各年级学生中都存在，只不过表现的方式和程度不同，在一年级新生身上表现得最为明显。学习成绩不理想跟学习适应不良有直接的关系，若不能有效克服，可能会给整个大学学习留下浓重的阴影。

1. 表现

（1）不了解大学学习的规律，不适应大学的学习方法，不知道如何有效地开展学习活动。

（2）对本专业的知识、技能、要求认识不足，不知道怎样建构专业知识结构、培养专业技能，学习活动比较盲目。

（3）对本专业的学习缺乏应有的兴趣和动力，学习精力投入不足。

（4）对大学学习缺乏应有的紧迫感和自觉性，对大学学习的重要性、复杂性、艰巨性在心理和思想上准备不足。

（5）学习活动中缺乏独立性，对教师的依赖性强，习惯于由教师来安排学习内容、学习计划和学习时间，否则便茫然不知所措。

2. 原因

（1）客观原因。大学的学习相对于中学来讲，在教学特点、方式和内容上有很大的不同。大学老师一堂课讲授的内容很多，而且很多时候会与教材有出入，注重教学内容的内在逻辑。另外，中学生无论是在家里还是在学校，大多依赖父母与教师；而上大学后，一切都要靠自己，这种巨大的变化对心理素质尚未成熟的大学生来说，必然会带来情绪上的波动和不安，从而影响了正常的学习生活。

（2）主观原因。由于大多数同学都是从中学直接升入大学的，生活阅历浅、经验少，在高考竞争的压力下，无论是学校还是家庭，都要求学生重视知识的学习，关注分数，而忽视了能力的培养。当客观条件发生变化时，明显地暴露出适应能力差的问题，如有依赖心理、不懂如何调整等。

（四）学习过度疲劳

学习疲劳是指学习者长时间学习或学习方法不当而产生的学习效率逐渐降低，并伴有渴望停止学习的生理和心理现象。学习过度疲劳在大学生中并不少见。在心理调查中，很多同学反映记忆力下降、注意力不集中、急躁等，都与学习过度疲劳有很大的关系。

1. 表现

学习过度疲劳表现为注意力不集中，思维迟钝，情绪躁动，记忆力下降，学习效率不高，并有失眠症状的出现。

2. 原因

造成学习过度疲劳的原因是多方面的，如：

(1) 在学习活动中，学生不注意用眼卫生，学习内容长时间过于单调或生活中缺乏劳逸结合。

(2) 学习内容难度较大，学习过于紧张，使大脑神经持续处于高度紧张状态。

(3) 对学习活动缺乏兴趣，有厌烦、畏难情绪。

(4) 由于受到其他因素的干扰，学习中情绪低落，导致大脑神经活动处于抑制状态。

(五) 学习过度焦虑

学习焦虑是指学生因现实或预想的学习情境对自尊心构成威胁而产生的担忧现象，在大学生中，学习过度焦虑是比较常见的。据统计，近60%的大学生存在不同程度的学习焦虑，其中超过10%的大学生处于重度焦虑之中。

一些大学生在环境的影响下，形成不恰当的学习目标和抱负，如把学习的好坏与自己的尊严、形象联系得过于紧密，千方百计想通过学习来保护自己的自尊心不受伤害。而学习方法不当，自信心又不足，导致心理压力很大，就会产生学习过度焦虑。例如，有一名女同学，高考分数超出本校录取线很多，但入学后，她感到教学内容多、进度快，学习很吃力，特别是高等数学课上老师不停地讲，前面的内容还没完全听懂，后面的又接踵而来。她非常担心期末会考不及格，从小学到高中毕业，还从来没有面临这样的困境，要是考不及格，怎么向父母交代？所以她感到压力巨大。这是比较典型的学习过度焦虑。一些学生由于过度焦虑，注意力难以有效集中，在问题面前呆板固执，尽管花费了大量的时间和精力，但学习效率很低。有些同学为了减轻焦虑，对学习采取回避、退缩的态度，逃避、害怕、厌烦学习和考试。

1. 表现

学习过度焦虑主要表现在情绪躁动、寝食不安、郁郁寡欢、面无表情、精神恍惚、精神长期高度紧张、思维迟钝、记忆力下降、注意力涣散等方面。有严重学习焦虑的大学生在考试前表现得更加明显——考试日期越近，精神就越紧张，即便已经投入很多精力和时间，准备得非常充分，仍然不放心，惧怕考试通不过或成绩不理想。

2. 原因

大学生学习焦虑的成因主要有：高难度、更复杂的学习任务和考试压力，面对激烈的竞争和高标准的评价，对自己的能力和水平产生怀疑；缺乏科学合理的学习方法和时间安排，遇到困难和挫折无法有效地排解；没有明确的学习目标和合理规划，不知道自己为什么学、要学什么、怎么去学。这些都会使他们对未来感到迷茫和不安，从而产生过度焦虑情绪。

三、大学生学习心理问题的调适

（一）学习动机不良的调节措施

1. 学习动力缺乏的调节方法

学习动力缺乏的调节方法有：一是了解自己的需要，提升自己的内部学习动机；二是正确认识学习的价值与大学的目标，重新规划学业与人生；三是调整心态，以积极的心态对待学习特别是学习中遇到的挫折与困难，用意志战胜惰性；四是改进学习方法，提高学习效率与学业自我效能感，提高学业的自我价值与社会价值。

2. 学习动机过强的调节方法

学习动机过强的调节方法有：一是正确认识自己的潜质，制定恰当的学业目标与学业期望，调整成就动机，脚踏实地，循序渐进；二是转换外部学习动机为内部学习动机，淡化外在奖励特别是学业成就的诱因，正确对待荣誉与学业成绩；三是端正学习态度，树立远大理想，保持旺盛的学习热情，坚持不懈。

（二）学习适应不良的调适方法

1. 准确定位人生目标，激发学习动力

进入大学后，要积极主动参加学术报告会、座谈会、经验交流会，利用一切机会向老师同学请教，尤其是院士、教授、青年学者的系列讲座，有助于自己树立清晰的人生目标，明确自己的历史使命，增强社会责任感；同时要结合专业特点，对所学的专业有实质性的了解，明白自己在大学生涯中能学到什么、毕业后可以从事什么工作,明确主攻方向,学有选择,学有目标,从而减少心中的困惑和迷茫。

2. 掌握正确的学习方法,树立新的学习目标

进入大学后,以教师为主导的教学模式变成了以学生为主导的自学模式。对教师在课堂讲授的知识,课后学生不仅要消化理解课堂上学习的内容,而且还要大量阅读相关内容的书籍和文献资料。因此,要独立确定学习目标,勇于提出质疑,查询有关文献,能将自修的内容表达出来并与人探讨,写学习心得或学术论文等。

从旧的学习方法向新的学习方法过渡,这是每个大学新生都必须经历的过程。尽早做好思想准备,就能较好地、顺利地度过这一阶段,少走弯路,减少心理压力,促进学业成绩的提高。大学生应该积极观察、思考,掌握适合自己的学习方法,顺利度过学习适应期。

拓展阅读

学习目标的设立原则

设定合理的学习目标,可以遵循以下原则。

1. 目标要具体

例如,把今天的学习目标定为"复习第一章的内容""背诵 50 个单词"。这种具体的目标具有较强的可操作性,更容易实现。

2. 目标要可以测量

目标设定得越明确,就越容易测量,如"背诵 50 个单词"的目标就是可以测量的。

3. 目标要具有可达性

每个人的学习能力和学习动机水平不同,要结合自身实际情况来设定可以实现的目标。通常情况下,具有一定挑战性的、中等难度的目标是比较合适的。

4. 目标要有期限

目标的设定要有一定的期限,学习者才能在有限的时间内尽快完成设定的目标。

5. 近期目标要与远期目标相结合

在学习中，学习者不仅要设定长期的目标，对自己的未来发展有较为清晰的认识，同时也要有近期的具体目标，使自己能够脚踏实地地完成每天的学习任务。如果只有远期目标，没有具体的行动方案，个体最终会觉得目标遥不可及，从而丧失学习动机。

目标的设定是一个持续的过程，目标也不是永恒不变的，而是可以随时改变的。如果目标已经实现或者偏离了现实生活，就要对目标进行修订。还有一些同学担心如果设定的目标无法实现，反而会给自己带来更大的挫败感。其实大可不必担心，因为你会发现，当你设定目标后，即使没有完全实现目标，也离目标更近了一步，会比没有目标时更加努力，这就是设定目标的作用。

［资料来源：俞国良.大学生心理健康[M].北京：北京师范大学出版社，2018：76.］

（三）学习过度疲劳的调适办法

1. 善于科学用脑

大脑有左右两半球，大脑左半球主要同抽象的智力活动（如数学计算、语言分析等逻辑思维活动）有关；大脑右半球则主要同音乐、色彩、图形、空间想象等形象化的思维活动有关。为了克服疲劳，就要使大脑左右两半球交替使用，把数学、哲学等需要高度抽象思维的活动同音乐、绘画、文娱体育活动交替进行，以利于克服疲劳，提高学习效率。

2. 注意劳逸结合

学习一定时间后，就应该休息片刻，放松一下。在学习之余，可参加一些文体活动，使身心得到放松和调节，有利于消除疲劳，提高学习效率。另外，每天还应保证充分的睡眠时间，一般认为，大学生每天的睡眠时间应保证 7—8 小时。当然，睡眠有很大的个体差异，每人都应视自己的实际情况而定。

3. 培养兴趣

如果对学习兴趣浓厚，学习时心情愉快，则即使学习时间长也不易感到疲劳；反之，学习那些兴趣不大甚至厌烦的内容时，学习者就会感到枯燥，会很快进入疲劳状态。因此，培养自己的学习兴趣也是防治学习疲劳的方法之一。

（四）学习过度焦虑的调适方法

1. 自我暗示法

法国大作家大仲马说过："人生是一串由无数的烦恼组成的念珠，达观的人总是笑着念完这串念珠的。"在我们的日常生活中，到处充满着自我暗示法。例如，清晨你对着镜子梳洗打扮时，如果看到自己的脸色很好，往往就会心情舒畅，这就是一种自我暗示。假如你是一位正处于"考试焦虑"的临考学生，恰好听说你的同学通过自我保健，"考试焦虑"情绪很快消失，你就会想，我也一定会告别"考试焦虑情绪"，做一个真正健康的人。

2. 睡眠消除法

事实证明，很多学生的"考试焦虑"是由于学习过度疲劳、睡眠不足引起的。针对这种情况，学生一般不宜"夜半挑灯"苦读，要养成中午小睡的习惯。因为良好的、充足的睡眠可以消除大脑疲劳，换取充沛的精力和清醒的头脑。充足的睡眠是从容应考的前提，也是克服学习疲劳和过度焦虑行之有效的方法。

3. 运动消除法

学生以脑力活动为主，而适当的运动是消除大脑疲劳的有效方法。学生可根据自己的实际情况，散散步、打打球、做做体操。因为运动可以消除一些紧张的化学物质，虽然使肌肉疲劳，但可以放松神经。

4. 兴趣消除法

人们在从事自己感兴趣的事情的时候，整个身心都会投入进去，达到一种物我两忘的境界，什么忧愁烦恼都会抛到九霄云外。因此，学生在紧张的学习之后，做一些感兴趣的事情，如唱唱歌、看看报、听听音乐等，都可以消除疲劳，化解烦恼，远离考试焦虑情绪。

5. 情绪宣泄法

情绪宣泄是缓解压力、保持心理平衡的重要手段。众所周知，有些焦虑情绪是由于坏情绪的不断积压引起的。宣泄是指采用一定的方法和方式，把个体的情绪体验充分表达出来。当你遇到挫折或感到气愤时，可以到野外或在不妨碍他人的场所尽情地大喊大叫、大哭大笑，还可以找一些事物作为发泄的对象。一些心理咨询和治疗机构会用布做成各种各样的人偶。当一些人对他人不满而忧虑并前来咨询时，心理医生就让他们把人偶当成自己不满的对象，对人偶拳打脚踢。大学生可通过散步、唱歌等方式宣泄自己的情绪；此外，还可以通过写日记、谈心的方法将压抑在内心的苦闷宣泄出来。

6. 游戏转移法

通过开展游戏活动，让处于“考试焦虑”的学生参与其中，进入角色，忘记疲劳，转移注意力，释放体内积聚的能量，调整机体的平衡，摆脱内心的烦恼。

7. 食疗法

食疗法就是增加身体营养的方法，临考学生脑力劳动强度大，能量消耗大，需大量补充营养。因此，必须设法增加适量含蛋白质、脂肪、碳水化合物的食物，同时还要补充大脑所需的维生素、氨基酸以及钙、铁、锌等微量元素。

8. 音乐疗法

音乐能影响人的情绪行为和生理机能，不同节奏的音乐能使人放松，使人的生理、心理节律发生良性的变化。如圣洁、高贵的音乐，可使人净化灵魂、开阔境界；速度较缓的音乐给人以安全感、舒适感；清澈、高雅、透明的古典音乐，可以增进人们的记忆力、注意力；浪漫的音乐，可激起人们恻隐、怜悯之心；流行音乐，可使人感情投入；时尚音乐可使人释放心声。

第三节　大学生学习能力的培养

一、常见的学习策略

（一）学习策略的含义

对于什么是学习策略，人们从不同的角度、使用不同的方法进行研究，提出了各自不同的看法。概括起来，大致可以分为以下几种。

（1）把学习策略视作学习活动或步骤。它不是简单的事件，而是用于提高学习效率，对信息进行编码、分析和提取的智力活动，是选择、整合应用学习技巧的一套操作过程。

（2）把学习策略视作学习的规则、能力或技能。

（3）把学习策略视作学习计划，是学习者为了完成学习目标而制订的复杂计划。综合这些不同的看法，我们认为：学习策略是学习者为了提高学习的效果和效率，有目的、有意识地制定的有关学习过程的复杂方案。

（二）学习策略的层次划分

1. 认知策略

认知策略是运用加工信息的一些方法和技术，帮助学习者有效地从记忆中提取信息。一般而言，认知策略因所学知识的类型而有所不同，复述、精细加工和组织策略主要适用于陈述性知识。所谓陈述性知识，是关于事实的知识，是学校学习的一个主要方面内容。

（1）复述策略。复述策略是在工作记忆中为了保持信息，运用内部语言在大脑中重现学习材料或刺激，以便将注意力维持在学习材料上的方法。为了保证可有效地进行复述，学习者在学习过程中，要注意及时复习，以便减少短时间内的大量遗忘。正确分配复习时间对复习效果具有很大影响。复习时间的分配一般有两种情况：一是集中复习，就是集中一段时间重复学习许多次，如期末总复习；二是分散学习，就是每隔一段时间重复学习一次或几次，如家庭作业和单元复习。对大多数学生和学习材料而言，分散复习的效果好于集中复习的效果。

（2）精细加工策略。精细加工策略是一种将新学材料与头脑中已有知识联系起来，从而增加新信息的意义的深层加工策略。一般的精细加工的策略有许多种，其中有不少被人们称为记忆术。比较流行的记忆术有位置记忆法、首字联词法、视觉联想法和关键词法。

（3）组织策略。组织策略是整合所学新知识之间、新旧知识之间的内在联系，形成新的知识结构。组织是学习和记忆新信息的重要手段，其方法是将学习材料分成一些小的单元，并把这些小的单元置于适当的类别之中，从而使每项信息和其他信息联系在一起。

（4）模式再认策略。模式再认策略涉及对刺激的模式进行再认和分类的能力。模式再认策略的一个重要例子是识别某个概念的一个新事例。比如，学生已经学习了凡生命体必须完成八大生命过程，即获取食物、呼吸、排泄、分泌、生长、反应、繁殖、运动，这一知识属于陈述性知识。学生要利用这一知识注意生命的这八个过程，表示这一过程的条件陈述句是："如果一个客体执行了所有这八个生命过程，那么它就是活的。"

（5）动作系列学习策略。学习者必须有意识地执行每一步，一次执行一步,直到全部过程完成。在学习某一个过程时,存在两个主要的障碍:一是工作记忆存储量的限制。尤其在学习一个长而又复杂的过程时,困难更大,任何一个过程如果长达 9 步以上,超过短时记忆的容量(7±2),那么就很难被保持在工作记忆中。二是缺少必备的知识。在学习某一过程时,要确保已经具备所必需的知识和技能,这一点非常重要。例如,学生还未学会一定的原理、定理,而要求他们解几何证明题将是十分困难的。

2. 元认知策略

元认知策略是学生对自己认知过程的认知策略,包括对自己认知过程的了解和控制策略,有助于学生有效地安排和调节学习过程。计划策略、控制策略和自我调节策略都属于元认知策略。

3. 资源管理策略

资源管理策略是辅助学生管理可用环境和资源的策略,有助于学生适应环境并调节环境以符合自己的需要,对学生的动机有重要作用。它包括时间管理策略、学习环境管理策略、努力管理策略和学业求助策略。

二、大学生学习能力的培养策略

(一) 树立“无处不可学”的学习观

古人云:“无一事而不学,无一时而不学,无一处而不学,成功之路也。”同学们首先要改变头脑中“学习是学校之事、课堂之事”的观念,树立起生活实践中无处不可学的观念。课堂之外,身边的点滴,无处不可学习。

(二) 定下足够高的人生目标

高尔基说过:“一个人追求的目标越高,他的才能就发展得越快,对社会就越有益。”例如大学生考研,如果把目标定在一流学校一流专业去努力,虽然可能实现不了但结果一定也不会差;但如果一开始就把目标定在二流三流院校专业,结果可能会更差。在设置目标时要注意以下几点:目标是清晰且可以达到的;确立某个目标的优先权,并排出一个序列;确定达成较小的学习单元目标;定期对目标重新加以评估,不断进行自我反省激励。

(三) 科学地管理时间

进入大学之后,学生的时间相对宽松和自由。有些同学热衷于参加各种活动,不知道合理安排自己的学习时间;有些同学因为没有了教师和家长的监督,整天沉迷于网络;也有些同学平时从来不自习,考试前才开始挑灯夜战；当然，也有同学对自己的学习和生活有很好的规划，学得轻松又自在。大学生要学会管理时间，学习才能更有效。时间管理是指通过事先规划和运用一定的技巧、方法与工具，实现对时间的灵活以及有效运用，实现个人或者组织的既定目标。

美国管理学家科维（S. R. Covey）认为，我们可以把要从事的活动按照重要性和紧迫性两个维度进行分类。事件具体可以分成重要而紧迫的事情、重要但不紧迫的事情、不重要但紧迫的事情以及不重要也不紧迫的事情。在实际行动中，我们应该先做重要而紧迫的事情，如复习功课、准备明天的考试；再做重要但不紧迫的事情，如准备下学期竞选学生会主席；少做不重要但紧迫的事情，如阅读明天就要归还图书馆的一本小说；不重要也不紧迫的事情最好不做，如玩网络游戏。成功者往往花费更多的时间做最重要的事情，而不是最紧迫的事情。总之，我们在安排时间的时候要记住首要的原则，即要事第一。

（四）讲究学习方法

罗宾逊（F. P. Robinson）提出的"SQ3R学习法"，有助于我们提高学习能力。SQ3R表示纵览（Survey）、提问（Question）、阅读（Read）、背诵（Recite）、复习（Revise）五个连续的阶段。

（1）纵览。纵览就是对全书进行快速浏览，了解这本书的基本内容，对作者的基本观点有一个初步印象。一般来说，先阅读作者的序言（前言）或后记，了解作者写这本书的意图和目的，纵览往往可以获得最新信息，启发自己的思路。

（2）提问。大学生在学习过程中，不仅要学会解决问题，更重要的是学会提出问题。在读书时，要透过书中表面字句去捕捉问题，敢于在无疑处生疑，提出自己的设想。有了问题，就会进一步去探索，从而可能提炼出新观点。

（3）阅读。阅读的目的是正确理解和深入掌握文章的精髓，把重点章节学深吃透，做到融会贯通，奠定自己知识结构的牢固基础。因此，要养成思考的习惯，边读边想，必有所得。

（4）背诵。不是指逐句地复诵或默记，而是指在理解的基础上，集中精力把有关章节的中心思想和基本观点牢记在脑中。当然，不排除把某些重要的基本概念背诵出来。

（5）复习。需要长时间保留在记忆中的材料必须反复复习。注意每次复习在内容上要有所开拓，有所发展。

（五）利用学习资源

应当充分利用学校里的各种资源，从各种渠道吸收知识和掌握方法。如果遇到好的老师，你可以主动向他们请教，或者请他们推荐一些课外的参考读物。大学生对问题的理解和认识不尽相同，只有互帮互学，才能共同进步。

课外学习是课内学习的延伸，大学生可以通过利用课外资源来进一步理解课内所学的知识，拓展课内知识的深度。大学生应该充分利用图书馆和互联网，培养独立学习和研究的本领。大学生一定要学会查找书籍和文献，才能了解更广泛的知识和研究成果。互联网是一个巨大的资源库，大学生可以借助搜索引擎在网上查找各类信息。有些问题只要在搜索引擎中简单检索一下，就能轻易找到答案。网络学习资源可以有效地拓展知识面，对于一些社会热点问题，也要及时上网搜索，并提出与本学科有关的问题供讨论。课外学习资源利用得好，将有助于学生课业的学习，对学生的成长与自主能力的培养非常有益。

思政小贴士

“梦想的力量”沙龙式特色课程

为了有效地将习近平新时代中国特色社会主义思想融入大学生心理健康教育中，笔者及团队研究设计了一套“梦想的力量”沙龙课程，旨在通过激发大学生的梦想意识，引导他们树立正确的世界观、人生观、价值观，增强他们的心理素质和社会适应能力。该课程以中国梦为基础，以“四史”故事为素材，围绕寻梦、造梦、追梦、圆梦四个篇章而设计，具体内容分别为：

（1）寻梦篇，旨在让学生了解中国梦的基本概念、实现举措、基本路线、基本要素、主要动力、发展历程和实现目标，并与自己的个人梦想相联系。教师可以通过讲解中国梦相关内容，播放中国梦相关视频或音频，组织学生阅读中国梦相关文章或书籍等方式，让学生对中国梦有全面而深刻的认识，通过提问、讨论等方式，引导学生思考自己的个人梦想如何与中国梦相契合。

（2）造梦篇，旨在让学生探索自己的梦想和价值，并找到实现梦想的方向和方法，以“四史”故事为素材，选择学生感兴趣的主题，包括青年成长、爱国奋斗、创新创业等，并设计一些有趣且富有挑战性的活动如角色扮演、游戏竞赛、情景模拟等，让学生在活动中体验“四史”故事中的人物和情境，学习他们的精神品质和价值追求。

(3) 追梦篇，旨在让学生将自己的梦想转化为实践梦想的力量和乐趣。教师可以根据学生的兴趣和特长，分配不同的任务或项目，如社会调查、志愿服务、文化创作、科技创新等，并给予学生一定的时间和资源，让学生按计划协作完成任务，体验追逐梦想的乐趣。

(4) 圆梦篇，旨在让学生总结前期环节中遇到的困难和收获，理解中国梦和社会责任的关系，增强社会意识，教师可以通过组织学生展示自己的实践成果；引导学生回答一些反思性问题，如“对自己的梦想有什么新的认识或改变？”“对中国梦有什么新的理解或感受？”等，还可以邀请知名校友、嘉宾分享经验，并提出自己的看法或建议。课程采用沙龙式的互动方式，鼓励学生分享自己的梦想、使命、愿景，与其他学生进行交流、讨论、反馈。

[参考来源：杨玉鹏，王维.课程思政视域下大学生心理健康教育机制优化探析——以“梦想的力量”特色沙龙课程为例[J]. 吉林教育(高校党建与思政版)，2024(1)：59 - 60.]

思考题

1. 什么是学习？它的类型有哪些？
2. 大学生常见学习心理问题有哪些？
3. 大学生如何发展自己的学习能力？

测一测

学习动力自我诊断测试①

【测试说明】请你根据自己的实际情况，逐一对每个问题做出“是”或“否”的回答。为了保证测验的准确性，请认真作答。

1. 如果别人不督促你，你极少主动地学习。
2. 你一读书就觉得疲劳与厌烦，只想睡觉。

① 俞国良.大学生心理健康[M]. 北京：北京师范大学出版社，2018：97.

3. 当你读书时，需要很长的时间才能提起精神。

4. 除了老师指定的作业外，你不想再多看书。

5. 在学习中遇到不懂的知识，你根本不想设法弄懂它。

6. 你常想：自己不用花太多的时间，成绩也会超过别人。

7. 你迫切希望自己在短时间内就能大幅度提高自己的学习成绩。

8. 你常为短时间内成绩没能提高而烦恼不已。

9. 为了及时完成某项作业，你宁愿废寝忘食、通宵达旦。

10. 为了把功课学好，你放弃了许多感兴趣的活动，如体育锻炼、看电影与郊游等。

11. 你觉得读书没意思，想去找个工作做。

12. 你常认为课本上的基础知识没啥好学的，只有看高深的理论、读经典作品才带劲儿。

13. 你平时只在喜欢的科目上狠下功夫，对不喜欢的科目则放任自流。

14. 你花在课外读物上的时间比花在教科书上的时间要多得多。

15. 你把自己的时间平均分配在各科上。

16. 你给自己定下的学习目标，多数因做不到而不得不放弃。

17. 你几乎毫不费力就实现了你的学习目标。

18. 你总是同时为实现好几个学习目标而忙得焦头烂额。

19. 为了应付每天的学习任务，你已经感到力不从心。

20. 为了实现一个大目标，你不再给自己制订循序渐进的小目标。

【计分方法】上述 20 道题目可分成 4 组，它们分别测查你在四个方面的困扰程度：1—5 题测查你的学习动机是不是太弱；6—10 题测查你的学习动机是不是太强；11—15 题测查你在学习兴趣方面是否存在困扰；16—20 题测查你在学习目标上是否存在困扰。

若你对某组（每组 5 题）中大多数题目持认同的态度，一般则说明你在相应的学习欲望上存在一些不够正确的认识，或存在一定程度的困扰。

从总体上讲，选"是"记 1 分，选"否"记 0 分，将各题得分相加，算出总分。

【测试结果】0—5 分，说明你的学习动机上有少许问题，必要的时候可做适当调整；6—13 分，说明你在学习动机上有一定的问题和困扰，有必要进行调整；14 分以上，说明你在学习动机上有严重的问题和困扰，必须进行调整。

参考文献

简妮・爱丽丝・奥姆罗德,陈陈,杨兰,张心玮.学习心理学(第8版)[M].北京:中国人民大学出版社,2023.

约翰・D・布兰思福特等,程可拉,孙亚玲,王旭卿.人是如何学习的——大脑、心理、经验及学校(扩展版)[M].上海:华东师范大学出版社,2013.

刘儒德.教育心理学[M].北京:北京师范大学出版社,2024.

联合国教科文组织.一起重新构想我们的未来:为教育打造新的社会契约[M].北京:教育科学出版社,2022.

简・博克,莱诺拉・袁.蒋永强,陆正芳.拖延心理学[M].杭州:浙江教育出版社,2021.

斯普伦格.脑的学习与记忆[M].北京:中国轻工业出版社,2005.

安德烈・焦尔当.杭零.学习的本质[M].上海:华东师范大学出版社,2015.

李韧.学习简史:从动物学习到机器学习[M].上海:华东师范大学出版社,2023.

乔安妮・奎因等.盛群力.深度学习2:重新定义未来教育的学习模式[M].北京:机械工业出版社,2021.

推荐阅读

1.《心流:最优体验心理学》(米哈里・契克森米哈赖著,张定绮译,中信出版社)

2.《认知觉醒:开启自我改变的原动力》(周岭著,人民邮电出版社)

3.《刻意练习:如何从新手到大师》(安德斯・艾利克森,罗伯特・普尔著,王正林译,机械工业出版社)

推荐影片

1.《风雨哈佛路》

2.《我和我的祖国》

3. 纪录片《大学》

第五章 CHAPTER 5 >>>>

人格塑造：大学生人格发展探索

案例导入

王佳是一名大一新生，进入大学后，经历了显著的心理和人格发展。

王佳来自一个小城市，考入了北京的一所重点大学。初入大学时，她对新的生活环境充满了期待，同时也面临着不少挑战。她发现自己在处理日常生活琐事时缺乏经验，有些手足无措。高中时，王佳一直是班级的前几名，但进入大学后，面对更高难度的课程和更多优秀的同学，她开始感到学习压力倍增。尽管她努力学习，但成绩并不理想，她感到挫败和困惑。人际交往上，王佳与室友的生活习惯不同，经常因为一些琐事发生争执。她感到孤立和不被理解，开始怀疑自己的人际交往能力。为了拓展社交圈，王佳参加了几个社团活动。通过与不同背景的同学合作，她逐渐发现了自己的长处和短板，开始反思自己的性格特点和行为模式。

在一次学校组织的心理健康讲座中，王佳受到了启发，开始对自己的人格和心理状态进行深入思考。心理学教授在讲座中讲述了人格发展的不同阶段和良好人格的标准。王佳了解到，积极的自我认知和良好的人际关系是健康人格的重要组成部分。她决定采取行动，改善自己的心理状态和人格特质。王佳开始主动调整自己的心态和行为，学会了通过情绪管理的方法来调节自己的情绪，减少因学业和人际关系带来的压力。尝试用正念练习和时间管理技巧来提高自己的生活质量。当她感到困惑和压力时,会主动寻求学校心理咨询中心的帮助。通过几次咨询,她学会了一些有效的心理调适方法,能够更好地处理生活中的各种问题。

在不断自我反思和调整中,王佳的人格逐渐变得成熟和完整。后续的大学生活中,王佳鼓起勇气参加了班级干部的竞选,成功当选为班级文艺委员。在这个过程中,她的领导能力和自信心也得到了显著提升,赢得了同学们的认可和支持。最终她不仅在学习上取得了进步,还在兴趣爱好方面有所发展。开始参加学校的音乐社团,通过音乐表达自己的情感,缓解了压力。

王佳同学遇到了什么问题?我们将如何帮她走出来?

通过王佳的案例,我们可以看到大学生在人格发展过程中面临的各种挑战,反映出人格在社会学习中具有可塑性。那么什么是人格?你的人格特点是什么?什么才是良好人格?我们又该如何塑造自己的良好人格?

第一节　人格概述

一、什么是人格

人格"personality"一词,源于古希腊语"persona",原意是指希腊戏剧中演员戴的面具,面具随人物角色的不同而变换,体现了角色的特点和人物性格,就如同京剧中的脸谱。心理学沿用面具的含义,转译为人格。人格包含了两层意思:一是指一个人在人生舞台上所表现出来的种种言行,是遵循社会文化习俗的要求而做出的反应。就像舞台上根据角色要求所戴的面具,表现出一个人外在的人格品质。二是指一个人由于某种原因不愿展现的人格成分,即面具后的真实自我,这是人格的内在特征。

人格是我们日常生活中经常使用的词语。例如,"他具有健全的人格""他的人格高尚""他出卖了自己的人格"……这些描述包含了人格的多重含义,有法律意义上的人格,有道德意义上的人格,有文学意义上的人格,也有社会学意义上的人格。那么在心理学中人格的准确含义是什么呢?

在心理学中,人格是探讨完整个体与个体差异的领域。到目前为止,由于心理学家各自的研究取向不同，对人格的看法有很大差异。据美国心理学家奥尔波特(G. W. Allport)1937 年的统计，人格定义有 50 多种。综合各家的看法，可以将人格的含义界定为：人格是构成一个人的思想、情感及行为的独特模式，这个独特模式包含了一个人区别于他人的稳定而统一的心理品质。

拓展阅读

人格与面具

世界是个舞台，男男女女都只不过是个演员。

——莎士比亚

人格一词源于古希腊的面具词义，说明人既具有像面具一样的外在表现特征，又具有面具后的内在真实自我特征。其背后有这样一个故事：古希腊有一位著名的演员因为脸部有缺陷而用面具来遮掩，之后演员们慢慢接受了这种表达方式。最初古希腊和古罗马的演员通过戴面具来强调他们所表演的角色是和自己有区别的，后来，在舞台上的演员所表现的行为要与所扮演的角色相称，面具规定或限制了演员的行为，演员依据角色需要所画的脸谱表现了人物的性格和身份。观众从演员的面具上就可以知道他所扮演的是一个什么样的人，如是天使还是恶魔。面具代表了一个人所特有的行为模式。例如：天使具有仁慈、善良、美好的特征；魔鬼则具有邪恶、凶狠、残暴的特征。所以，面具反映了不同人物的性格。到了莎士比亚时代，面具几乎消失了，演员通过演技来展现各种角色的性格。

然而，中国京剧中还保留着面具的表演功能。我们今天所用的人格(personality)概念是在 18 世纪才出现的，其内涵有了扩展，我们现在所谈论的人格，并不只是一个人戴了某个面具后的角色，还包括他卸下面具后的本来面目。这种“蕴蓄于中，形诸于外”就说明了人格的表里统一性。

［资料来源：许燕.人格心理学导论［M］.北京：中国人民大学出版社，2017：1－2.］

人格心理学的特点是应用广泛，但是研究难度大，主要原因是人格具有复杂性与多样性。人格承载了太多特性，从对人格的界定中，可以认识到人

格具有多层内涵。了解人格的本质,就要从人格的基本特性入手。人格具有以下几种基本特性,这些特性表现出对立统一的特点。

（一）独特性

人格的最重要特征是独特性。人格的独特性表现出一个人的典型行为与特征。俗语“人心不同,各如其面”,就是对人格独特性的最好诠释。独特性说明了每一个人都是独一无二的。人与人没有完全一样的人格特点。例如,“固执”在不同的环境下有其特定的含义,在不同人身上也有不同的含义。在娇生惯养、溺爱的环境中,“固执”带有“撒娇”的意思;而在冷淡疏离、艰难困苦的环境中,“固执”又带有“反抗”的意思。所谓“人心不同,各如其面”,正说明了人格是千差万别、千姿百态的。这就是人格的独特性。另外,生活在同一社会群体中的人也具有一些相同的人格特征,如中华民族是一个勤劳的民族,这里的“勤劳”品质,就是共同的人格特征。不过人格心理学研究会更注重个体差异,即人格的独特性。

（二）稳定性

人格具有稳定性。在行为中偶然发生的、一时性的心理特性,不能称为人格。例如,一位性格内向的大学生,在各种不同的场合都会表现出沉默寡言的特点,这种特点从入学到毕业不会有很大的变化,这就是人格稳定性的表现。俗话说“江山易改,禀性难移”,这里的“禀性”就是指人格。当然,强调人格的稳定性并不意味着它在人的一生中是一成不变的,随着生理的成熟和环境的改变,人格也可能产生或大或小的变化。

拓展阅读

心理实验室:人格稳定性的评估方法

人格心理学家在研究人格的稳定性时尝试了不同的方法。康利(Conley)依据坎贝尔和菲斯克(Campbell & Fiske,1959)的多维度-多方法理论,提出了人格稳定性的评估指标:(1) 一个人格特质应该在多个不同的实验条件或方法下被观察,即在不同情境的实验条件下进行考察,如问卷法和实验法、自评法和他评法等;(2) 人格的个体差异表现为随时间的推移而保持稳定,如追踪研究。康利(Conley,1985)测查了 300 对中产阶层的夫妇，让他们互评，并由熟人评价，测查时间 1954—1955 年、1980—1981 年，历时 47 年，在神经质、社会外倾性、冲动控制、随和性四种人格特质上做评价，然后做了四个方面的统计分析：a. 评价者的信度估计值；b. 同一情境中每个特质的自评、他评和熟人评价的一致性；c. 同一特质同一被试（自我和配偶）的评价一致性；d. 跨越 20 年不同被试对同一特质评价的相关（1935—1954 年），这些是考察稳定性的重要条件，以保证结果的准确性。研究结论是：神经质、社会外倾性、冲动控制具有一定的纵向稳定性，但随时间的推移其稳定性也有所降低，历时 10 年的稳定性为 0.6，历时 20 年的稳定性为 0.4，历时 30 年的稳定性为 0.3。

但是，也有研究者质疑。麦克雷（McCrae）认为随着时间的推移，正常成人的人格变化可能很大一部分是测量误差的结果。

［资料来源：许燕.人格心理学导论[M].北京：中国人民大学出版社，2017：9-10.］

（三）统合性

人格是由多种成分构成的一个有机整体，具有内在的一致性，受自我意识的调控。人格的统合性是心理健康的重要指标。当一个人的人格结构各方面彼此和谐一致时，他的人格就是健康的。否则，这个人会出现适应的困难，甚至出现“分裂人格”。

（四）功能性

人格在一定程度上会影响人的生活方式，甚至会决定某些人的命运，因而是人生成败的根源之一。当面对挫折与失败时，坚强者能发奋拼搏，懦弱者会一蹶不振。这就是人格功能性的表现。

二、人格的结构

人格是一个复杂的结构系统，包括许多成分，其中最主要的有气质、性格、自我调控系统。

（一）气质

气质是表现在心理活动的强度、速度、灵活性与指向性等方面的一种稳定的心理特征，即我们平时所说的脾气、秉性。人的气质差异是先天形成的，受神经系统活动过程的特性制约。孩子刚出生时，最先表现出来的差异就是气质差异，如有的孩子爱哭好动，有的孩子平稳安静。气质给人的言行涂上某种色彩,但不能决定人的社会价值,也不直接具有社会道德评价含义。一个人的活泼与稳重不能决定他为人处世的方向,任何一种气质类型的人既可以成为品德高尚、有益于社会的人,也可以成为道德败坏、有害于社会的人。气质不能决定一个人的成就,任何气质的人只要经过自己的努力都能在不同实践领域中取得成就,但也可能成为庸碌无为的人。

公元前5世纪,古希腊医生希波克拉底和古罗马医生盖伦就曾提出气质学说。他们认为,人体内有四种体液:血液、黏液、黄胆汁、黑胆汁。血液生于心脏,黏液生于脑髓,黄胆汁生于肝脏,黑胆汁生于胃部,根据这四种体液各自在体内的比例优势,可把人的气质划分为四种类型,即胆汁质、多血质、黏液质、抑郁质。

希波克拉底的这一分类,后来被俄国生理学家和心理学家巴甫洛夫所证实。根据巴甫洛夫高级神经活动的类型学说,气质是由人的高级神经活动类型决定的:人的高级神经活动类型是气质的生理基础,气质是高级神经活动类型的外在表现,四种神经活动类型分别与胆汁质、多血质、黏液质、抑郁质相对应。

（二）性格

性格是一种与社会相关最密切的人格特征,性格含有许多社会道德含义。性格代表了人们对现实和周围世界的态度,并表现在他的行为举止中。

性格主要体现在对自己、对别人、对事物的态度和所采取的言行上。所谓态度,是个体对社会、对自己和对他人的一种心理倾向,它包括对事物的评价、好恶和趋避等方面。态度表现在人的行为方式中。例如,当国家和集体财产遭受损失时,有人不惜献出自己的生命奋起保卫,有人则退缩自保,有人甚至趁火打劫。这就是人们对同一事物的不同态度。性格表现了一个人的品德,受人的价值观、人生观、世界观的影响,如有的人大公无私,有的人自私自利。这些具有道德评价含义的人格差异,我们称为性格差异。

性格有好坏之分,能最直接地反映出一个人的道德风貌。性格是在社会生活中逐渐形成的,同时也受生物学因素的影响。罗和富尔顿(Rowe & Fulton ,1979)的研究发现,脑损伤或脑病变对人的性格有影响。一个额叶受损伤的人,性格会产生明显的变化,病人会变得动静无常,有时爱说粗俗下流的话,对伙伴缺少尊敬,不能容忍约束或劝告,时而极端顽固,时而犹豫不决……这一研究说明,大脑的额叶皮层与人的性格有关。

（三）自我调控系统

自我调控系统是人格中的内控系统或自控系统，具有自我认知、自我体验、自我控制三个子系统，其作用是对人格的各种成分进行调控，保证人格的完整、统一与和谐。

1. 自我认知

自我认知是对自己的洞察和理解，包括自我观察和自我评价。自我观察是指对自己的感知、思想和意向等方面的觉察；自我评价是指对自己的想法、期望、行为及人格特征的判断与评估，是自我调节的重要条件。如果一个人不能正确地认识自我，只看到自己的不足，觉得处处不如别人，就会自卑、丧失信心、做事畏缩不前……相反，如果一个人过高地估计自己，也会骄傲自大、盲目乐观，导致工作的失误。因此，恰当地认识自我，实事求是地评价自己，是自我调节和人格完善的重要前提。

2. 自我体验

自我体验是伴随自我认识而产生的内心体验，是自我意识在情感上的表现。当一个人对自己做积极的评价时，会产生自尊感；做消极的评价时，会产生自卑感。自我体验可以使自我认识转化为信念，进而指导一个人的言行；自我体验还能伴随自我评价，激励适当的行为，抑制不适当的行为。例如，一个人在认识到自己不适当的行为后果时，会产生内疚、羞愧的情绪，进而制止这种行为的再次发生。

3. 自我控制

自我控制是自我意识在行为上的表现，是实现自我意识调节的最后环节。例如，一个学生意识到学习对自己发展的重要意义，会激发努力学习的动机，并在行为上表现出刻苦学习、不怕困难的精神。自我控制包括自我监控、自我激励、自我教育等成分。

三、人格理论

人格理论研究的一个显著特点就是流派众多。由于人格涉及对人的看法，人格理论学家发展出了一套对人的行为的系统解释，持不同见解的人格理论学家形成了不同的流派，主要有经典精神分析流派、人本主义流派、特质流派、认知加工流派等，各个流派从各自不同的角度对人格展开探讨并试图回答人格的基本问题，他们对人格的解读各有侧重。人格的复杂性，使得研究者们可以从不同的视角去理解和分析。每一个流派的人格心理学家一生都在不断完善自己的理论。当我们分析人格现象时，为了全面和准确也会使用不同的人格理论来聚焦于某一人格或某一人格问题，理论混搭是人格心理学中时常出现的研究形态。

（一）精神分析流派

弗洛伊德(S. Freud)作为人格理论的创始者，将人格理论框架进行了初始的建构，描述了人格特征、人格结构、人格动力、人格发展、人格成因、人格改变等。其理论体系之完整，内容之丰富，堪称人格心理学之最。人格心理学的后继者都是在其理论框架中不断地丰富人格理论内涵的。精神分析理论在探讨人格结构时，突出的贡献在于意识层次理论与自我结构理论。

1. 意识三层次理论

“个体越能体察到潜意识，就越能掌控自己的人生。”弗洛伊德把人的整个精神世界分为潜意识、前意识和意识三个部分。

潜意识：位于心理世界最内层或最底层的是潜意识。潜意识也称为无意识，是指深藏于人内心的、无法直接触及的部分。人们完全体察不到它的存在，但它就像浩瀚无边的海洋，隐藏着无数的人类经验。在潜意识的海洋中，奔涌着各种本能冲动、驱力和需求，集合着各种冲突和情感体验。这些冲动、本能、欲望，因为与社会习俗、规范、道德、法律等不相容而被压抑到意识阈之下。但是，它们并没有消失，仍然在积极地活动着，随时想冲出潜意识层面的禁锢。

前意识：前意识介于意识和潜意识之间，是能够进入意识层面的东西。比如童年时期我们会有很多朋友，与他们相处时的快乐时光会储存在我们的记忆中，但是会随着时间的推移被逐渐淡忘。不过，30 年后的同学聚会可能会再次回忆起童年的那些时光。

意识：位于心理世界最表层的是意识。意识是指人能够清楚地觉知的心理层次。人们每天对周围发生的事情的感知、对各种知识与经验的学习、对与环境互动时所产生的感受的体察，对各种未解问题的思考等，都归于意识的范畴。弗洛伊德认为，在人类浩瀚的心灵世界中，意识只占很小的一部分，它处于心理的表层。

弗洛伊德用冰山来形容意识、前意识和潜意识的关系。意识层面仅仅是冰山一角；那些随着海水的波浪起伏、忽隐忽现的冰山部分，就是前意识层面；而那些永远隐没在水面之下的巨大部分，是不为人见的潜意识层面。意识与前意识间的信息流动是不受控制的，但是意识与潜意识间却有着严密的界线，壁垒分明，意识不允许潜意识的本能欲望随意进入。

2. 三我结构

弗洛伊德将人格结构分为本我、自我和超我，三者之间有各自的功能、性质、活动原则、动力结构，彼此联系且相互制约。三我结构与意识三层次之间的关系如图 5－1 所示。

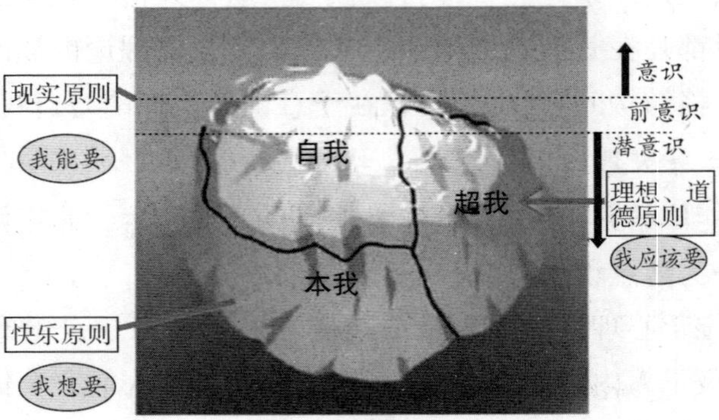

图 5－1　三我结构和意识三层次

［图片来源于网络：https://baike.baidu.com/item/%E6%9C%AC%E6%88%91%E3%80%81%E8%87%AA%E6%88%91%E4%B8%8E%E8%B6%85%E6%88%91/9587240? fr=ge_ala］

本我是与生俱来的人格最原始层次上的系统，它代表人格深处不可接近的部分，深藏于潜意识层面。每个人先天固有的一切特质都蕴藏在这里。在本我中，存在本能的驱力，特别是性和攻击的本能。当本能欲望还没有得到满足时，本我就处于紧张状态，它的目标就是要立即满足需要，释放冲动，以消除这种紧张状态。所以，本我遵循"快乐原则"，即追求享乐、逃避痛苦。本我在寻求欲望的即刻满足时，无视外在的条件是否允许，本我不能忍受挫折，对自己的欲望毫不抑制。

自我是从本我中分化出来的受现实制约的部分，是人格中有组织的、合理的、现实取向的系统。自我位于人格的意识层面，直接与外界接触并受其影响。自我遵循"现实原则"，本我的要求是否可以得到满足，要看所处的现实情境是否具备满足的条件，如果条件不允许，自我就会推迟本我需要的满足，或者换一种现实可以接受的方式满足。自我是人格的执行者，决定着什么行动是合适的,哪一种本我的冲动可以满足及以什么方式满足。自我的主要任务就是在个体本能需要与现实环境中做协调。

超我处于人格结构的最上层,代表着人的心理结构中道德和伦理的一面,作为一种外在规范和权威严格控制着人的行为,使之符合社会期望的要求,是传统价值观和社会理想内化的结果。超我遵循“道德原则”。超我的主要功能有:一是抑制本我的各种冲动,特别是性方面或者攻击和侵犯性方面的冲动,因为这两方面的冲动不能为社会所接受,甚至要受到谴责。二是说服自我,以道德完善的追求代替物质或其他实物满足的追求。三是力求完善的境界。超我是后天逐渐形成的,是在父母和其他成人的教育下形成的。它首先表现为对父母的奖励和惩罚的反应,之后慢慢将道德和社会标准内化,使儿童开始凭借自身的力量来控制行为。

在人格结构里,本我、自我与超我三者经常产生矛盾,特别是超我和本我经常处于不可调和的对抗状态,而自我则在二者之间起调节作用。因此,自我是人格结构中维护统一的关键因素。在健康人格中,自我强大而灵活,不允许本我或者超我独揽大权。但是,平衡只是相对的、暂时的,人格的内部冲突难以避免。随着冲突的加剧,人就会产生焦虑、恐惧等;如果冲突过于激烈,而自我又无法应对,就会导致精神障碍。

（二）人本主义心理学流派

在人性的思考方面与精神分析流派不同,人本主义流派始终坚持人性本善的观点。人本主义心理学对于人性的看法与我国古代思想家孟子的“性善论”较为接近。该流派对于人性的看法积极乐观,极富人道主义意味,认为人具有善良的天性,人是好的、端正的、仁爱的,每个人都有对美、真理、正义等的本能需求,而且朝向自我实现、成熟和社会化的方向发展。

人格结构观:罗杰斯(C. B. Rogers)在长期的临床治疗中发现,前来寻求咨询和治疗的来访者总是提及“自我”,其问题都出自人格中的自我。当一个人的所作所为与自我发生联结时,价值感就会产生,个体关注的重要性就会提升。由此,罗杰斯将“自我”视为人格的主要结构。在自我理论中,他提出了两个重要的概念,即自我和理想自我。

按照现象学派的说法,每个人对其周围环境和事物的知觉构成了他的现象场,即这个人的主观世界。其中关于自己各个方面的印象就是他的自我或自我概念。自我是一个具有组织性、一致性和整体性的知觉模式,虽然自我会发生变化，但它总是维持这个组织的特性。罗杰斯的自我概念与弗洛伊德的自我概念不同，弗洛伊德认为自我是可以支配人的行动的。罗杰斯则认为，自我只是那些与自己有关并能被个体意识到的经验。个体所做的各种事情，都以自我为出发点。例如：个体如果认为自己的舞姿优美，就会找机会在人前显露一下；如果认为自己的形象比较差，就会尽量避免在公共场合抛头露面。所以，自我是个人经验中很重要的一部分，每个人的行为都是和他的自我相匹配的。

罗杰斯非常重视自我概念和行为适应之间的关系。自我与真实自我不吻合，就会带来一些问题。例如，自以为是的人往往会产生过激性言行，不可一世，但最终会自食其果。一个成熟健康的人，他的自我概念应当与他本身的情况相符合，也就是与他的真实自我相符合或相接近。

理想自我是个体希望自己能够具有的特征。理想自我是个体认为重要的和有价值的品质，可以是生理方面的，也可以是能力、财产或者社会地位方面的，是个体努力追求的发展目标。罗杰斯认为，个体的自我概念也应当与其理想自我相接近，这就表示人格对自己的知觉和所希望成为的形象相符合，这样人们就会对自己感到满意。罗杰斯认为，心理健康者的真实自我和理想自我是相当接近或相互符合的，因为他们已经了解和接受了自己，不会再给自己设置一些无法实现的目标。

（三）特质理论流派

特质理论的创始人戈登·奥尔波特(G. W. Allport)是美国人格心理学的开山鼻祖，他是人格心理学的集大成者，对前人的观点进行了完整的梳理。在他生活的年代，精神分析和行为主义是心理学领域中处于支配地位的两大势力，很多理论都以反弗洛伊德起家，奥尔波特就是其中之一。他一生中都表现出对精神分析的不满，弗洛伊德的古典精神分析理论作为奥尔波特批评的靶子，对特质论的产生起到了推动作用。奥尔波特不是以神经症和病态人格为研究对象，而是专门探究常态的健康人；不是以潜意识和前意识的自我为讨论主题，而是集中研究有意识的理性自我；他竭力弘扬人的尊严与价值，认为心理学要注重发展人的自尊心和自我价值感。特质理论认为，特质是决定个体行为的基本特性，是人格的有效组成元素，也是测评人格常用的基本单位。

1. 奥尔波特的特质理论

奥尔波特于1937年首次提出了人格特质理论。他把人格特质分为两类:一类是共同特质,指在某一社会文化形态下,大多数人或一个群体所共有的、相同的特质。在研究人格的文化差异时,可以比较不同文化中的共同特质。另一类是个人特质,指个体身上独有的特质。个人特质依其在生活中的作用又可分为三种:第一是首要特质,这是一个人最典型、最有概括性的特质,它影响着一个人各方面的行为。例如,多愁善感可以说是林黛玉的首要特质,狡猾奸诈可以说是曹操的首要特质。第二是中心特质,是指构成个体独特性的几个重要特质,每个人身上有5—10个。例如,林黛玉的清高、率直、聪慧、孤僻、内向、抑郁、敏感等都属于她的中心特质。第三是次要特质,是指个体的一些不太重要的特质,往往只有在特殊的情况下才会表现出来。这些次要的特质除了他亲近的人外,其他人很少知道。例如,一个人在外面很粗鲁,而在自己的母亲面前很顺从。这里的"顺从"就是他的次要特质。

拓展阅读

黛玉的人格特质

曹雪芹笔下的林黛玉是个悲剧人物,其人格典型性为所有读者留下了深刻印象。黛玉是曹雪芹着笔很用心的人物,在小说中,曹雪芹对林黛玉做了许多人格特质的描述:"两弯似蹙非蹙笼烟眉,一双似喜非喜含情目。""态生两靥之愁,娇袭一身之病。""泪光点点,娇喘微微。""娴静时似娇花照水,行动处如弱柳扶风。""心较比干多一窍,病如西子胜三分。"林妹妹不仅被宝玉所爱,也成为很多读者所喜爱的人物。黛玉的人格与命运是红学专家品其心理的主要内容,也是心理学家重笔剖析的人物。

人格心理学家是如何描述林黛玉的人格特质的呢?她具有哪些人格特征,这些人格特质的层次又是怎样的?

在描述人格时,会对人格特质及其层次关系进行梳理。一般来说,人格心理学家将人格特质分为三个层次:① 首要特质是人格的核心,是人格特质的典型体现。不过,不是所有人都具有首要特质,其只存在于特色鲜明的人物身上，从数量上是 0—1 个。② 中心特质是几个人格元素的组合，数量是 5—10 个，每个人都具有中心特质。③ 次要特质是平时不显露而在特殊情境下才显露出来的人格特质。

林黛玉的人格特质及其层次结构为：

首要特质：多愁善感。

中心特质：清高、率直、聪慧、孤僻、内向、抑郁、敏感、坚毅。

次要特质：冷酷。

［资料来源：许燕. 人格心理学导论［M］. 北京：中国人民大学出版社，2017：30.］

---

2. 卡特尔的人格特质理论

卡特尔(R.B.Cattell)受化学元素周期表的启发，用因素分析的方法对人格特质进行了分析，提出了人格特质的结构网络模型。模型分成四层，即个别特质和共同特质，表面特质和根源特质，体质特质和环境特质，动力特质、能力特质和气质特质。根源特质是指那些相互联系并以相同原因为基础的行为特质。例如，“焦虑”是害怕考试和体育比赛时双腿发抖的同一原因。在这里，“焦虑”就是一种根源特质。表面特质和根源特质既可能是个别特质，也可能是共同特质，它们是人格层次中最重要的一层。1949 年卡特尔用因素分析方法提出了 16 种相互独立的根源特质(见表 5-1)，从而编制了“卡特尔 16 种人格因素调查表”(sixteen personality factor questionnaire，16PF)。

表 5-1 卡特尔提出的 16 种根源特质

	人格因素	低分者特征	高分者特征
A	乐群性	缄默孤独	乐群外向
B	聪慧性	迟钝、知识面窄	聪慧、富有才识
C	情绪稳定性	情绪激动	情绪稳定
E	恃强性	谦逊、顺从	支配、攻击
F	兴奋性	严肃、审慎	轻松、兴奋
G	有恒性	权宜、敷衍	有恒、负责
H	敢为性	畏怯、退缩	冒险、敢为
I	敏感性	理智、着重实际	敏感、感情用事

续 表

	人格因素	低分者特征	高分者特征
L	怀疑性	信赖随和	怀疑、刚愎
M	幻想性	现实、合乎常规	幻想、狂放不羁
N	世故性	坦白直率、天真	精明能干、世故
O	忧虑性	安详沉着、有自信心	忧虑抑郁、烦恼多端
Q1	激进性	保守、服从传统	自由、批评激进
Q2	独立性	依赖、随群附众	自立、当机立断
Q3	自律性	矛盾冲突、不拘小节	知己知彼、自律严谨
Q4	紧张性	心平气和	紧张困扰

3. 现代的五因素模型

塔佩斯等人(Tupes & Christal)运用词汇学的方法对卡特尔的特质变量进行了再分析,发现了五个相对稳定的因素。之后许多学者进一步验证了“五种特质”的模型,众多研究者在人格究竟有多少个特质上逐渐达成了比较一致的观点,从而形成了著名的五因素模型(five-factor model,FFM),又称“大五模型”。高德伯格将其称为人格心理学中的“一场静悄悄的革命”。这五个因素是:① 外倾性:表现出热情、社交、果断、活跃、冒险、乐观等特质;② 宜人性:具有信任、直率、利他、依从、谦虚、移情等特质;③ 责任心:显示了胜任、公正、条理、尽职、成就、自律、谨慎、克制等特质;④ 神经质或情绪稳定性:具有焦虑、敌对、压抑、自我意识、冲动、脆弱等特质;⑤ 开放性:具有想象、审美、情感丰富、求异、创造、智能等特质。

这五个特质的首字母构成了 OCEAN 一词,代表了“人格的海洋”。麦克雷和可斯塔编制了“大五人格因素测定量表”。

以下是一个简明的大五人格测验中文版(TIPI-C),共10道题,请依次评价它们与你自己的符合程度:(1) 非常不符合;(2) 比较不符合;(3) 有点不符合;(4) 不确定;(5) 有点符合;(6) 比较符合;(7) 非常符合。

我觉得我自己:

1. 外向的,精力充沛的;

2. 爱批评人的,爱争吵的;

3. 可信赖的,自律的;

4. 忧虑的，易心烦的；

5. 易接受新事物的，常有新想法的；

6. 内向的，安静的；

7. 招人喜爱的，友善的；

8. 条理性差的，粗心的；

9. 冷静的，情绪稳定的；

10. 遵循常规的，不爱创新的。

完成之后，你再与你的同学互评一下。TIPI－C 的计分方式如表 5－2 所示。

表 5－2 TIPI－C 计分方式

	外倾性	宜人性	尽责性	神经质	开放性
正向计分题号	1	7	3	9	5
反向记分题号	6	2	8	4	10
你的合计分数					
大学生群体的平均分数	4.40	5.23	5.40	4.83	5.38

将你自己的分数与大学生群体的平均分数进行比较，高于平均数说明你在这一人格特质上表现较强，低于平均数说明你在这一人格特质上表现较弱。之后，你可以看一下同学是怎么评价自己的。与你的自评结果是否一致？如果不一致，原因是什么？

［资料来源：李金德.中国版 10 项目大五人格量表（TIPI－C）的信效度检验［J］.中国健康心理学杂志，2013，21（11）.］

（四）认知加工流派

随着认知心理学的兴起，人格的认知理论在 20 世纪七八十年代得到快速发展，后来变得越来越流行。人格的认知流派由美国心理学家乔治・亚历山大・凯利（George Alexander Kelly）的个人建构人格理论发展而来。1955 年出版《个人建构心理学》之后，凯利的理论就成为人格认知研究者和心理治疗师的思想源泉。第二次世界大战后，凯利是临床心理学和应用心理学迅速成长期的主要奠基者，他担任过美国心理学会临床与咨询心理学分会会长。虽然凯利被认为是人格认知流派的代表，但他却一直否认自己是认知心理学家。

1. 个人建构理论

凯利把用来解释和预测生活的认知结构称为建构。他认为建构是人格的核心概念,是人们用来解释世界、分析他人的观点、对事件进行整理分类的一种概念,也是人们看待并控制事件的思维模式。如果没有建构或建构逻辑不清,人生就会一片混乱。

注视右图,你第一眼看到了什么?

有人第一眼看到的是蝴蝶和花草,有人第一眼看到的是女人。心理学中有很多双关图,人们对同一张图会有不同的知觉与解释,从个人建构理论来说,这一现象说明了每个人的个人建构差异决定了他看到了什么。整体-分析的认知加工风格,决定了人们对图形的不同知觉。如果你最先看到的是花草和蝴蝶,你可能倾向于分析认知加工方式;如果你最先看到的是女人的脸,你可能倾向于整体认知加工方式。

[资料来源:许燕.人格心理学导论[M].北京:中国人民大学出版社,2017:246.]

个人建构论认为,人格结构是由一组独特结合的建构群所组成的复杂建构系统。个体差异就表现在个体所拥有的建构的性质、数量、质量和组合方式的不同上。在个人建构系统中,存在着许多不同层次的亚建构。不同建构具有不同的作用,每种建构都有其适用范围和适用焦点。因此,只有了解建构的性质与种类,才能准确使用它们。一个人的人格就是他的建构系统。人用建构来解释并预测事件,个人所用的建构便界定了他的世界。

2. 信息加工理论

信息加工理论进一步丰富了人格认知理论的内涵,该理论主要探讨人们如何组织信息并表达经验。信息加工理论的主要贡献是从知觉风格的角度解析个体差异。每个人的知觉过程大体一致,但在知觉过程中知觉者具有自己偏爱的方式。也就是说,人们在知觉过程中拥有自己的风格,这就是知觉风格。下面介绍两种有代表性的知觉风格,即分析—整体型、场独立—场依存性。

分析—整体型知觉风格的认知加工特征:人们在认知事物时,常常寻找它与其他事物的相同与不同之处并进行分类,人脑的这种思维能力就构成了模式识别能力。所谓模式，是指若干元素或成分按一定关系形成的某种刺激结构，也可以说模式是刺激的组合。当人们能够确认他所知觉的某个模式是什么时，它与其他模式就能被区分开，这就是模式识别。例如，一大批各式各样的图片被分成人物、动物、风景、建筑物、其他等五种类型分别保管，上述五种类型就是五个类别，也就是五个不同的模式，分类的过程就叫作模式识别。

模式识别是知觉的初级阶段，是对外界信息形成初步印象的过程。库珀在实验中发现了模式识别过程中的个体差异。在这项研究中，研究者要求被试尽可能迅速地判断一组不规则图形是否与标准图形相匹配。结果发现，有的人倾向于寻找不规则图形与标准图形之间鲜明的差异特征，他们在图形差异较大时反应较快，研究者称之为“分析型风格”；有的人则倾向于进行整体比较，他们在不规则图形和标准图形之间寻找匹配，而不是寻找鲜明的差异特征，他们的反应时受图形差异的影响比较小，研究者称之为“整体型风格”。

心理测试：你的知觉风格是分析型还是整体型？

在右图中，你看到了什么？如果看到的是萝卜、白菜和篮子，你的知觉风格就属于分析型；如果看到的是兔子，你的知觉风格就是整体型。具有分析型风格的人的特点是“只见树木不见森林”；而具有整体型风格的人恰好相反，“只见森林不见树木”。

场独立—场依存性的概念来源于威特金(H. witkin)对知觉的研究，这里的“场”指身体之外的环境(包括事物或人)。场独立性的人对客观事物做判断时，倾向于运用自己内部的参照，不易受外来因素(场)的影响和干扰；而场依存性的人倾向于把外部参照(场)作为信息加工的依据，难以摆脱环境因素的影响。两者的差异主要体现在注意分配上。

四、人格成因

人格是怎样形成的？这使我们想到一个古老而又争论不休的问题：先天遗传与后天环境的关系与作用。人格的形成仍离不开这一问题。心理学家们会说，人格是在遗传与环境的交互作用下逐渐形成的。

（一）生物遗传因素

心理学家对“生物遗传因素对人格具有何种影响”的探讨已经持续很久了。人格具有较强的稳定性特征，因此人格研究者更注重遗传因素的作用。遗传是人格不可缺少的影响因素。从现有的研究结果来看，可以估计约有50%的人格差异可以归结为遗传差异。遗传因素对人格的作用程度随人格特质的不同而不同。通常在智力、气质这些与生物因素相关较大的特质上，遗传因素的作用较重要。

（二）社会文化因素

每个人都处在特定的社会文化环境中，文化对人格的影响极为重要。社会文化塑造了社会成员的人格特征，使其成员的人格结构朝着相似的方向发展。这种相似性具有维护社会稳定的功能，又使得每个人能稳固地“嵌入”在整个文化形态里。社会文化对人格具有塑造功能，这表现在不同文化的民族有其固有的民族性格。

（三）家庭环境因素

家庭是社会的细胞，家庭成员间不仅有其自然的遗传因素，也有其社会的“遗传”因素。这种社会因素主要表现为家庭对子女的教育作用，俗话说“有其父必有其子”，是有一定道理的。父母按照自己的意愿和方式教育孩子，使他们逐渐形成某些人格特质。

（四）早期童年经验

中国有句俗话叫“三岁看大，七岁看老”。人生早期发生的事情对人格的影响，历来为人格心理学家所重视。人格发展的确受到童年经验的影响，幸福的童年有利于儿童发展健康的人格，不幸的童年也会使儿童形成不良的人格。但两者不存在一一对应的关系，溺爱也可能使孩子形成不良的人格特点，逆境也可能磨炼出坚强性格的孩子。早期经验不能单独对人格起决定作用，它与其他因素共同决定着人格的形成与发展。

（五）学校教育因素

学校是一种有目的、有计划地向学生施加影响的教育场所。教师、班集体、同学与同伴等都是学校教育的元素。教师对学生人格的发展具有指导定向的作用。教师既是学校宗旨的执行者，又是学生评价言行的标准。教师的言传身教对学生有巨大影响。每个教师都有自己的风格，这种风格为学生设定了一个“气氛区”，在教师的不同气氛区中，学生会有不同的行为表现。学校是同龄群体会聚的场所，同伴群体对学生人格具有巨大的影响。班集体是学校的基本团体组织，班集体的特点、要求、舆论和评价对于学生人格的发展具有“弃恶扬善”的作用。

（六）自然物理因素

生态环境、气候条件、空间拥挤程度等这些物理因素都会影响人格的形成和发展。例如气温也会提高某些人格特征的出现频率。热天会使人烦躁不安，对他人采取负面的反应，出现反社会行为。世界上炎热的地方，也是攻击行为较多的地方。在不同的物理环境中，人可以表现出不同的行为特点，但自然环境对人格不起决定性的作用。

（七）自我调控因素

上面讲到的一些因素都是人格形成的外因，而外因是通过内因起作用的。人格的自我调控系统就是人格发展的内部因素。我们前面讲到过人格的自我调控系统，它能够对人格的各个成分进行调控，保证人格的完整统一与和谐。有了强健的自我调控系统，就能实现健康人格的四部曲：认识自我、悦纳自我、延伸自我和创造自我。

拓展阅读

人格预测与算命

心理学家经常被视为与街头算命先生一样的人，虽然人格心理学家确实坚信人格具有预测功能。那么，算命与人格预测具有怎样的区别？

第一，人格心理学家为什么认为人格可以预测？

人格结构的特质具有稳定性的特征，稳定的成分就具备了可预测的条件。“性格决定命运”就是人格心理学家普遍认定的结论。例如，具有成瘾人格的人，其吸烟、吸毒的可能性就比非成瘾人格的人高，其戒烟、戒毒的失败率也更高。因为成瘾人格具有寻求刺激、爱冒险的特点，他们更愿意去尝试一些能刺激他们神经的事情，越是被禁止的事情越能激发他们的尝试欲望。因此，戒毒机构对具有这种人格的人会特别关注。这也给予教育工作者一些提示，从而有针对性地对具有成瘾人格的青少年群体进行教育，防患于未然。

人格测评工具的科学化水平决定了预测实现的条件。人格测评工具都要求具有测量学的指标，如测试题目的区分度、信度、效度等，这些都是保证测量准确性的必要条件。经典的人格测量工具是经过几年到几十年的不断精炼而成的。例如，卡特尔16种人格因素测验（16PF）、明尼苏达多相人格测验（MMPI）、艾森克人格问卷（EPQ）、加州人格调查问卷、爱德华个人偏好问卷等。例如，16PF是一个预测性较好的人格量表，在中学生身上，运用16PF发现了几种人格特质对成就的预测作用，与高成就有关的人格特质有聪慧（B＋）、外向（A＋）、有恒（G＋）、敢为（H＋）、忧郁（O－）、自律（Q3＋）。

第二，人格心理学家与算命先生有何区别？

人格心理学家是以理论研究和科学方法为预测基础的，要求严谨而客观，切忌夹杂主观猜想意念，以预测的精细化为目标。而算命先生则是以主观经验的积累为基础，他们特别善用的技巧是心理暗示，预测方向的弥散性与说明的泛化性，让所有人都会找到适合于自己的对应点，进而信以为真。他们不是在某一点上做预测，而是给你一些内容，让你从中找到一个或几个对应点，让你觉得预测命中。而在描述的一堆特征中，有人对应上了A，有人对应上了B，每个人总可以找到自己的对应点，其实对应率极低，还可以导致轻信。心理学研究已经表明，血型、星座与性格没有因果关系。

第三，什么是算命所制造的"巴纳姆效应"？

巴纳姆效应（Barnum effect）源自表演大师巴纳姆（P. T. Barnum）的名言："每一分钟都有人上当受骗。"法国心理学家米歇尔·果戈林（Michael Gauguelin）在巴黎一家报纸上刊登了一则广告，免费为个人提供星象学算命。结果，有94％的得到星象学命卦的人称赞说算得准。但实际上所有这些人得到的都是同一个人的命卦，这个人就是法国的道戈图尔·彼辛欧特（Docteur Petiot）的命卦，他是一个臭名昭著的杀人魔王。这一研究说明了"巴纳姆效应"。在这种准备好的算命套词与真正基于一项测验而获得的个性化人格测评结果之间做选择时，大部分人会选择这种骗人的、笼统的算命式描述，因为他们认为这个更准确。

［资料来源：许燕.人格心理学导论[M].北京：中国人民大学出版社，2017：31－32.］

第二节　大学生人格缺陷及调适

一、健全人格的标准

健康的人格特征是一个有机统一、稳定的整体，也就是个人的所想、所说、言行是协调一致的。健全人格的各方面标准是一个相互结合、相互作用的统一体，它们之间是动态的、平衡的关系。这些标准为衡量一个人是否具有健全的人格提供了尺度，同时，也为塑造个人的人格提供了方向。

（一）积极的自我观念

能悦纳自己，也能为他人所悦纳；能体验到自己存在的价值，能面对并处理好日常生活中遇到的各种挑战；虽然有时也感觉不顺意，也并非总为他人所喜爱，但是，肯定的、积极的自我观念总是占优势。

（二）恰当地认同他人

能认可别人的存在和重要性，既能认同他人，又不依赖和强求他人；能体验到自己在许多方面与大家是相通的、相同的，而且能与别人分享爱与恨、乐与忧，以及对未来美好的憧憬，并且不会因此而失去自我。

（三）面对和接受现实

能面对和接受现实，即使现实不符合自己的希望与信念，也能设身处地、实事求是地面对和接受现实的考验；能多方寻求消息，倾听不同意见，把握事实真相，相信自己的力量，随时接受挑战；能很快适应新的环境，具有良好的社会适应能力。

（四）人际关系和谐

人际关系最能体现一个人人格健康的程度，具有健全人格的人乐于与他人交往，并与他人建立良好的关系；与人相处时，尊敬和信任等正面态度多于嫉妒和怀疑等消极态度；以诚恳、公平、谦虚和宽容的态度尊重他人，同时也受到他人的尊重与接纳。

（五）生活态度乐观

能看到生活的光明面，对前途充满希望和信心，对自己所从事的工作或学习抱有浓厚的兴趣，并在其中发挥自己的智慧和能力；即使在遇到困难和挫折时，也能不畏艰险，勇于拼搏。

（六）主观经验丰富，可供取用

能对自己及周围的事物和环境有较清楚的知觉，不会迷惑和彷徨；在自己的主观经验世界里，储存着各种可用的信息、知识和技能，并能随时提取使用，以解决所遇到的问题，从而提高自己行为的效率。

（七）良好的情绪调控能力

情绪反应适度，具有调节和控制情绪的能力，经常保持愉快、满意、开朗的心境，并富有幽默感；在消极情绪出现时，能合理地宣泄、排解、转移和升华。

二、常见人格缺陷及调适

人格缺陷不是人格障碍。人格障碍是针对那些有心理疾病的人而言，而人格缺陷是绝大多数人或多或少都会有的。人格发展缺陷是介于健康人格与病态人格（人格障碍）之间的一种人格状态，表现为人格发展的不良倾向。一般来说，大学生中典型的人格障碍者是极少数，较为普遍的是人格缺陷，如以自我为中心、自卑、害羞、猜疑、怯懦、懒惰和虚荣心等。

（一）自我中心

自我中心是指考虑问题、处理事情都以自我为中心，将自我作为思考问题的出发点和归宿点。表现为一切从自己出发，目中无人，甚至自私自利；每每遇到冲突，总认为对的是自己而错的是他人。特别是那些自尊心比较强、优越感强、自信心高、独立的大学生，往往容易陷入自我中心的状态。

克服以自我为中心的状态，关键是换个立场看问题，学会换位思考。坦然接受批评和建议，容许有不同意见，改变自以为是、固执己见的态度。学会一些人际交往的技巧，如倾听。以自我为中心的人往往在倾听之前已经关闭了耳朵，只听得见自己的声音。真正会倾听的人不仅用耳朵在听，更会用眼睛、用心灵在听，不仅能听懂语言所包含的意思，也能听懂弦外之音。总之，要克服以自我为中心的交往障碍，既要使自己融入集体，又要在集体中保持自己独立的个性。

（二）自卑

自卑心理是心理咨询中的常见现象，是一种消极的自我评价或自我意识。一个自卑的人往往过低评价自己的形象、能力和品质，总拿自己的弱点和别人的长处比较，觉得自己事事不如人，在人前自惭形秽，从而丧失信心,悲观失望。具有强烈自卑感的人,一般自我封闭,内向,不愿意跟别人来往。自卑有多种表现方式,最明显的表现是退缩或过分争强好胜，这些都妨碍一个人积极而恰如其分地与他人交往,尤其是过分胆怯、退缩，不能独立而依赖性太强。

克服自卑应从认识上、情绪上、行为上同时入手,可以尝试用以下方法来改善。相信自己,这是一种信念，每天默念数遍。找出自卑根源,理性分析其合理性。欣赏自我,在纸上列出自己各个方面的优点和优势，并鼓励自己。调整理想自我,如果自我的理想目标定得太高，或根本不适合自己，就会在实践中不可避免地一次又一次失败,所以要制定适合自己的目标，然后全力以赴地追求，同时在实践中适时进行调整,才能取得成功。树立乐观的生活态度,使自己的生活态度与自我形象相吻合,是建立自信的基础。敢于面对错误和挫折,要勇于行动,不怕犯错,不怕暂时的失败。失败不可怕,可怕的是不总结经验。人不能因失败而失去行动的勇气,更不能认定自己低能而自暴自弃。经常使用自我鼓励或自我暗示,如“我能行,我一定能行”“再加把劲，我一定能干好”等。

心理案例

一位自卑的女大学生小娟,某高校大二学生。

我感到很自卑,自己都看不起自己。虽然成绩在班上还算名列前茅,但是我觉得这根本算不了什么。在大众场合我一般不敢发言,跟别人交流时总不能恰当地表达自己,尤其是跟老师或陌生人谈话,总觉得十分局促,举手投足不知如何是好,并且脸红得很厉害。很羡慕别的同学在公共场合能够从容不迫、侃侃而谈。长久以来,我一直强烈希望改变自己。虽然做过很大的努力,但一直得不到明显改观,内心非常苦恼。从高中到大学,很少与异性同学交往。在别人眼里,我就是个冷漠、孤傲的人。也许是从小养成了以自我为中心的习惯,因此,在成长和交往的过程中,我的朋友越来越少,慢慢地就脱离了群体,以至于把自己封闭起来。后来开始反省自己,自责,觉得都是自己的错。时间一长,我发现自己好像已经没有脾气了。不管跟谁发生矛盾,都以为是自己的错,然后深深自责,或者把怨气闷在心里。总觉得难与周围的同学建立一种和谐的关系。这样下去,我真是非常担心毕业后不能适应社会生活。近来更是觉得自己一无是处,极度自卑,没有勇气参加任何活动。

案例分析:

来访者所遇到的心理问题,显然与其自卑的个性密切相关。

首先,来访者直接感受到的心理压力来自不和谐的人际关系,而且经历了两种极端的方式。先是过分地以自我为中心,把自我与群体、社会隔离开来,后又过于以他人为中心,事事自责,迷失和忽略了自我。其次,来访者前来咨询和求助,表面看来是为了改变与陌生人打交道时局促不安、紧张和脸红等身体反应,而实际上,这并不是症结所在。其根本原因是来访者个性中人际沟通能力的缺乏,使她在现实生活中迫切感受到社会适应性压力。再次,来访者从自身的成长经历中,能够清楚地意识到由于人际冲突所导致的自我封闭,这是其个性形成的主要原因。因而,来访者有意识地开放自己,但开放环境必然在一段时间内给来访者带来更大的人际交往压力,如果应对或自我评价不当,很有可能给来访者带来某种程度的心理问题,正如来访者所述的苦恼和自卑等。最后,当来访者面临迫切的人际交往压力时,一开始采取的是比较积极的应对方式,但由于过于急功近利,在受挫后,又滑向消极的应对方式,从而进行错误的自我评价,使心理问题不断趋于严重。

[资料来源:江西省教育厅.大学生心理健康教育教程(第四版)[M].江西:江西高校出版社,2019:87-88.]

（三）害羞

害羞在大学生中不少见。如不敢在大众场合发表意见,害怕与陌生人打交道,路上见到异性同学会手足无措,见到老师便难为情,说话感到紧张等。一般而言,害羞之心人皆有之,但过分害羞就不正常了。它会阻碍人际交往,影响一个人正常的才能发挥,还会导致压抑、孤独、焦虑等不良情绪。害羞是一个人自我防御过强的结果,其特点为:过于胆小被动,过于谨小慎微,过于关注自己。说话时,意思往往表达不清楚,说话、做事总怕有错,担心被人议论、讥笑。因此每想说一句话,总要卡在喉咙里不能顺利说出;每做一件事,总要思前想后,把自己搞得神经紧张、坐立不安,而且往往为错过说话、做事的最佳时机而后悔、沮丧、自责。还特别注意自己在别人心目中的形象，总觉得自己时时处在众目睽睽之下，对自己的社交能力、表达能力、做事能力乃至自我形象缺乏信心。

克服害羞的人格缺陷，需要对自己作一个具体分析，找到自己的长处和短处，特别是要多看到自己的长处以增强信心。“金无足赤、人无完人”，学会扬长避短，发挥优势。

（四）猜疑

所谓猜疑，一是猜二是疑，疑是建立在猜的基础之上，往往缺乏事实根据，有时还缺乏合理的思维逻辑。这种人表现为过度的神经过敏，遇事太敏感，看到其他同学低声说话，便疑心在说自己的坏话；某个同学见面没和自己打招呼，便猜他对自己有意见等等。

克服猜疑可以运用以下两种方法：一是相信事实，当产生猜疑时，要先留心观察所疑的人和事，用事实证明猜疑的真实程度。若猜疑被证实，不会因此感到震惊；当猜疑不成立，就可以消除疑心。二是加强沟通，猜疑常常是由于误会或他人搬弄是非而引起，因此可以主动和被猜疑者沟通交流，以消除误会，改善、增进彼此的信任感。

（五）怯懦

怯懦主要表现为缺乏勇气和信心，害怕可能面临的困难和挫折，在挫折、困难面前常常知难而退，甚至不战而败。有些大学生过去的经历一帆风顺，因而特别害怕失败。“只能成功，不能失败”的非理性信念是他们怯懦的认知因素。他们由于胆怯，不敢与人讲话，不敢出头露面，也不敢表明自己的态度，甚至不敢向老师提问题。他们由于怯懦，不敢冒风险，不敢担重任，不敢与坏人坏事作斗争，不敢坚持自己正确的观点。他们越是这样回避矛盾、躲避失败，越是容易体验到强烈的挫折感。在挑战与机遇并存的现代社会，怯懦者会失去很多成功的机会。改变怯懦的最好办法是要敢于抓住机遇，积极锻炼，不怕失败，不怕丢面子，不怕担子重，多给自己鼓励和加压，在生活的词典中去掉“不敢”二字。

（六）懒惰

大学校园内曾经流行这样的打油诗：“人生本该 HAPPY，何必整天 STUDY，只要考试 PASS，拿到文凭 GO AWAY。”这首打油诗从一个侧面反映了部分大学生得过且过、做一天和尚撞一天钟、缺乏进取精神的懒惰心理。懒惰是不少大学生为之感到苦恼又难以克服的一种人格发展缺陷，是意志活动无力的表现，懒惰是影响大学生积极进取、张扬青春活力的天敌。处于懒惰状态的大学生也常感到内疚、自责、后悔，但又无力自拔，心有余而力不足，他们往往想得多而做得少，缺乏毅力。

要想克服懒惰的人格缺陷，首先要充分认识到懒惰的危害性，自己对自己负责，振作精神。其次，"起而行之"，从日常小事做起，不为自己找借口，做到今日事今日毕。再次，多与人交往，多关心外部世界，多参加有益身心的社会活动。

（七）虚荣心

可以说，虚荣心普遍存在于每一位大学生身上，这是正常的，但一旦过度，则会有害无益。虚荣心往往与自尊心、自卑感联系在一起，没有自尊心，就没有虚荣心，而没有自卑感，也就不必用虚荣心来表现自尊心，虚荣心是自尊心和自卑感的混合物。虚荣心强的大学生一般性格内向、情感脆弱、多愁善感，虽然自惭形秽，却又害怕别人伤害自己的尊严，过分介意别人的评论与批评，与人交往时总有一种防御心理，不允许有稍微侵犯，且常会千方百计地抬高自己的形象，他们捍卫的往往是虚假的、脆弱的、不健康的自我，以致无暇来丰富、壮大真实的自我。

防止或改变过强的虚荣心，第一，要对其危害性有清醒的认识，有勇气有决心改变自己。第二，应当努力认识自己，了解自己的长处与短处，扬长避短。第三，要树立自信和健康的荣誉心，恰当表现自己，不卑不亢。第四，内核稳定不为外界的议论所左右，正确对待个人得失。

第三节　大学生人格障碍及矫治

一、大学生常见人格障碍

一般来说，大学生中典型的人格障碍者是极少数，常常不能引起学校高度重视，但有人格障碍的学生一经滋事，绝非小事。人格障碍是指明显偏离了个体文化背景预期的内心体验和行为的持久模式，是泛化的和缺乏弹性的，起病于青少年或成年早期，随着时间的推移逐渐变得固定，并导致个体遭受痛苦或损害。以下是 DSM－5 中提及的常见人格障碍。

（一）偏执型人格障碍

这是对他人普遍不信任和猜疑，以至于把他人的动机解释为恶意的心理行为模式。有这种障碍的个体假设他人会剥削、伤害或欺骗他们，即使没有证据支持这种预期。他们基于很少的证据甚至在完全没有证据的情况下，怀疑他人在设局陷害自己，在任何时刻、没有任何理由的情况下都可能会突然攻击自己。他们常常觉得自己被他人深深地、不可逆地伤害，哪怕并没有客观证据。他们沉湎于不公正地怀疑朋友和搭档对自己的忠诚和信任，详细审查他人的行为以找到恶意的证据。

（二）分裂型人格障碍

这是一种脱离社交关系，以及情感表达受限的心理行为模式。分裂型人格障碍是对亲密关系感到强烈的不舒服，且认知或感知扭曲以及行为古怪的心理行为模式。这种障碍个体常有牵连观念（例如，对偶发事件和外在事件错误地解释为对自己具有特别和不同寻常的意义）。这些需要与关系妄想相区分，关系妄想的信念属于妄想性坚信。这些个体可能迷信或对其亚文化常模之外的异常现象有先占观念。他们可能觉得自己具有特异功能，对事件有预感，或者可以读出其他人的思想。他们可能相信自己可以用魔力控制他人，这种控制可以直接实现（例如，相信他的配偶出去遛狗是他在一小时前想法的直接结果）或者通过遵从魔幻性仪式间接实现（例如，在某个特定物体前走过三次以避免某种有害的结果）。可能存在感知的改变（例如，感到有另一个人存在或听到有人在轻唤他的名字）。他们的言语包括不同寻常或离奇的词语和结构，通常是松散、离题或含糊的，但不是真正跑题或不连贯的。他们的回应可能会过分具体或过分抽象，有时会以不同寻常的方式运用词语和概念，例如个体可能会说在工作中他不是“能说话”的。

（三）反社会型人格障碍

这是一种漠视或侵犯他人权利的心理行为模式。反社会行为模式持续到成年。反社会型人格障碍个体不尊重符合社会常规的合法行为。他们可能反复做出可遭拘捕的行动（无论他们是否遭拘捕），例如，破坏财产，骚扰他人，盗窃或从事非法职业。该障碍个体漠视他人的愿望、权利或感受。为了获得个人利益或愉悦（如获得金钱、性或权力），他们常常欺诈或操纵他人。他们可能反复地撒谎、用假名,坑别人或诈病。冲动性模式可以体现为事先不制订计划。他们通常冲动地做出决定,既不事先考量,又不考虑对自己或他人的后果,这可能导致突然变换工作、住所或人际关系。反复斗殴或人身攻击(包括打配偶或者孩子)(诊断标准 A4)(出于自我防卫或防卫他人而做的攻击性行为不被考虑为此项证据)。这些个体可能表现为不在意自身或他人的安全。这可能体现在他们的驾驶行为中(例如,反复超速、中毒状态下驾驶、事故多发)。他们可能进行有伤害性后果的高风险的性行为或物质使用,他们可能忽略或未照顾好孩子,而置孩子于危险中。

(四) 边缘型人格障碍

这是一种人际关系、自我形象和情感不稳定以及表现出显著冲动行为的心理行为模式。边缘型人格障碍个体会做出疯狂的努力以避免真正的或想象出来的被遗弃。认为分离或拒绝即将来临或失去外部支持,可以导致自我形象、情感、认知和行为上的深刻改变。这些个体对环境变化非常敏感。即使当他们面对现实中的、短暂的分离或不可避免的计划变更时,也会体验到极度的遭遗弃的恐惧和不恰当的愤怒(例如,对临床工作者宣布治疗时间到了所产生的突然的绝望反应;当某个对他们很重要的人迟到哪怕几分钟或必须取消约会而表现出惊恐或大怒)。他们可能相信"遗弃"意味着他们是"坏的"。这些遗弃恐惧与无法承受独处及需要有别人在他们身边有关。他们为了免遭遗弃的疯狂努力可能包括诸如自残或自杀等冲动行为。

(五) 表演型人格障碍

这是一种过分情绪化和追求他人注意的心理行为模式。表演型人格障碍个体在自己不能成为人们关注中心的场合,感到不舒服或不被重视。通常,他们显得活泼和戏剧性,往往引人注意,并在开始时可以凭他们的热情,明显的开放性或挑逗,让新认识的朋友觉得他们有魅力。但这些品质不能持久,因为这些个体持续地要求成为关注的中心。他们强占了"聚会"的主要角色。如果他们不是关注的中心,他们可能会做些戏剧性的事情(例如,编故事、制造话题)来把注意力引向自己。在他们与临床工作者接触时,这种需求常体现在他们的行为上(例如,奉承、带礼物、对身体和心理症状的夸张描述,并且每次来访都会有新的症状代替)。

(六) 自恋型人格障碍

这是一种自我夸大的、需要他人赞扬且缺乏共情的心理行为模式。该障碍个体具有自我重要性的夸大感。他们高估自己的能力、夸大自己的成就，常常表现得自负和狂妄。他们可能轻率地以为别人会对他们的努力给予同样的评价，而当他们期待和感到他们应得的赞誉没有着落的时候，会感到惊讶。对自身成就膨胀的判断往往隐含着对他人贡献的低估(贬低)。自恋型人格障碍个体常常有着幻想无限的成功，权力、才华、美丽或理想爱情的先占观念。他们可能玩味外界"姗姗来迟"的钦佩和特权，与名人或有特权的人们相媲美。

（七）回避型人格障碍

这是一种社交抑制、自我感觉能力不足和对负性评价极其敏感的心理行为模式。回避型人格障碍个体因为害怕批评、否定或排斥而回避涉及显著人际接触的职业活动。可能因为新责任招致同事的批评而拒绝升迁。这些个体回避交新朋友，除非肯定自己能被喜欢并被不加批评地接受。除非该障碍个体通过严格考验证实了他们是相反的，否则他人常被认为是挑剔和批评性的。该障碍个体不会参加小组活动，除非有反复而慷慨的支持和关爱。尽管，在确认了无批评的接纳时，这些个体能够建立亲密关系，但人际的亲密对他们来说通常是困难的。因为害怕暴露、被嘲弄或被羞辱，他们在亲密关系中表现拘谨，难以论及自身。

（八）依赖型人格障碍

这是一种与过度需要他人照顾相关的顺从和依附行为的心理行为模式。依赖型人格障碍个体如果没有他人的过度的建议和保证，就难以做出日常决定(例如，上班穿什么颜色的衬衣或者是否带上雨伞)。这些障碍个体往往显得被动，并让他人(通常是某一个人)主动并承担大部分主要生活领域的责任。患有该障碍的成年人通常依赖父母或配偶来决定他们应该在哪里生活，应该拥有什么样的工作，以及与哪些邻居交好。患有该障碍的青少年可能会让父母决定他们该穿什么，该与谁交往，该如何打发空闲时间，以及该上哪所学校或大学。这种需要他人担当责任的需求超出其年龄和处境下对他人帮助的合理需求(例如，儿童、老年人和残疾人的特定需要)。依赖型人格障碍可能出现于有某种严重躯体疾病或伤残的个体，但是在这样的情况下，担当责任的困难必须超过与这种疾病或伤残有关的正常需求。

（九）强迫型人格障碍

这是一种专注于有秩序、完美以及控制的心理行为模式。强迫型人格障碍个体试图通过对规则、细节、程序、条目、日程或形式等的煞费苦心的关注，而维持一种控制感，以至于忽略了活动的主要方面。他们过于谨慎，容易重复，对细节格外注意，并反复检查可能出现的错误。这种行为带来的延误和不便常常令别人感到恼火，但他们无视该事实。例如，当此类个体把任务清单弄丢时，往往会花过多的时间寻找清单，而不是花点时间根据记忆重新制作清单，并着手去完成任务。时间分配不佳，最重要的任务往往被留到最后一刻。完美主义和自我强加的高标准造成这些障碍个体显著的功能障碍和痛苦。他们可能如此投入于任务的每一个细节、力求完美，以至于影响了任务的完成。例如，由于对那些不够完美的书面报告的无数次耗时的重写，延误了书面报告的完成。错过截止期，个人生活中不属于当前活动重点的各个方面可能陷入混乱。

二、大学生常见人格障碍的心理治疗

人格障碍一般形成于童年或少年时期，具有人格障碍的人，其内心体验背离生活常情，所以治疗起来较为困难。有关的治疗手段对行为的矫正可发挥一定的作用。目前，我国采取的主要对策是"综合治理"，即通过家庭、社会、学校的共同努力，尤其是使本人有所认识，积极配合，不懈地努力改造。心理治疗如认知疗法和行为疗法等的意义，也越来越彰显。

人格障碍患者一般不会主动求治，常常是在和环境及社会发生冲突而感到痛苦，或出现情绪、睡眠方面的症状时，非常"无奈"地到医院接受治疗。治疗者应与求助者通过深入接触建立良好的关系，帮助其认识个性缺陷，鼓励他们改变自己的行为模式，并对其出现的正向变化予以鼓励和强化。下面简要介绍几种心理治疗的方法。

（一）认知疗法

认知疗法是根据人的认知过程影响其情绪和行为的理论假设，通过认知和行为技术来改变求助者的不良认知，从而矫正适应不良行为的心理治疗方法。虽然不同的认知治疗家有各自的理论体系，使用不同的技术，但还是有着一些共同的特点。他们都认为认知过程决定行为的重要性，都认为行为和情绪的产生有赖于个体对情境所做出的评价，并认为这些评价受个体的信念、假设和思维方式等认知因素的影响。

认知疗法强调，一个人的非适应性或非功能性的心理与行为，常常是受不正确的、扭曲的认知影响而产生的。如果更改或修正其扭曲的认知，便可以矫正适应不良的行为。认知疗法在于帮助人们重新构建认知结构，重新评价自己，重建对自己的信心。认知疗法常采用认知重建、心理应激和问题解决等技术进行心理辅导和治疗，其中认知重建最为重要。这种治疗的关键在于直接改变求助者的人生哲学，在教会他们逻辑思维的同时去攻击他们的非理性观念。认知疗法除可治疗人格障碍外，还可用于治疗焦虑症、强迫症、恐惧症及有妄想倾向的人。

（二）行为疗法

行为疗法是基于现代行为科学的一种非常通用的心理治疗方法。行为疗法把治疗的着眼点放在可观察的外在行为或可以具体描述的心理状态上。它的基本认识是：异常行为与正常行为一样，都是通过学习获得的，人的行为习惯既可以通过学习获得，同样也可以通过学习而改变或消失。

行为主义认为，个体中稳定的人格是在成熟和学习过程中发展起来的，因此，在对异常行为的看法上，他们认为：适应行为是习得的，不适应行为也是习得的。同样，不适应行为也可以通过相似的学习过程被取代。根据这种观点，所有行为异常者中都没有任何病理性变化。行为疗法主要包括以下两种方法。

1. 厌恶疗法

它又称“对抗性条件反射疗法”，是应用惩罚的厌恶性刺激，以消除或减少某种适应不良行为的方法。它的一般原理是：利用回避学习的原则，把令人厌恶的刺激，如电击、语言责备等，与求助者的不良行为相结合，形成一种新的条件反射，以对抗和消除原来的不良行为。它主要适用于矫正不良行为和习惯，治疗强迫观念等。

2. 强化疗法

它又称操作条件疗法，是指系统地应用强化手段去增强某些适应行为，以减弱或消除某些不适应行为的疗法。其基础是操作学习理论，该理论认为，个体活动的结果会影响其行为在以后发生的概率，如果行为的结果是积极的，那么就会形成条件反射，这种行为在以后就会发生；如果行为结果是消极的,那么就只会产生消极作用,个体以后就不会再出现这种行为。强化疗法正是基于这一理论,在适应行为之后,给予好的刺激或去掉坏刺激,在不良行为之后,给予坏刺激或去掉好刺激,从而达到改变不良行为、建立适应行为的目的。此外,还有模仿学习疗法,主要是利用模仿学习获得新的行为,以适当的行为替代不适当行为。系统脱敏法和满灌疗法等,是比较有效治疗焦虑或恐怖情绪的方法。

人格障碍的心理治疗还包括基于弗洛伊德理论的精神分析疗法和目前较流行的个人中心疗法等,此处不再一一介绍。关于人格障碍心理治疗的上述方法效果也是有限的,对一些危害社会的行为,如反社会型人格障碍等,必要时可收容于教养机构,在出现异常应激和情绪反应如出现攻击行为时,给予必要的药物治疗。

总体而言,人格障碍的治疗应多方面配合进行,但效果终归有限,因此在幼年时期培养健全的人格尤为重要。

思政小贴士

在人格章节的课程讲授中,教师应该通过教育教学活动,培养学生的道德品质、人格修养和社会责任感。教师可以通过案例分析、讨论和互动等方式,引导学生思考和探讨个人品质的重要性,如诚实、正直、守信等,以及与他人和社会的关系。教师还可以通过引入伦理道德理论和伦理经典,帮助学生理解道德规范和价值观的形成,培养他们的道德判断力和决策能力。同时,教师应以身作则,成为学生的榜样,通过自身的言行和行为示范,引导学生树立正确的人格观念和道德观念。通过这样的课程思政实践,旨在培养学生全面发展的人格,使其具备健康的心理素质、道德情操和社会责任感,为社会和谐、进步和发展作出积极贡献。

思考题

1. 什么是气质?四种气质类型的典型特征是什么?如何正确认识人的气质?

2. 大学生有哪些常见的不良人格?是什么原因造成的?如何调节?

3. 结合实际，谈谈如何优化自己的人格。

测一测

气质类型测试①

测试说明：通过对下面60道题的回答，可以帮助你确定自己的气质类型。在回答这些问题时，你认为很符合自己情况的，记2分；比较符合自己情况的，记1分；介于符合与不符合之间的，记0分；比较不符合自己情况的，记－1分；完全不符合自己情况的，记－2分。

1. 做事力求稳妥，一般不做无把握的事。
2. 遇到可气的事就怒不可遏，想把心里话全说出来才痛快。
3. 宁可一人干事，不愿很多人在一起。
4. 到一个新环境很快就能适应。
5. 厌恶那些强烈的刺激，如尖叫、噪声、危险镜头等。
6. 和人争吵时，总是先发制人，喜欢挑剔别人。
7. 喜欢安静的环境。
8. 善于和人交往。
9. 羡慕那种善于克制自己感情的人。
10. 生活有规律，很少违反作息制度。
11. 在多数情况下情绪是乐观的。
12. 碰到陌生人觉得很拘束。
13. 遇到令人气愤的事，能很好地自我克制。
14. 做事总是有旺盛的精力。
15. 遇到问题总是举棋不定，优柔寡断。
16. 在人群中从不觉得过分拘束。
17. 情绪高昂时，觉得干什么都有趣；情绪低落时，又觉得什么都没意思。
18. 当注意力集中于一些事物时，别的事很难使我分心。
19. 理解问题总比别人快。
20. 碰到危险情景，常有一种极度恐怖感。

① 张英莉.大学生心理健康教育[M].北京：北京理工大学出版社，2019：55－57.

21. 对学习、工作怀有很高的热情。
22. 能够长时间做枯燥、单调的工作。
23. 符合兴趣的事情干起来劲头十足,否则就不想干。
24. 一点小事就能引起情绪波动。
25. 讨厌做那种需要耐心、细致的工作。
26. 与人交往不卑不亢。
27. 喜欢参加热烈的活动。
28. 爱看感情细腻、描写人物内心活动的文学作品。
29. 工作、学习时间长了,常感到厌倦。
30. 不喜欢长时间谈论一个问题,愿意实际动手干。
31. 宁愿侃侃而谈,不愿窃窃私语。
32. 别人总是说我闷闷不乐。
33. 理解问题常比别人慢些。
34. 疲倦时只要短暂休息就能精神抖擞,重新投入工作。
35. 心里有话宁愿自己想,不愿说出来。
36. 认准一个目标就希望尽快实现,不达目的,誓不罢休。
37. 学习、工作同样一段时间后,常比别人更疲倦。
38. 做事有些莽撞,常常不考虑后果。
39. 老师讲授新知识、新技术时,总希望他讲得慢些,多重复几遍。
40. 能够很快地忘记那些不愉快的事情。
41. 做作业或完成一件工作总比别人花的时间多。
42. 喜欢运动量大的剧烈体育运动,或参加各种文艺活动。
43. 不能很快地把注意力从一件事转移到另一件事上去。
44. 接受一个任务后,就希望把它迅速完成。
45. 认为墨守成规比冒风险强些。
46. 能够同时注意几件事物。
47. 当我烦闷的时候,别人很难使我高兴起来。
48. 爱看情节起伏跌宕、激动人心的小说。
49. 对工作抱认真严谨、始终一贯的态度。
50. 和周围人们的关系总是相处不好。

51. 喜欢复习学过的知识，重复做能熟练做的工作。
52. 希望做变化大、花样多的工作。
53. 小时候会背的诗歌，我似乎比别人记得清楚。
54. 别人说我“出语伤人”，可我并不觉得是这样。
55. 在体育活动中，常因反应慢而落后。
56. 反应敏捷、头脑机智。
57. 喜欢有条理而不甚麻烦的工作。
58. 兴奋的事常使我失眠。
59. 老师讲新概念常常听不懂，但是弄懂以后就很难忘记。
60. 假如工作枯燥无味，马上就会情绪低落。

【记分方法】

1. 将各题的得分填入表 5－3 内。

表 5－3　气质类型计分表

胆汁质	题号	2	6	9	14	17	21	27	31	36	38	42	48	50	54	58	总分
	得分																
多血质	题号	4	8	11	16	19	23	25	29	34	40	44	46	52	56	60	总分
	得分																
黏液质	题号	1	7	10	13	18	22	26	30	33	39	43	45	49	55	57	总分
	得分																
抑郁质	题号	3	5	12	15	20	24	28	32	35	37	41	47	51	53	59	总分
	得分																

2. 将每一种气质类型所包含的 15 道题相加得总分。

【测试结果】

如果某一种气质的得分在 20 分以上，其他三种气质的得分都很低，即为某种典型气质类型。如多血质一栏的得分为 23 分，胆汁质一栏的得分为 8 分，黏液质一栏的得分为 3 分，抑郁质一栏的得分为－10 分，那么就是典型的多血质气质类型的人。如果某一种气质的得分在 10 分以上、20 分以下，其他三种气质的得分都很低，即为某种一般气质类型。如果某两种气质或三种气质的得分很接近（相差 5 分以内），其他两种或一种气质的得分与之相差很大，即为某两种或三种混合气质类型的人。一般来说，分值越高，表明越具有该项气质类型；反之，分值越低就越不具备该项特征。

参考文献

黄希庭.心理学导论（第二版）[M].北京：人民教育出版社，2010.

格里格·津巴多.心理学与生活.王垒译[M].北京：人民邮电出版社，2014.

杜安·舒尔茨，西德尼·艾伦·舒尔茨.人格心理学：全面、科学的人性思考（原书第10版）.张登浩，李森译[M].北京：机械工业出版社，2016.

许燕.人格心理学导论[M].北京：中国人民大学出版社，2017.

张冬梅，谷丹.大学生心理健康教育[M].北京：北京邮电大学出版社，2018.

彭聃龄.普通心理学（第五版）[M].北京：北京师范大学出版社，2019.

刘孝荣，王绪忠，张鑫莉.心理健康教育[M].成都：电子科技大学出版社，2019.

江西省教育厅.大学生心理健康教育教程（第四版）[M].南昌：江西高校出版社，2019.

赵异民，杨中焕，向宇婷.大学生心理健康教育[M].成都：电子科技大学出版社，2019.

张英莉.大学生心理健康教育[M].北京：北京理工大学出版社，2019.

李锦云.大学生心理健康辅导[M].北京：北京理工大学出版社，2020.

邱乐，陈理智，胡胜利.心理健康与调适[M].长沙：湖南人民出版社，2020.

王祖莉，简洁.大学生心理健康教育[M].北京：北京理工大学出版社，2021.

董朝燕.大学生心理健康教育[M].北京：新华出版社，2021.

张萍，彭德珍，于婷.大学生心理健康教育[M].重庆：重庆大学出版社，2022.

汪向东，王希林，马弘等.心理卫生评定量表手册[M].北京：中国心理卫生杂志社，1999.

李金德.中国版10项目大五人格量表（TIPI－C）的信效度检验[J].中国健康心理学杂志，2013，21(11).

推荐阅读

《人格心理学导论》(许燕著,中国人民大学出版社,2017.)

推荐影片

1.《致命 ID》

2.《三面夏娃》

第六章 CHAPTER 6 >>>>

情绪之舞：大学生情绪管理艺术

案例导入

小明是一名大学生，在学业上面临着巨大的压力，这对他的心理健康造成了负面影响。小明来自一个普通家庭，父母对他的期望很高，希望他能够取得优异的成绩。从小到大，小明一直是班级里的佼佼者，学习成绩一直名列前茅。

在大一时，小明努力适应新的学习环境和要求，但他发现，随着课程内容更加复杂，学习负担很重。他开始感到困惑和焦虑，对自己的能力产生了怀疑。尽管他付出了很多努力，但成绩并没有像他预期的那样优秀。这让他感到失望和沮丧，开始担心自己是否能够达到父母的期望。随着时间的推移，小明的学业压力逐渐积累。每天都面临着大量的课业任务，感觉时间不够用。经常熬夜学习，甚至牺牲了自己的休息和娱乐时间。这导致他的睡眠质量下降，精神状态疲惫不堪。除了学业压力，小明还感到与同学之间的竞争激烈。他看到一些同学取得了出色的成绩和荣誉，这让他感到自卑和不安。他开始怀疑自己的能力和价值，害怕被人看作失败者。小明的情绪也在一定程度上受到影响，经常感到焦虑和紧张，情绪波动大。有时会陷入情绪低谷，感到无助和沮丧。他开始变得易怒，对身边的人发脾气，甚至对自己产生了自我怀疑和否定的想法。

面对这些困扰，小明开始意识到他需要寻求帮助和采取措施来管理自己的情绪和应对学业压力。他决定寻求心理咨询的支持，学习一些情绪管理应对技巧，以改善自己的心理健康和学业表现。

小明遇到了什么问题？我们如何帮助他走出来？

我们的生活充满着情绪，有时欣喜若狂，有时焦虑不安，有时孤独恐惧，有时满腔怒火，有时悲痛欲绝，有时舒适愉快等，这些使我们时而阳光灿烂，时而阴云密布，时而晦涩呆板，形成了一个纷繁复杂的心理世界。情绪是一个极其复杂的心理现象，有独特的心理过程，包括生理唤醒、主观体验和外部表现等。情绪最能表达人的内心状态，可以说它是人的心理状态的晴雨表。个体情绪的变化伴随着个体心理活动过程产生，它的起伏和变化是有原因的。心理学研究显示，情绪成熟的人，在各个领域都占有优势，对生活的满意度也较高。但在现实生活中人们要做到情绪稳定并不是一件容易的事，特别是处在青春发育后期的大学生而言。

第一节　情绪概述

一、什么是情绪

一般认为，情绪是以主体的愿望和需要为中介的一种心理活动。当客观事物或情境符合主体的愿望和需要时，就能引起积极的、肯定的情绪。例如，渴求知识的人得到了一本好书会感到满意；生活中遇到知己会感到欣慰；看到助人为乐的行为会产生敬慕；找到志同道合的伴侣会感到幸福等。当客观事物或情境不符合主体的愿望和需要时，就会引起消极、否定的情绪，如失去亲人会引起悲痛，无端遭到攻击会引起愤怒，工作失误会引起内疚和苦恼等。由此可见，情绪是个体与环境之间某种关系的维持或改变。情绪是一种混合的心理现象。它由独特的主观体验、外部表现和生理唤醒三种成分组成。

主观体验是个体对不同情绪状态的自我感受。每种情绪有不同的主观体验，它们代表了人的不同感受，如快乐还是痛苦等，构成了情绪的心理内容。情绪体验是一种主观感受,很难确定引起情绪体验的客观刺激是什么,且不同人对同一刺激也可能产生不同的情绪。因此,情绪体验的研究一般采用自我报告的方法,即被试根据自己的感受描述在某种情境下所产生的情绪。

外部表现通常被称为表情。它是在情绪产生时身体各部分的动作量化形式,包括面部表情、姿态表情和语调表情。面部表情是所有面部肌肉变化组成的模式,如高兴时额眉平展、面颊上提、嘴角上翘。面部表情能精细地表达不同性质的情绪,因此是鉴别情绪的主要标志。姿态表情是指面部以外的身体其他部分的表情动作,包括手势、身体姿势等,如人在痛苦时捶胸顿足,愤怒时摩拳擦掌等。语调也是表达情绪的一种重要形式。语调表情是通过言语的声调、节奏和速度等方面的变化来表达的,如高兴时语调高昂,语速快;痛苦时语调低沉,语速慢。

生理唤醒是指情绪产生的生理反应。它涉及广泛的神经结构,如中枢神经系统的脑干、中央灰质、丘脑、杏仁核、下丘脑、蓝斑、松果体、前额皮层,及外周神经系统和内、外分泌腺等。生理唤醒是一种生理的激活水平。不同情绪的唤醒是不一样的,如满意、愉快时心跳节律正常;恐惧或暴怒时心跳加速、血压升高、呼吸频率增加,甚至出现间歇或停顿;痛苦时血管容积缩小等。

二、情绪的功能

(一) 适应功能

有机体在生存和发展的过程中,有多种适应方式。情绪是有机体适应生存和发展的一种重要方式。例如,动物遇到危险时出现害怕的呼救,就是动物求生的一种手段。情绪是人类早期赖以生存的手段。婴儿出生时,不具备独立的生存能力和言语交际能力,这时主要依赖情绪来传递信息,与成人进行交流,得到成人的抚养。成人也正是通过婴儿的情绪反应,及时为婴儿提供各种生活条件。在成人的生活中,情绪与人的基本适应行为有关,包括攻击行为、躲避行为、寻求舒适行为、帮助别人行为和生殖行为等。这些行为有助于人的生存及成功地适应周围环境。

(二) 动机功能

情绪是动机的源泉之一,是动机系统的一个基本成分。它能激励人的各种活动，提高人的活动效率。适度的情绪兴奋，可以使身心处于活动的最佳状态，推动人们有效地完成任务。研究表明，适度的紧张和焦虑能促使人积极地思考和解决问题。赫布认为，唤醒水平和绩效之间存在着倒U形曲线的关系。换句话说，太低或太高的唤醒水平都会降低工作效率。同时，情绪对于生理内驱力也具有放大信号的作用，成为驱使人的行为的强大动力。例如，人在缺氧的情况下，就会产生补充氧气的生理需要，这种生理驱力可能没有足够的力量去激发行为，但在这种极端情况下，人的恐慌感和急迫感会增强内驱力，成为行为的强大动力。

（三）组织功能

情绪的组织作用是指情绪对其他心理过程的影响。情绪心理学家认为，情绪作为脑内的一个检测系统，对其他心理活动具有组织的作用。这种作用表现为积极情绪的协调作用和消极情绪的破坏、瓦解作用。中等强度的愉快情绪有利于增强认知活动的效果，而消极情绪如恐惧、痛苦等会对认知活动产生负面影响。消极情绪的激活水平越高，认知活动的效果越差。

（四）信号功能

情绪在人与人之间具有传递信息、沟通思想的功能。这种功能是通过情绪的外部表现即表情来实现的。表情是思想的信号，在许多场合，人们只能通过表情来传递信息，如用微笑表示赞赏，用点头表示默认。表情也是言语交流的重要补充，如手势、语调等能使言语信息表达得更加明确。从信息交流的发生上看，表情的交流比言语交流要早得多，如在前言语阶段，婴儿与成人相互交流的唯一手段就是表情，情绪的适应功能也正是通过信号交流的作用来实现的。

拓展阅读

祥林嫂效应

鲁迅的小说《祝福》描述了祥林嫂的悲惨一生，令人唏嘘。祥林嫂两次守寡，再失幼子，孤苦伶仃，被人视为“不祥之人”。在失去孩子阿毛后，她精神崩溃，见人就诉说自己的不幸。之后，鲁镇的居民把祥林嫂的悲剧当作有趣的故事来欣赏，远离她、欺负她，最终祥林嫂孤独地死去。鲁迅通过祥林嫂的悲剧来揭示当时国民的人性冷漠。

我们现在所说的“祥林嫂效应”并非对祥林嫂的人格评价，而是指负面情绪的重复性表达对他人所产生的回避效应。也就是说，当一个人不停地对他人诉说自己的不幸时，消极情绪就会传递给他人，从而消耗他人的心理能量，导致他人的远离。因此，个体的情绪管理需要处理好自己的负面情绪，适度控制消极情绪的传染。

［资料来源：许燕.人格心理学导论［M］.北京：中国人民大学出版社，2017：18－19.］

三、情绪的分类

（一）情绪的几种分类

情绪可以分为基本情绪与复合情绪、积极情绪与消极情绪。

1. 基本情绪与复合情绪

从生物进化的角度看，人的情绪可分为基本情绪和复合情绪。基本情绪是人与动物所共有的，在发生上有着共同的原型或模式，是先天的、不学而能的。每一种基本情绪都具有独立的神经生理机制、内部体验和外部表现，并有不同的适应功能。复合情绪则是由基本情绪的不同组合派生出来的。也就是说，复合情绪是由两种以上的基本情绪组合而形成的情绪复合体。

普拉切克(R. Plutchik)根据自己的研究，提出了恐惧、惊讶、悲伤、厌恶、愤怒、期待、快乐和接受八种基本情绪，每种基本情绪都可以根据强度上的变化而细分。例如，强度高的愤怒是狂怒，强度很低的愤怒可能是生气。一种基本情绪可与相邻情绪混合产生某种复合情绪，也可能与相距较远的情绪混合产生某种复合情绪，其结合模式如图 6－1。通过这张图我们可以看出，一种基本情绪能与较远距离的另一种基本情绪产生其他混合情绪，每一对相邻的情绪都会产生第三种更复杂的混合情绪。例如，一个偷吃饼干的 5 岁的孩子，可能同时体验到快乐和害怕，或许还会产生内疚。再如，妒忌可能是一种爱、愤怒和害怕混合而成的复杂情绪。这就是普拉切克思想的独到之处，也是他提出的关于基本情绪混合后组成复杂情绪的学说。

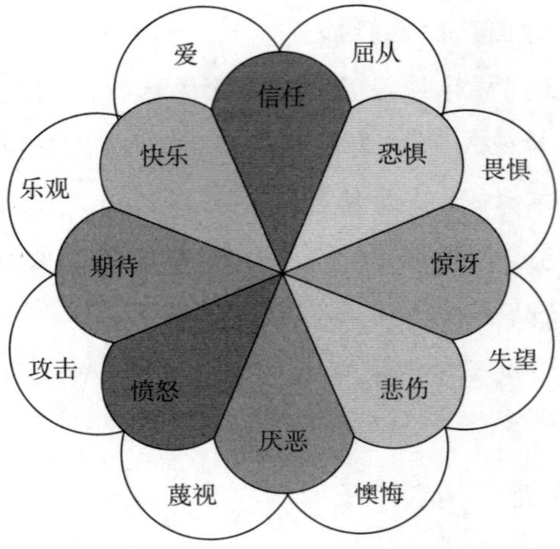

图 6-1　普拉切克情绪组合模式

[图片来源:彭聃龄.普通心理学(第五版)[M].北京:北京师范大学出版社,2019:375.]

我国古代思想家对基本情绪的种类早有各种说法。其中"七情"说大概是流传最广的,所谓"喜、怒、哀、惧、爱、恶、欲",出自《礼记·礼运》。林传鼎从《说文》中,找出 939 个正篆字,发现其中有 35 个字是描述人的情绪的,并按它们的意思分为 18 类,即安静、喜悦、恨怒、哀怜、悲痛、忧愁、忿急、烦闷、恐惧、惊骇、恭敬、抚爱、憎恶、贪欲、嫉妒、傲慢、惭愧、耻辱。孟昭兰从情绪的发生角度,认为人类婴儿有六种基本情绪:快乐、兴趣、厌恶、恐惧、痛苦(悲伤)和愤怒。基本情绪随着个体的成熟而出现,它们的出现有时间的顺序,但个体显现的时间是有差异的。谢弗等选取了 135 个情绪词,让大学生被试将其中类似的情绪划归为一类,结果发现了六种基本的情绪类别,分别是爱、喜悦、惊奇、愤怒、悲伤和恐惧,其他的情绪皆可根据其含义和性质划归为这六种基本情绪中的一种。

2. 积极情绪与消极情绪

情绪还可以分为两类,一类是积极情绪,另一类是消极情绪。积极情绪是与接近行为相伴随产生的情绪,而消极情绪是与回避行为相伴随产生的情绪。

(1) 积极情绪。有人认为积极情绪是当事情进展顺利时的那种好的感受。也有人认为,积极情绪是因意外得到奖赏或在目标实现过程中取得进步时产生的感受。还有人认为,积极情绪与某种需要的满足相联系,通常伴随愉悦的主观体验,并能提高人的积极性和活动能力。积极情绪包括快乐、兴趣、满足和爱等。

一般认为,积极情绪有三个重要的适应功能,即支持应对、缓解压力、恢复被压力消耗的资源。弗瑞迪克森认为,积极情绪能拓宽注意范围,增强行动效能,帮助机体获得各种社会资源。积极情绪还能明显影响思维过程,促进个体高效率地思考和解决问题。也就是说,积极情绪对个体认知有组织功能。积极情绪还对人的社会行为有积极作用,如改善人际关系和社会关系等。

拓展阅读

作为正向资源的积极情绪

积极情绪不仅指感到幸福,还包括喜悦、快乐、兴奋、惊喜、高兴、兴趣、乐趣、骄傲、爱、期望、惊叹、惊讶、满足、享受,当然还包括幸福感。感受到积极的情感有益于身心健康,它不仅能让我们产生良好的感觉,还有助于个人成长和发展。

以下事情最有可能给我们带来即时快乐和乐趣。吃饭、社交活动、性爱、健身和体育运动、酒精及其他药物、运用技能、音乐及所有艺术形式、好天气、良好的环境、休息和放松。

当我们感到喜悦、快乐或产生任何积极情绪时,它们会存于我们的记忆库。我们依赖这个关键性资源,从过往经历中描绘出积极情绪,为当前生活提供帮助。如果这种快乐或情绪能再次出现,那么你在找寻它们的过程中就能成长与发展,或者你能利用快乐情绪拓展现有的经验。当快乐的人感觉良好时,其更可能尝试新的活动和目标,能从过去的活动中获得更多技能与资源。当你感到快乐时,你更能对环境做出回应,建立更多资源,进而增强自我信念和能力,进一步付诸行动,产生积极情绪。

想要发展,至少要让积极情绪比消极情绪多 3 倍,确切说是 2.9 倍。低于此数字效果就不太明显。这个比例是个临界值。积极情绪仅比消极情绪多一点是没用的，只有大于2.9倍才会让人获得成长。这不是说我们可以或尝试始终保持良好的感觉，3∶1的比例给消极情绪预留了空间，科学家发现，一旦该比例达到11∶1，发展便会中止。

现实生活是多种情感的混合体，努力做到让自己感觉良好的频率是感到沮丧的频率的3倍甚至更大，并渐渐习惯于此。

［资料来源：夏洛特·斯泰尔著.向好而生：积极心理学的10大发现［M］.丁敏译.北京：人民邮电出版社，2020：26.］

（2）消极情绪。消极情绪是指生活事件对人的心理产生的负面影响，如痛苦、悲伤、愤怒、恐惧等。适度的消极情绪有时是有益的。例如，在适度的焦虑情绪下，大脑和神经系统的张力增加，思考能力亢进，反应速度加快，因而能提高工作和学习效率。但是，过于强烈和持久的消极情绪则对人的健康和社会适应有害。它能抑制大脑皮层的高级心智活动，如推理、辨别，使人的认识范围缩小，不能正确评价自己行动的意义及后果，自制力降低，引起正常行为的瓦解，并使工作和学习效率降低。如果消极情绪长期存在，而个人的心理适应力又差，不能及时疏导、缓解，还可能会引起心理疾病。

（二）情绪状态和分类

情绪状态是个体在情绪过程中显现出的身体变化及自觉或不自觉的意识状态，具有持续性、外显性、情境性和个体性等特点。情绪状态有以下表现形式。

1. 心境

心境是指人比较平静而持久的情绪状态。心境具有弥漫性，它不是关于某一事物的特定体验，而是以同样的态度体验对待一切事物。心境的持续时间有很大差别，可能持续几小时，可能持续几周、几个月或更长的时间。一种心境的持续时间依赖于引起心境的客观刺激的性质，如当某人取得了重大成就（如高考被录取、实验获得成功、作品初次问世等），在一段时间内会使他处于积极、愉快的心境中。人格特征也能影响心境的持续时间，同一事件对某些人的心境影响较小，而对另一些人的心境影响则较大。性格开朗的人往往心胸开阔，而性格内向的人则容易耿耿于怀。

拓展阅读

黑色星期一

人的心境跟生物节律有密切关系。当体温处于一天中的较低值时，人往往感到情绪"低落"；当体温处于一天中的高峰时，即使你一夜没睡觉，也可能有一个积极的心境。研究表明，对于那些按照正常工作日上班或上学的人来说，星期一是他们心境的最低点，因此他们往往将星期一称为"黑色星期一"。与周末相比，人们在每周工作日的心境的确要差一些。人的心境表现出以七天为周期的起伏现象。对于大多数学生来说，情绪最低点在星期一或者星期二，而最高点在星期五或星期六。换言之，心境的变化与一周的作息表有关。

［资料来源：黄小梅.大学生心理健康教育［M］.北京：人民邮电出版社，2014：104－105.］

2. 激情

激情是一种强烈的、爆发性的、为时短促的情绪状态。这种情绪状态通常是由对个人有重大意义的事件引起的。重大成功之后的狂喜、惨遭失败后的绝望、亲人突然离世引起的极度悲伤、突如其来的危险带来的异常恐惧等，都是激情状态。激情往往伴随着生理变化和明显的外部行为表现。例如，盛怒时全身肌肉紧张，双目怒视，怒发冲冠，咬牙切齿，紧握双拳等；狂喜时眉开眼笑，手舞足蹈；极度恐惧、悲痛和愤怒可能导致精神衰竭、晕倒、发呆，甚至出现所谓的激情休克现象，有时还表现为过度兴奋、言语紊乱、动作失调。

3. 应激

应激是指人对某种意外的环境刺激所做出的适应性反应。例如，人们遇到某种意外危险或面临某种突然事变时，必须集中自己的智慧和经验，动员自己的全部力量，迅速做出选择，采取有效行动，此时人的身心处于高度紧张的状态，就是应激。例如，在飞行中，飞机的发动机突然发生故障，驾驶员紧急与地面联系着陆；正常行驶的汽车意外地发生故障时，司机紧急刹车；战士排除定时炸弹时的紧张而又小心的行为等。在这些情况下，人们所产生的紧张情绪体验，就是应激。应激的产生与人面临的情境及人对自己能力的估计有关。当情境对一个人提出了要求,而他意识到自己无力应对当前情境的过高要求时,就会体验到紧张而处于应激。

（三）情感及其分类

情感是人对具有一定文化价值的东西(如道德、学问、艺术等)所怀有的带有理性的深沉情感,包括道德感、理智感和美感等。情感受个人的生活经验、受教育水平、社会生活条件等因素的制约,是构成个人价值观和品行的重要因素。

1. 道德感

通俗地说,道德就是做人的规矩。道德不仅是调整人们关系的行为规范,同时又是评价人们行为善恶的标准。道德感则是人根据道德规范来评价社会现象时所体验到的情感。例如,人们对忘我奉献精神的钦佩,对遭遇不幸者的同情,对自己过失行为的羞愧,对家庭的爱等等,都属于道德感。在不同的历史时代、社会制度及阶级阶层中,道德标准是不同的,所以道德感总是受社会历史生活条件的制约。

道德感总是和道德评价密切联系在一起。但是,道德感并非一个纯知识的问题,它不仅要求人们从道理上懂得什么是好,什么是坏,什么是道德,什么是不道德,更重要的是在行动中自觉地遵守所掌握的道德规范。只有人根据已掌握的道德规范来评价社会现象时所体验到的情感,才是这个人真实的道德感。

2. 理智感

理智感是人在获取知识的活动中所产生的情感。它与人的求知欲、认识兴趣、解决问题的需要相联系。人在认识过程中,当有新的发现时会产生愉快或喜悦的情感;在遇到与某种规律相矛盾的事实时,会产生疑惑或惊讶的情感;在不能做出判断、犹豫不决时会产生疑虑的情感;在做出判断而又感到论据不充分时会产生不安的情感。上述这些情感都属于理智感。理智感是在认识过程中产生和发展起来的。它又反过来推动着人的认识进一步深入,成为认识世界和改造世界的一种动力。

3. 美感

美感是人在欣赏自然景物和文学艺术时所体验到的崇高、优美的情感。美感与道德感一样,是受社会生活条件制约的。在不同的社会历史发展阶段,不同的社会制度、不同的风俗习惯和不同的阶层中,人们的审美标准是不同的,因而对各种事物的美的感受也不同。美感的成分非常复杂。但从主观体验来看,它具有两个明显的特点。其一,美感是一种愉悦的体验。大自然的美景使人心旷神怡,高尚的行为使人在震惊中享受美的愉悦,喜剧艺术使人在笑声中享受美的欢乐,悲剧艺术使人在悲哀、痛苦以至流泪的同时享受着美的愉悦。其二,美感是一种倾向性的体验。美感的愉悦,表现为人对于美好事物的肯定,促使人一而再、再而三地去欣赏它,对它感到迷恋,而对丑的事物则产生强烈的反感。

第二节　大学生的情绪特点及常见的情绪困扰

一、大学生的情绪特点

人们的情绪经历着从简单到丰富,从不成熟到成熟的发展过程。每个发展阶段都有各自的特点。大学时期是青年人心理成熟的重要时期,也是情绪丰富复杂、稳定与波动共存的时期。因其所处特定年龄阶段的影响,大学生的情绪带有鲜明的特征,具体表现在以下几方面。

(一)丰富性与复杂性

随着大学生自我意识的不断发展,各种新的需要强度不断增加,其情绪也日益丰富。例如从自我意识的发展来看,大学生表现出较多的自我体验,自我尊重的需要十分强烈,易产生自卑、自负等情绪体验;在学习活动中有强烈的求知欲、好奇心,热爱科学和真理,憎恨迷信和谬误;大学生对祖国、社会和集体有着深厚的情感,他们有强烈的民族自豪感和自尊感,有“天下兴亡,匹夫有责”的责任感、义务感,疾恶如仇,喜恶分明,正义感鲜明;大学生对纯洁的友谊和爱情十分向往,还积极在发现美、欣赏美、创造美的活动中体验到美的感受;等等。其次,这些丰富的情感在表现形式上复杂多样,呈现出外显和闭锁、克制和冲动交错的特征。

(二)稳定性与波动性

大学生普遍具有较高的智力水平和知识素养,加上社会和自我的高要求、高期望,因而在日常生活和活动中,具有一定的自我控制情绪的能力,一般能用理智约束冲动,对不良情绪进行自我调适,从总体上看来,大学生的情绪和情感是比较稳定的。但是，大学生的情绪仍受不稳定因素的影响，突出表现在情绪经常在两极之间起伏、动荡：时而平静，时而激动；时而积极，时而消极；时而肯定，时而否定；时而外显，时而内隐，呈现出波动性的特征。这种波动性是由大学生在生理、心理和社会性三方面发展的特点决定的。

（三）阶段性与层次性

由于大学不同的年级在培养目标和培养重点上有所不同，教育方法和课程设置也有差异，各个年级面临的问题也不同，致使大学生的情绪特点也不同，呈现出阶段性、层次性。大学新生面临的是环境适应、学习方法的改变、新交往对象的熟悉以及新的目标确立等问题。因此新生往往自豪感和自卑感混杂，放松感和压力感并存，新鲜感和恋旧感交替，情绪波动大。而到了大学二年级，经过了一年的适应，学生能够融入大学校园生活，情绪较为稳定。毕业班学生面临毕业论文及择业等多方面的重大问题，压力大、情绪波动大，消极情绪相对较大。不过，即便是同年级的学生，由于社会、家庭及自身要求、期望不同，能力、心理素质有差别，也会表现出情绪状态和层次上的差别。

（四）外显性和内隐性

大学生对外界刺激反应迅速敏感，喜、怒、哀、乐常形于色，比起成年人比较外露和直接。但随着自制力的逐渐增强，以及思维独立性和自尊心的发展，他们情绪的外在表现和内心体验并不总是一致的，在某些场合和特定问题上，有些学生会掩饰、隐藏或抑制自己的真实情感，表现出内隐、含蓄的特点。如对学习、交友、恋爱和择业等具体问题，他们往往深藏不露，具有很大的内隐性。

二、大学生常见的情绪困扰

研究发现，近十年来我国大学生心理健康问题检出率由高到低分别为：睡眠问题 23.5%，抑郁 20.8%，自我伤害 16.2%，焦虑 13.7%，自杀意念 10.8%，躯体化 4.5%，自杀未遂 2.7%。据此可以看出，相较于外化问题，我国大学生的内化问题，尤其是睡眠问题和情绪问题非常严重。这一方面是因为大学生内心敏感、丰富，情绪起伏大、变化快，加之情绪调节能力未发展至最佳水平，所以容易产生各种内在心理困扰。另一方面，大学生正处在由青春期向成年期过渡的关键时期，不仅需要“向内”探索、建立自我认同感，而且还需要面对日趋激烈的外部竞争，因而容易产生过大的心理压力，陷入“精神亚健康”状态，出现失眠、焦虑、抑郁等各种心理状态，严重情况下还会产生自伤、自杀等极端负性行为。大学生常见的情绪困扰主要表现为以下几种：

（一）焦虑

焦虑是一种预料到威胁性刺激而又无能力去应付的痛苦反应，是面对冲突和挫折而产生的不愉快情绪体验。大学生焦虑的表现是怀疑自己的能力，夸大自己的失败，经常疑惑忧虑，惶惶然不知所措；怨天尤人，自忧自怜，闷闷不乐，脾气古怪，经常处于一种无缘由的紧张恐惧状态。外部特征主要是面部紧绷，愁眉深锁，行动刻板，无法安静，两手常做无意识的小动作等。大学生的焦虑有各种各样的表现，引起焦虑的原因也各不相同，主要原因是在学习、工作、人际交往方面遇到的挫折。

一般而言，适度的焦虑在现实生活中是正常的、自然的、有益的，能激励人们克服困难，战胜挫折，危险来临时有较充分的心理准备，能提高人的工作效率和积极性。但过度和持续过久的焦虑则可能导致焦虑症的产生。

（二）抑郁

抑郁是一种持续时间较长的低落、消沉的情绪体验，常常与苦闷、不满、烦恼、忧愁等情绪交织在一起，一般表现为情绪低落、心境悲哀，甚至会出现对生活的无望感和强烈的无助感。在大学生中有抑郁情绪的不计其数，究其原因，主要是受到了一些负性生活事件的影响，比如学习成绩落后、失恋、人际关系紧张等。一般这样的学生情绪都比较低落、不稳定，做事情没有兴致，时间长了，就造成情绪积聚，对学习、生活产生不良影响，严重的则会患上抑郁症，如果没有找到正常的释放渠道，就会像茫茫大海中没有航向的小船，偏离正确的方向，如沉迷于网络游戏等。

（三）愤怒

愤怒是由于客观事物与人的主观愿望相违背，或因愿望无法实现时，人们内心产生的一种激烈的情绪反应。心理学研究表明，当愤怒发生时，可能导致人心跳加快、心律失常、高血压等躯体性疾病，同时还会使人的自制力减弱甚至丧失，思维受阻，行为冲动，干出一些事后后悔不已的蠢事，造成不可挽回的损失。

愤怒是学生常见的一种消极情绪，处于精力充沛、血气方刚的青年时期的学生，在情绪情感发展上往往好激动、易动怒。如有的学生因一句刺耳的话或一件不顺心的小事而暴跳如雷；有的因人际协调受阻而怒不可遏、恶语伤人；有的因别人的观点或意见与自己相左而恼羞成怒；有的因暂时的挫折或失败而悲观失望，痛不欲生。如此种种，遇事缺乏冷静分析与思考，图一时之快、逞一时之勇的好激动、易动怒，在一些学生身上时有体现。这种情绪对学生的影响是极其不利的，愤怒是以愚蠢开始，以后悔结束。

（四）嫉妒

嫉妒是一种主体感到不如别人而又不愿承认、不能容忍，导致猜疑、焦虑、憎恶、敌意、怨恨的情绪体验。大学生嫉妒情绪的主要表现是无法容忍他人的优点和进步，对人品好、学习棒、能力强的同学不承认也不服气，非要与其比高低、分上下、争输赢。难以如愿时就多方诋毁别人的名誉和成绩，以发现别人的缺陷、看到别人的失败为快慰。对要求进步或有可能超过自己的同学冷嘲热讽，有的则公开对方的私人秘密。有时为了压倒对方，还会为一点小事向对方寻衅等等。

大学生嫉妒情绪产生的主要原因是当事人不自信、缺乏自知之明，既看不到自身的不足，又不愿承认别人比自己强，同时又没有把握赶上别人。这种心理矛盾反映在情绪上，就产生嫉妒。此外，那些自尊心和优越感比较强的大学生，在他们认为被别人“不公正”地低估、评价时，在他们感到属于自己的东西（人或物）存在着被别人夺去的可能时，往往也会产生强烈的嫉妒心。大学生的嫉妒情绪是可以转化的。若正视自己的弱点，承认别人的长处而自我升华，则可以奋起直追，赶超他人；若任嫉妒情绪发展蔓延，则可能咬牙切齿，愤愤不平，或消极沉沦，一蹶不振，或铤而走险，恶意报复，给自己和他人带来损害。

（五）冷漠

冷漠是一种对周围的人或事无动于衷、漠不关心、置之不理的情绪体验，是个体对挫折的一种退缩式反应。一般而言，青年大学生血气方刚，情感丰富，富于激情，但也有少数大学生情绪冷漠。具体表现是不关心国家大事，不关心他人痛痒，对自己的进步、人生的价值、国家的前途等漠然置之；意志衰退，丧失了生活的乐趣；对周围发生的一切感到无动于衷，索然无味，安于现状，心灰意冷，缺乏进取精神，得过且过，终日随波逐流混日子等等。引起大学生情绪冷漠的主要原因是当事人对战胜挫折、克服困难自感无能为力，因而失去信心和勇气，对原先追求的目标逐渐失去兴趣以致无动于衷、甘心退让，表现出漠不关心的麻木冷漠。此外，缺乏家庭温暖，缺乏安全、信任、受尊重的社会环境，也会造成部分大学生性格孤僻，情绪冷漠麻木的进步。

随着时代和社会的发展，许多传统观念发生了巨大变化，对大学生产生了强大的压力和冲击，造成他们的心理不平衡和诸多矛盾。出现种种异常情绪是不足为奇的，这也正是大学生的情绪趋于成熟稳定的必然过程。问题不在于出现了多少种异常情绪，而在于对这些异常情绪的自觉控制和积极调节。情绪控制和调节得当，将能促进大学生的心理健康协调发展。

第三节　情绪调节策略及调适方法

良好的情绪调节能促进身心健康，而情绪失调则不利于身心健康。例如，长期压抑悲伤和哭泣容易引起呼吸系统的疾病，抑制情绪容易引起癌症，不表达情绪会加速癌症的恶化，压抑愤怒与心血管疾病、高血压的发病率也有着密切联系。因此，探讨情绪调节对身心健康有着重要意义。

一、情绪调节策略

情绪的生理调节是以一定的生理过程为基础的，调节过程中存在着相应的生理反应模式。生理唤醒是典型的情绪生理反应，如心率、血压、瞳孔大小、神经内分泌的变化、皮下动静脉联结处的血管收缩等都是常用的生理指标。徐景波等人的研究发现，积极情绪被诱发后，心率变化不明显；消极情绪被诱发后，心率显著加快。格罗斯等人的研究发现，厌恶受到抑制引起躯体活动，心率下降，眼动，皮肤电反应，呼吸间隔指标上升；悲伤受到抑制引起躯体活动下降，心率没有变化，心血管系统的交感神经激活水平和呼吸等明显上升；快乐受到抑制引起躯体活动、心率、皮肤电水平等明显下降，呼吸没有变化。情绪生理成分的调节是系统性的，这种调节将改变处于高唤醒水平的烦恼和痛苦的感受。

当情绪体验过于强烈时，个体会有意识地进行调整。不同情绪体验有着不同的情绪调节过程，可采用不同的策略。萨尔利发现，在愤怒时人们采取问题解决的策略；在悲伤时人们采取寻求帮助的策略；在伤感时人们采取回避的策略。格罗斯等人发现,忽视可以比较有效地降低厌恶感,抑制快乐的表情可以降低快乐的感受等。

行为调节是个体通过控制和改变自己的表情和行为来实现的。在日常生活中,人们主要采用两种调节方式:一是抑制和掩盖不适当的表情;二是呈现适当的交流信号,如一个人在向他人表示请求时,即使感到失望或愤怒,也要管理或控制好自己的情绪,以免影响信息的表达和交流。行为调节也可以对情绪体验产生影响。莱尔德发现,表达快乐和愤怒时的脸部肌肉使个体产生相应的体验。孙绍邦、孟昭兰也发现,愤怒的表情和活动可以增强愤怒的情绪体验。

拓展阅读

情 商

情商(emotional intelligence quotient,EQ)是"情绪商数"的简称,它代表了一个人的情绪智力(emotional intelligence)的指数。第一个使用EQ这个概念的人是巴昂(Baron),他在1988年编制了一份测量EQ的问卷(EQ-i)。根据他的定义,EQ包括了能影响人们适应环境的情绪及社交能力。

让EQ一词走出心理学的学术圈子,成为人们日常生活的用语,是戈尔曼在1995年出版的《情绪智力》一书的贡献,该书登上了世界各国的畅销书排行榜,在全世界掀起了一股EQ热。戈尔曼认为情商是个体的重要生存能力,是一种发掘情感潜能、运用情感能力影响生活各个层面和人生未来的关键品质。他认为,在个体成功的要素中,智力因素是重要的,但更为重要的是情感因素。戈尔曼发现,一个人的EQ对他在职场的表现有着非常重要的影响。一个针对全美前500大企业员工所做的调查发现,不论哪种产业,一个人的IQ和EQ对他在工作上成功的贡献为1∶2。也就是说,对于工作成就而言,EQ的影响是IQ的两倍,职位越高,EQ对工作表现的影响越大。对于涉及人际交往相对较多的工作来说,如营销业务以及客户服务等,EQ的影响更明显。

戈尔曼针对职场的工作表现,提出了工作EQ的架构。经过不断测试和修正,目前戈尔曼的工作EQ内容共有4大项、18小项。

1. 自我觉察

(1) 意识到自己情绪的变化:解读自己的情绪,认识情绪的影响。

(2) 精确地自我评估:了解自己的优点以及不足之处。

(3) 自信:掌控自身的价值及能力。

2. 自我管理

(4) 情绪自制力:能够克制冲动及矛盾的情绪。

(5) 坦诚:表现出诚实及正直,值得信赖。

(6) 适应力:弹性强,可以适应变动的环境或克服障碍。

(7) 成就动机:具备提升能力的强烈动机,追求卓越的表现。

(8) 冲劲:随时准备采取行动,抓住机会。

3. 社交察觉

(9) 同理心:感受到其他人的情绪,了解别人的观点,积极关心他人。

(10) 团体意识:解读团体中的趋势、决策网络及政治运作。

(11) 服务:感知到客户及其他服务对象的需求,并有能力加以满足。

4. 人际关系管理

(12) 领导能力:以独到的愿景来引导及激励他人。

(13) 影响力:能说服他人接受自己的想法。

(14) 发展其他人的能力:通过回馈及教导,来提升别人的能力。

(15) 引发改变:能激发新的做法。

(16) 冲突管理:减少相佐意见,协调出共识的能力。

(17) 建立联系:培养及维持人脉。

(18) 团队能力:与他人合作的能力;懂得团队运作模式。

如果一个人在这18项EQ能力中占有5—6项,而且能平均分布在4个大项中,那么他的EQ能力就很突出了,他在职场上的表现也会很好。

要测量工作EQ,目前使用比较广泛的量表是情绪胜任力问卷(emotional competence inventory,ECI),总共有110道题目。该问卷收集资料的方法也很特别,不仅要问当事人,也要问他的上司、下属和同事,这样做会使结果更加客观和准确。

[资料来源:彭聃龄.普通心理学(第五版)[M].北京:北京师范大学出版社,2019:435-436.]

道奇(K. Dodge)等人认为,情绪系统和认知系统是信息加工过程中的两个子系统,情绪可以是信息加工过程的启动状态,也可以是信息加工的背景。道奇等人进一步提出,良好的认知调节包含以下步骤:通过知觉或再认唤醒需要调节的情绪;解释情绪唤醒的原因和认识改变情绪的方式与途径;做出改变情绪的决定和设定目标;产生适当的个体力所能及的调节反应;对反应进行一定的评价,尤其是评价这些反应是否达到目标;将调节付诸实践。

人际调节属于社会调节或外部环境的调节。在人际调节中,个体的动机状态、社会信号、自然环境、记忆等因素都起重要作用。坎培斯等人认为,个体的动机状态,主要指个体正在追求的目标。如果外部事件与个体追求的目标有关,那么这些事件就可能引起个体的情绪。在社会信号中,他人的情绪信号,尤其是与个体关系密切的人(如母亲、教师、朋友等)发出的情绪信号对情绪调节有较大的作用。情绪调节的具体策略如下:

(一) 回避和接近策略

回避和接近策略也叫情境选择策略,是通过选择有利情境、回避不利情境来实现的。这是情绪调节的一种常用策略,在面临冲突、愤怒、恐惧、尴尬、窘迫等情绪时,运用这种策略非常有效。儿童很早就开始运用这种策略调节自己的情绪。研究发现,当儿童可以爬行或走路时,他们就采取接近或回避等方式调节情绪。

(二) 控制和修正策略

它是一种更为积极的策略,是通过改变情境中各种不利的情绪事件来实现的,情绪调节者试图通过控制情境来控制情绪的过程或结果。2 岁左右的儿童,就会表现出用控制和修正情绪事件的方法来调节情绪,如给哭叫的小弟弟、小妹妹玩具等。

(三) 注意转换策略

它包括分心和专注两种策略。分心是将注意集中于与情绪无关的方面,或者将注意从当前的情境中转移开;专注是对情境中的某一个方面长时间地集中注意,这时个体可以创造一种自我维持的卓越状态。6 个月左右的婴儿,就开始通过转移对陌生人的注意、注视母亲等方式来降低对陌生人的焦虑。

(四) 认知重评策略

即认知改变,个体通过改变对情绪事件的理解和评价而进行情绪调节。认知重评试图以一种更加积极的方式理解使人产生挫折、生气、厌恶等消极情绪的事件。认知重评将产生积极的情感和社会互动结果,不需要耗费许多认知资源,是一种有益的情绪调节方式。在个体发展上,通过认知改变进行情绪调节的策略是在 2 岁以后的儿童身上才出现的。

(五) 抑制将要发生或正在发生的表情

调动自我控制能力,启动自我控制过程以抑制自己的情绪行为,是反应调节的一种策略。例如,婴儿通过抑制自己的表情,得到成人更多的爱护,建立亲密的亲子关系,就使用了表达抑制策略。研究发现,表达抑制会产生消极的情感和社会互动结果,需要耗费较多的认知资源,对心理适应产生不良影响,进而影响心理健康水平。研究发现,抑制厌恶和悲伤并没有减弱情绪感受,反而使交感神经的激活水平提高。

(六) 采用恰当的表情

它是情绪调节最为关键的策略,有利于个体幸福和团体密切。在人际交往中,情绪调节能力强的个体并不全是压抑自己的表情,而是能够在瞬间迅速改变自己的不利情绪,如把愤怒转换为笑,把悲伤转换为动力等,这种策略因而也可以被称为情绪转换策略。此外,在实际生活中,一个成熟的个体还会选择更多的方式来调节自己的情绪,如改变生活方式、活动方式、体育锻炼方式、倾诉方式等。

二、情绪调适方法

(一) 自我调适

1. 改变错误认知

美国临床心理学家阿尔伯特·艾利斯(Albert Ellis)在 20 世纪 50 年代创立了理性情绪疗法 (Rational Emotive Therapy,简称 RET)。RET 认为,人们的情绪是由人的思维、人的信念所引起的,不合理的信念往往使人们陷入情绪障碍之中。不合理信念的几个特征是绝对化要求、过分概括化、糟糕至极。

绝对化要求是指人们以自己的意愿为出发点,对某一事物怀有认为其必定会发生或不会发生的信念,它通常与“必须”“应该”这类字眼连在一起,如“我必须获得成功”“别人必须很好地对待我”“生活应该是很容易的”，等等。怀有这样信念的人极易陷入情绪困扰中，因为客观事物的发生、发展都有其规律，是不以人的意志为转移的。

过分概括化是一种以偏概全、以一概十的不合理思维方式的表现，主要表现为对自身的不合理评价。自己做错了一件事就认为自己一无是处，以某一件或几件事来评价自己的整体价值，其结果往往会导致自责自罪、自卑自弃，从而产生焦虑和抑郁等情绪。

糟糕至极是指一个人认为如果一件不好的事发生了，将是非常可怕、非常糟糕，甚至是一场灾难的想法。这将导致个体陷入极端不良的情绪体验，如耻辱、自责自罪、焦虑、悲观、抑郁的恶性循环之中，而难以自拔。

艾利斯提出了10种不合理的信念，认为这些不合理的信念常存在于有情绪困扰或适应不良者身上，具体如下：

(1) 人应该得到生活中所有对自己重要的人的喜爱和赞许。

(2) 有价值的人应该在各方面都比别人强。

(3) 任何事物都应按自己的意愿发展，否则会很糟糕。

(4) 一个人应该担心随时可能发生的灾祸。

(5) 情绪由外界控制，自己无能为力。

(6) 过去的历史是现在的主宰，过去的影响是无法消除的。

(7) 任何问题都应该有一个正确、完满的答案，无法找到正确的答案是不能容忍的事。

(8) 对有错误的人应该给予严厉的责备和惩罚。

(9) 逃避困难、挑战与责任要比正视它们容易得多。

(10) 要有一个比自己强的人做后盾才行。

拓展阅读

对话大师：李孟潮专访埃利斯节选

李孟潮：您写过这么多书，年近九旬仍每周工作80小时以上，保持如此神奇精力的秘诀是什么？

埃利斯：我在89岁依然能有很多精力努力工作，第一个秘诀是遗传——我的母亲、父亲和哥哥都是精力充沛的人！第二个秘诀是，我对自己实行理性情绪行为疗法(以下皆依埃利斯原话简称为 REBT)，所以我坚决反对任何人扰乱我在做的任何事情，我也反对去扰乱别人的事情或这个世界上正在发生的任何事情。

李孟潮:您经历过很多刺激事件，您怎样处理这些事件呢?

埃利斯:我是这样处理我生活中的刺激事件的——并不要求这些刺激事件不要有刺激性，也不为这些事情感到焦虑或忧郁，因此我在处理这些事情时就能做到最好。

李孟潮:能用一句话介绍一下理性情绪行为疗法吗?

埃利斯:REBT 还真不能用一句话来概括，但如果我来试试的话，我会这么说，REBT 是这样一种理论:它认为人们并非被不利的事情搞得心烦意乱，而是被他们对这些事件的看法和观念搞得心烦意乱的，人们带着这些想法，或者产生健康的负性情绪，如悲哀、遗憾、迷惑和烦闷，或者产生不健康的负性情绪，如抑郁、暴怒、焦虑和自憎。

当人们按理性去思维、去行动时，他们就会是愉快的、行有成效的人。人的情绪伴随思维产生，情绪上的困扰是非理性的思维所造成。理性的信念会引起人们对事物适当、适度的情绪反应，而非理性的信念则会导致不适当的情绪和行为反应。当人们坚持某些非理性的信念，长期处于不良的情绪状态之中，最终将会导致情绪障碍的产生。

理性情绪行为治疗的方法简单来说，就是让来访者意识到自己的非理性的思维模式，并与之辩论，从而达到“无条件地自我接纳”。

大部分心理治疗的流派会比较倾向于使用或认知或行为或情绪的方法，但是理性情绪行为疗法是一种比较独特的流派，它三种方法都使用，并清楚地认识到认知、行为、情绪是相互作用的。所以，我们以一种情绪和行为的模式使用认知技术，我们以一种认知和行为的模式使用情绪技术，我们以一种认知和情绪的模式使用行为技术。

李孟潮:哪一类的咨询者可以寻求 REBT 治疗师的帮助?

埃利斯:几乎每个人都可以，只要愿意持续地、充满情感地、坚强地去探索自己是如何使自己烦恼的，并愿意努力摆脱让自己烦恼的方式，REBT 的治疗师都可以帮助他。

李孟潮:有一个大问题,也可能是一个愚蠢的问题,您对生活的态度是什么?

埃利斯:我对生活的态度是:我们不是被邀请到这个世界上来的,生活本身并没有意义,而是我们给了它意义。我们赋予生活意义的方法是,决定什么是我们喜欢的,什么是我们不喜欢的,什么是我们特殊的目标和目的,从而为我们自己选择了意义。

李孟潮:我的采访就快结束了,您想对中国的青年说些什么?

埃利斯:我想对中国青年说的是,他们很年轻,如果这个世界有不幸的事情发生——这是屡见不鲜的,他们有足够的时间,建设性地使用 REBT 或其他类似的思考方式来努力不让自己烦恼。

[资料来源:阿尔伯特·埃利斯.理性情绪[M].李薇译.北京:机械工业出版社,2014:6-9.]

2. 学会正确表达

感受情绪既然是健康心理中不可缺少的一面,我们对正常的情绪就不能过多压抑。当自己有了消极情绪时,如受到别人的误解时,不要压抑,要以不伤害对方的方式表达自己的真实感受,如"你这样做,让我很生气",而不要以报复的方式回击。当情绪发作时,人体内潜藏着一股能量,须借情绪的发泄来加以合理释放,否则长时间积聚起来将有害身心。如果我们的情绪表达经常受到压抑或禁止,便易引起身心疾病。大学生心中有了烦闷之事,可以向周围同学、老师或亲友倾诉,并寻求他人的帮助,应通过自己感情的充分表露与从外界得到的反馈,增加自我认识而改变不适当的行为。

3. 合理宣泄

对情绪的调节与控制不同于对情绪的抑制或压抑。正常的情绪体验和反应如果受到过多的压抑,将会有害于身心健康。例如被激怒时,血压升高是正常的生理应激反应,如果愤怒情绪长期受到压抑,会积怒于心,紧张情绪体验不能随愤怒的爆发而平息,其血压升高的生理反应将长期保持,将转变为病理状态。情绪的外部表现虽然可以人为控制,但是其内在的情绪体验及伴随的生理变化则不以人的主观意志所左右,对情绪的压抑并不能真正消除情绪体验和相关的生理变化。研究表明,过度压抑情绪表现,可以增加多种疾病的发生率。一般来讲,经常生闷气、压抑不良情绪、抑郁的人更容易患癌症,因为不良情绪影响正常的免疫功能,降低免疫力,从而导致免疫系统识别、监视、杀灭体内变异细胞的能力会下降,增加癌症发生的可能性。所以,情绪控制与调节的原则之一是合理地宣泄情绪,防止压抑情绪所致的种种不良反应。情绪的合理宣泄不仅是必要的,而且有益于身心健康。

4. 转移注意

在某种情绪影响自己或将要影响自己,而自己又难以进行控制时,停下来,对这种情绪不予理睬,将注意力转移到其他有益的事情上去,这种情绪调节方法称为转移注意法。按照条件反射学说,在发生情绪反应时,会在大脑皮层出现一个强烈的兴奋灶,即兴奋点。此时,如果另外建立一个或几个新的兴奋点,便可以抵消或冲淡原有的兴奋点。也就是说,当我们注意某一事件时,这一事件对我们才会产生影响。当我们把注意力放在其他事情上时,原来的事件对我们的影响就会降低或消失。如旅游观光和欣赏优秀的文学作品便是一种调节情绪的有效方式。登高望远,极目长空,可以使人心旷神怡,荣辱皆忘;游历风景名胜,凭吊历史遗迹,可以使人心胸豁达,忘却个人得失;听《黄河大合唱》会激起我们热爱中华的壮烈情怀,置个人忧伤于度外。

5. 语言暗示

当不良情绪要爆发或压抑的时候,可以通过言语的暗示作用来调节和放松情绪。例如,一些容易爆发激情的学生要经常提醒自己不要遇事激动。林则徐写了张"制怒"的条幅挂在墙上,就是为了自我警戒。有的同学陷入忧愁时,提醒自己"忧愁没有用,于事无益"。当有较大的内心冲突和烦恼时,可以用"不要怕,不着急,安下心来,会好的"等语言给自己鼓励和安慰。只要是在松弛平静、排除杂念、专心致志的情况下进行这种自我暗示,对情绪的好转往往有明显的作用。

6. 幽默缓冲

高级的幽默是情绪的缓冲剂,是有助于个人适应社会的工具。当个体发现某种不和谐的或于己不利的现象时,为了不使自己陷入激动状态,最好的办法是以超然洒脱的态度及寓意深长的语言、表情或动作,机智、巧妙地表达自己的情绪。这样做往往能使紧张的精神放松，释放被压抑的情绪，避免刺激或干扰，摆脱难堪窘迫的场面，消除身心的某些痛苦，调节和保持身心健康。研究表明，幽默可以冰释误会，活跃气氛，缓和难堪，减轻焦躁；可以使陌生者相识，怀疑者释疑，戒备者去戒；可以使人心情开朗舒畅、精神愉快振奋，祛除疲劳，排出忧虑，解除烦恼，充满信心。

7. 音乐疗法

音乐作为一种艺术，是人的情绪、情感的一种表现方式，曲调和节奏不同的音乐可以使人产生不同的情绪体验。古希腊人认为，不同的曲调代表不同的情绪：A 调高扬，B 调哀怨，C 调和蔼，D 调热情奔放，E 调安静、优雅，F 调动荡，G 调浮躁。在国外，音乐调节已应用到了外科手术及精神病、抑郁症、焦虑症等治疗。

例如，忧郁烦闷时可以听《蓝色多瑙河》《卡门》《渔舟唱晚》等意境广阔、充满活力、轻松愉快的音乐；失眠时可以听莫扎特的《摇篮曲》、门德尔松的《仲夏夜之梦》等乐曲；情绪浮躁时可以听《小夜曲》等宁静清新的乐曲；当你沮丧、绝望时配以激情、兴奋类的音乐，可以让人兴奋、振奋、坚强、开朗，如柴可夫斯基的《睡美人》《天鹅湖》《第五交响曲》、中国音乐《金蛇狂舞》《满江红》《长江之歌》；当你注意力不集中，好动、孤僻时配以趣味性、故事性类的音乐，用以增强兴趣，集中注意力，如《音乐之声》中罗杰斯的《哆来咪》、《英俊少年》中圣桑的《动物狂欢节》、中国儿歌《拔萝卜》等。每个人都可以根据自己的情绪状态，选择合适的音乐来调节自己的情绪。

8. 自我放松训练

无论是哪种克服负性情绪的方法，最终都是为了使身心放松，使生理和心理活动趋于平衡。自我放松的方法很多，有深度呼吸训练、肌肉放松训练、静心反思、生物反馈等。

（二）社会支持系统

有调查表明，大学生面对情绪问题较少寻求亲友、同学等方面的支持，这可能与大学生文化素质较高、自尊心较强有关。实际上，来自社会各方面精神和物质上的支持，对个体而言是一种保护性因素，可以获得倾诉的对象，还可提供新的视角和思路，帮助当事人走出习惯的思维模式，重新评价困境，寻找新的出路。“当局者迷，旁观者清。”“三个臭皮匠，顶个诸葛亮。""一个篱笆三个桩,一个好汉三个帮。"这些俗语形象地表述了社会支持在个人应对情绪困扰时的支持作用。相反,缺乏社会支持,对某些个体来说,会影响他们顺利走出困境,妨碍其正常的心理应对。因此,大学生应当积极建立自己的社会支持系统,建立能够在心理方面给予自己支持、帮助的社会网络,建立由亲人、朋友或者专业的社会工作者、心理医生组成的社会网络。

（三）寻求专业帮助

大学生遇到情绪困扰时,如果自我调节无效或情绪问题较严重、持续时间过长,明显影响了生活和学习,就要学会及时寻求社会工作者、心理医生等专业人员的帮助。大学一般都设有专门的心理咨询室,心理医生或心理课老师都受过一定的专业训练,有一套成熟而有效的助人方法,可以帮助大学生在最短时间内走出情绪低谷。因此,寻求专业帮助,保持良好的情绪状态,是现代大学生享受幸福生活的一个必要保障。

思政小贴士

在教授情绪管理知识与技巧的过程中,教师要注重培养学生正确的思想态度和积极的政治情感。教师可以通过情感教育的方式,引导学生认识情绪管理对于个人成长和社会和谐的重要性,强调情绪管理与社会责任的关联。同时,教师还可以结合思想政治教育的内容,指导学生在情绪管理过程中,树立正确的政治观念,关注社会公益,培养公民意识和社会责任感。通过这样的课程思政实践,培养学生健康的情绪管理能力,加强大学生对于个人情绪与社会政治关系的认识,促进大学生全面发展并成为具有良好道德素养和积极政治行为的公民。

思考题

1. 当你非常生气(愤怒、悲伤、着急等)的时候,你通常会怎么做?
2. 什么是情绪? 情绪的特点有哪些?
3. 大学生常见的情绪问题有哪些?

测一测

焦虑自评量表SAS[①]

按您最近的感受，从“1—没有或很少有时间有、2—小部分时间有、3—相当多时间有、4—绝大部分或全部时间都有”选项中如实进行选择。

题目	没有或很少有时间有	小部分时间有	相当多时间有	绝大部分或全部时间都有
1. 我觉得比平常容易紧张和着急。	1	2	3	4
2. 我无缘无故地感到害怕。	1	2	3	4
3. 我容易心里烦乱或觉得惊恐。	1	2	3	4
4. 我觉得我可能将要发疯。	1	2	3	4
5. 我觉得一切都很好，也不会发生什么不幸。	1	2	3	4
6. 我手脚发抖打颤。	1	2	3	4
7. 我因为头痛、颈痛和背痛而苦恼。	1	2	3	4
8. 我感觉容易衰弱和疲乏。	1	2	3	4
9. 我觉得心平气和，并且容易安静坐着。	1	2	3	4
10. 我觉得心跳很快。	1	2	3	4
11. 我因为一阵阵头晕而苦恼。	1	2	3	4
12. 我有晕倒发作或觉得要晕倒似的。	1	2	3	4
13. 我呼气吸气都感到很容易。	1	2	3	4
14. 我手脚麻木和刺痛。	1	2	3	4
15. 我因为胃痛和消化不良而苦恼。	1	2	3	4
16. 我常常要小便。	1	2	3	4
17. 我的手常常是干燥温暖的。	1	2	3	4
18. 我脸红发热。	1	2	3	4
19. 我容易入睡并且一夜睡得很好。	1	2	3	4
20. 我做噩梦。	1	2	3	4

① 汪向东，王希林，马弘等.心理卫生评定量表手册[M]. 北京：中国心理卫生杂志社，1999:211.

SAS的主要统计指标为总分。20个条目中有15项是用负性词陈述的,按上述1—4顺序评分。其余5项(第5,9,13,17,19)是用正性词陈述的,按4—1顺序反向计分。将20个项目的各个得分相加,即得粗分;用粗分乘以1.25以后取整数部分,就得到标准分,或者可以查表作相同的转换。

按照中国常模结果,SAS标准分的分界值为50分,其中50—59分为轻度焦虑,60—69分为中度焦虑,70分以上为重度焦虑。

参考文献

黄希庭.心理学导论(第二版)[M].北京:人民教育出版社,2010.

阿尔伯特·埃利斯.理性情绪.李薇译[M].北京:机械工业出版社,2014.

张冬梅,谷丹.大学生心理健康教育[M].北京:北京邮电大学出版社,2018.

彭聃龄.普通心理学(第五版)[M].北京:北京师范大学出版社,2019.

刘孝荣,王绪忠,张鑫莉.心理健康教育[M].成都:电子科技大学出版社,2019.

江西省教育厅.大学生心理健康教育教程(第四版)[M].南昌:江西高校出版社,2019.

赵异民,杨中焕,向宇婷.大学生心理健康教育[M].成都:电子科技大学出版社,2019.

张英莉.大学生心理健康教育[M].北京:北京理工大学出版社,2019.

李锦云.大学生心理健康辅导[M].北京:北京理工大学出版社,2020.

邱乐,陈理智,胡胜利.心理健康与调适[M].长沙:湖南人民出版社,2020.

夏洛特·斯泰尔.向好而生:积极心理学的10大发现[M].丁敏译.北京:人民邮电出版社,2020.

王祖莉,简洁.大学生心理健康教育[M].北京:北京理工大学出版社,2021.

董朝燕.大学生心理健康教育[M].北京:新华出版社,2021.

张萍,彭德珍,于婷.大学生心理健康教育[M].重庆:重庆大学出版社,2022.

汪向东，王希林，马弘等.心理卫生评定量表手册［M］. 北京：中国心理卫生杂志社，1999.

陈雨濛，张亚利，俞国良.（2022）.2010～2020 中国内地大学生心理健康问题检出率的元分析［J］.心理科学进展（05），991－1004.

推荐阅读

《理性情绪》（阿尔伯特·埃利斯.李薇译.北京：机械工业出版社，2014.）

推荐影片

《头脑特工队》

第七章 CHAPTER 7

情缘交织：大学生人际关系与恋爱心理

案例导入

> 小佟在上大学之前没有集体生活的经验，生活起居都由父母料理。他学习成绩很好，老师喜欢，父母也高兴。可上大学后这些优势都不复存在，在学习和生活的压力之下，小佟感到自己处处不如人，尤其是觉得自己不如同寝室的三个本地同学能说会道。他不敢开口讲话，生怕自己讲的内容别人不感兴趣，于是能不开口的时候就不开口，与大家的交流也越来越少，内心感到很孤独、寂寞。
>
> 小丁进入大学之前就从一些师兄师姐那里听说，到了大学，宿舍就是一个小社会，搞好宿舍关系是非常重要的。小丁是这样想的，也是这样做的。宿舍里的事情她总是积极参与，勇于承担。比如，拖地、倒垃圾她都是抢着干，还主动替宿舍的同学买饭、占座位，自己从家里带的好吃的宁可自己少吃点，也要与大家分享。她本以为这样就会赢得大家的喜欢，没想到前天她无意中听到宿舍同学在背后议论她，说她虚伪。满心的热情换来不理解，小丁内心的天平失衡了。

小佟同学遇到了什么问题？我们可以怎样帮助他？

人际关系是大学生重要的人生课题之一，该如何处理好大学里的人际关系，对于刚入学的大学生来说是一门必修课。

第一节　大学生的人际交往

一、人际交往概述

人际交往是人类社会中不可缺少的组成部分，人的许多需要都是在人际交往中得到满足的。大学生作为正在成长中的社会群体，通过相互间的交流建立和谐、健康、向上的人际关系，有利于增进团结、取长补短、互相关心，促进其德、智、体、美、劳全面发展，成为综合素质优秀的人才。因此，积极恰当的人际交往，对每个大学生的成才成长都至关重要。

（一）人际交往

人际交往是指人们相互之间运用语言系统和非语言系统交流信息、沟通感情的过程。与人交往和沟通，建立良好的人际关系，是每个人的基本社会需要，也是一个人健康成长的必要条件。在人类社会中，人必须与他人交往，通过他人的协助，获得物质和精神上的满足；通过语言情感的交流，彼此影响对方；通过观察他人的反应，对照他人的优缺点，了解自我、调节自我，以适应社会的需求。

（二）人际关系

人际关系是人们为了满足某种需求，通过人际交往形成的彼此比较稳定的心理关系。人际关系良好与否取决于人们心理需要满足的程度。如果交往双方的社会心理需要都能得到满足，那么人与人之间就能保持一种亲近、友好的关系。如果因某种原因导致一方产生焦虑和不安，就会增大彼此间的心理距离，使原来的亲密关系变成疏远关系，甚至有可能发展为对立关系。

良好的人际关系有助于身心健康。幸福感研究表明，有朋友的人生活得更幸福些。良好的人际关系会给心理健康带来积极的影响。研究表明，社会支持可减少或防止心理紧张所造成的心理伤害。在绝大多数场合下，社会支持和高度的自我尊重可以保有一个健康的心理世界。人际关系还会促进大学生的身心健康成长。良好的人际交往能满足大学生交往、友谊、归属、安全感的需要，并提高其自信和自尊，使其获得友谊和帮助，增强自我价值感和力量感，有助于降低大学生的挫折感，缓解其内心的冲突和苦闷，宣泄愤怒、压抑的痛苦，减少孤独、空虚、恐惧等情绪。

二、人际交往中的心理效应

在人际交往中，双方形成客观、良好的印象是协调关系的基础。有些心理效应在人际关系的形成中既有有利的一面，也会产生一些消极的影响，这些心理效应主要有以下几种。

（一）首因效应

首因效应是指人与人第一次交往中给对方留下的印象，在对方的头脑中形成并占据着主导地位。它是在短时间内以片面的资料为依据形成的印象，这一最先的印象对人的社会知觉会产生较强的影响，并且在人的头脑中一旦形成就会占据着主导地位。首因效应有其积极性，也会带有明显的主观推断和先入为主色彩，干扰人际关系的正常发展。

在日常交往过程中，尤其在与人初次交往时，一定要注意给他人留下美好的印象。第一印象主要是依靠性别、年龄、体态、姿势、谈吐、面部表情等来判断一个人的内在素养和个性特征。因此，在交友、招聘、求职等社交场合中，我们可以利用这种效应，给人展示一种良好的形象，为以后的交往打下良好的基础。当然，这在社交活动中只是一种暂时的行为，更深层次的交往还需要“硬件”的完备，如加强在谈吐、举止、修养、礼节等各方面素质的提升。

（二）近因效应

所谓近因效应，与首因效应相反，是指对人印象的形成主要取决于后来出现的刺激。在交往过程中，我们对他人最近、最新的认识占据主导地位，掩盖了以往形成的对他人的评价。如回忆起多年不见的朋友，脑海中最深的印象往往是临别时的情景。受近因效应的影响，人们往往会用近期一时一事来肯定或否定一个人或组织的全面工作，很容易产生片面和失误。

在印象形成过程中，当不断有足够引人注意的新信息，或者原来的印象已经淡忘时，新近获得的信息的作用就会较大，就会发生近因效应。一般认为，与陌生人交往时，首因效应起较大的作用；与熟人交往时，近因效应起较大的作用。

我们在看待他人时，要避免“首因效应”和“近因效应”的偏差，不要“一叶障目，不见泰山”。与人交往，需要全面了解他人的情况，避免以片面的印象作取舍、下结论。所谓"路遥知马力，日久见人心"，就是指判断一个人可以长期考察，我们自己在别人面前的表现也要保持始终如一。

（三）晕轮效应

晕轮效应又称光环效应，是指对某人的某种特征和品质有清晰深刻的印象，由于这个印象非常突出，而掩盖了对这个人其他特征和品质的了解。这是一种以点概面、以偏概全的反应，这种突出的特征或品质像一个光环一样，把这个人笼罩起来了，使观察者无法注意到他的其他特征和品质，从而以这个人的一种特征或品质，做出对他的整个特征的判断。所谓"一俊遮百丑""情人眼里出西施"就是这种晕轮效应的写照。

第一个提出晕轮效应的心理学家是爱德华·桑代克。基于指挥官对士兵的评估，他提出如果一个人被认为有很好的品质，那在其他方面也同样会被认为很优秀。他发现那些被认为体格强壮的士兵，同样也会被认为拥有领导能力、聪慧、忠诚等其他优秀品质。

（四）刻板效应

刻板效应又称刻板印象，是指对某个群体产生一种固定的看法和评价，并对属于该群体的个人也给予这一看法和评价。人们不仅对接触过的人会产生刻板印象，还会根据一些不十分真实的间接资料对未接触过的人产生刻板印象。例如：老年人墨守成规，年轻人爱冲动；北方人是豪爽的，南方人是善于经商的；英国人是保守的，美国人是热情的；农民是质朴的，商人是精明的等。

刻板印象虽然可以在一定范围内进行判断，不用探索信息，迅速洞悉概况，节省时间与精力，但是往往会形成偏见，忽略个体差异性。人们往往把某个具体的人或事看作是某类人或事的典型代表，把对某类人或事的评价视为对某个人或事的评价，因而影响正确的判断，若不及时纠正，可能会进一步发展或可扭曲为歧视。

（五）投射效应

投射效应指以己度人，认为自己具有某种特性，他人也一定会有与自己相同的特性，它是把自己的感情、意志、特性投射到他人身上，并强加于人的一种认知。它能使我们对其他人的知觉产生失真。例如，一个心地善良的人会认为别人都是善良的；一个经常算计别人的人，则会觉得别人也在算计他。

由于投射效应的存在，我们常常可以从一个人对别人的看法中推测这个人的真正意图或心理特征。一个人心情不好的时候，看见什么都觉得不顺眼，做什么事都觉得不顺心；如果心情好了，即使遇到麻烦事，也会觉得没什么大不了的，一笑了之。一些人自己心理阴暗，便觉得周围的人都跟他一样；如果他是一个阳光的人，便也会用同样的眼光去看待周围的人。“以小人之心度君子之腹”“我见青山多妩媚，料青山见我应如是”，及庄子与惠施“临渊羡鱼”的故事都是投射效应的例子。

三、大学生人际交往的特点

（一）交往愿望强烈

随着大学生年龄的增长，生活空间的扩展和社会阅历的不断增加，其交往愿望也越来越强烈。作为群体中的一员，他们十分关心自己所扮演的社会角色以及在集体中的位置，关心自己的发展和奋斗目标、肩负的义务，希望开阔视野，早日成熟，适应社会。所以，大学生表现出比以往更加强烈的交往需要。

（二）追求自主与平等

随着自我意识的逐步觉醒和独立思考能力的增强，大学生为人处世不愿墨守成规，无论在交往方式、交往内容与交往对象的选择上，都十分重视自己的意见和主张，喜欢用自己逐步形成的观念和尺度去评价社会事物，在各方面都努力体现其独立人格，交往中勇于追求自主和平等关系，喜欢交流思想、感情，探讨共同感兴趣的话题。

（三）交往形式与内容更丰富

进入高校学习之后，大学生对人生目标更清晰也有更高的追求，对社会政治、经济、文化的变革与发展也更为关心，因此，他们的交往形式多种多样，诸如组织和参加各类剧社、协会、沙龙、兴趣小组等等。交往的内容也是多层次、多色彩的，内容广泛，涉及文学、艺术、政治、经济、文化、历史、民俗等各个方面。另外，大学生的交流方式多种多样，他们不再局限于面对面的沟通和交流，手机、网络也已经成为他们彼此交流的重要工具。

（四）感情色彩浓郁

大学生普遍希望通过交往获得友谊。对友谊的珍惜与渴求，以及青年人情感丰富的心理特点，使大学生在人际交往中十分注重感情的交流，讲求情投意合和心灵深处的共鸣。但是大学生情感很不稳定，表现为时而欢欣鼓舞，时而焦虑悲观，也经常容易用感情代替理智，随着情绪波动而发生变化。

（五）富于理想化

大学生的人际交往具有浓厚的理想色彩，比较重思想，纯洁真诚。无论是对朋友还是对师长，都希望不掺任何杂质，以理想标准要求对方，一旦发现对方存在某些不好的品质就深感失望。与其他人群相比，大学生人际交往的挫折感较强，易出现渴求交往和自我封闭的双重性。

拓展阅读

吸引力奖赏理论

当问及为什么会跟某人交朋友时，大多数人的答案都脱口而出。“我喜欢某人，因为她热情、聪明而博学。”这样的解释所忽略的——也是社会心理学家认为最为重要的——就是我们自己。吸引牵涉到被吸引的一方和吸引别人的一方。从心理学角度来看，更为准确的答案应该是，我喜欢某人，是因为跟她在一起感觉如何。我们是被那些令我们感到满意和开心的人所吸引。吸引体现在被吸引一方的眼睛和头脑中。

可以将这种观点总结为一种简单的吸引奖赏理论(reward theory of attraction)：我们喜欢那些回报我们或与我们得到的回报有关的人。如果跟某人交往所得到的回报大于付出的成本，那我们就喜欢并愿意继续维持这种关系。尤其当我们在这种关系中的收益大于其他可能的关系时更是如此(Rusbult，1980)。当一方满足了另一方没有得到满足的需求之后，就会产生相互吸引(Byers & Wang，2004)。拉罗什福科在《箴言集》一书中指出：“在友谊中，双方的长处和优势得以互换，这可能有益于双方的自尊。”

我们不仅乐于跟那些能带来报偿的人交往，而且根据奖赏理论所说的第二种原则，我们还喜欢与那些能让我们心情愉悦的人交往。人们通过条件反射形成了对那些与奖赏性事件有关的事和人的积极感受(Byrne & Clore，1970；DeHouwer &others，2001；Lott & Lott，1974)。在一周的紧张工作之后，当我们围坐在篝火前，享受着可口的食物、醇香的美酒和美妙的音乐时，就可能觉得身边的一切都那么温馨。而如果我们正经受着头痛的折磨，那么我们就可能对遇到的人没什么好感。

吸引奖赏理论可以帮助我们理解为什么所有的人都会被那些热情、可靠、积极反应的人所吸引。这一理论还有助于解释吸引力的一些影响因素：

（1）人们之间的接近性。接近性有利于双方不断曝光，从而进行相互交往，这也促使双方去发掘两人的相似之处，感受彼此的喜爱。

（2）外表吸引力。对约会陌生人进行的实验室研究和现场研究都表明，大学生更倾向于选择外表有吸引力的人。然而在日常生活中，人们实际上愿意选择那些大体上与自己的吸引力匹配（或者，对方魅力不足但具有其他补偿性品质）的人结婚。对有吸引力的人的积极归因形成了关于外表吸引力的刻板印象——也就是“美即是好”的假设。

（3）态度、信仰和价值观上的相似性，也会极大地增进一方对另一方的喜欢。相似导致喜欢，对立则很少能产生吸引。

（4）我们也很可能和那些喜欢我们的人建立友谊关系。

［资料来源：戴维·迈尔斯（David G. Myers）著.侯玉波，乐国安，张智勇等译.社会心理学（第 11 版）［M］.北京：人民邮电出版社，2016：412－413.］

三、大学生人际交往的原则及技巧

人际交往是一门艺术，包括很多方法和技巧。为了使自己的交往行为能够引起对方良好的反应，引发积极的交往行为，在交往的过程中大学生应该遵循一定的原则，掌握一定的技巧。

（一）大学生人际交往的原则

1. 平等原则

平等是建立良好人际关系的前提，平等待人就是为人真诚、待人诚恳。大学生来自四面八方，年龄、学识、经历相近，家庭环境、经济条件、个人能力有差异，但绝没有高低贵贱之分。彼此需要相互尊重、相互帮助，包容他人、理解他人，才能建立良好的人际关系。

2. 真诚原则

人际沟通有一个黄金法则，即你怎样对待别人，别人就会怎样对待你。设身处地、真诚待人是人际交往的基本原则。真诚是高尚人格的重要表现，只有真心付出才能赢得他人的友谊。在人际交往中，首先要做到与人相处有诚心，襟怀坦荡，表里如一，才能赢得对方的信任，在感情上产生共鸣，彼此间相互理解，为进一步交往奠定基础。

3. 宽容原则

宽容要求相处要豁达开朗，不斤斤计较，善于接受他人的意见和批评。宽容有助于扩大交往空间，消除彼此间的紧张和矛盾。人际交往中，难免会因认识不一致而产生矛盾和冲突，此时要求同存异，虚怀若谷；要学会忍耐和控制，理解存在的个性差异，允许不同的思想和行为方式的存在，用宽容之心去对待别人的缺点与不足。

4. 互助原则

建立良好的人际关系离不开互助互利。人际交往中，我们需要关注共同利益，根据各自的能力和优势，协同完成任务。我们还可以慷慨地分享自己的知识、经验和资源，帮助他人成长和发展。只有合作和分享，互助互利，才能建立起双赢和多赢的关系。

（二）大学生人际交往的技巧

人际沟通能力不是自然的、与生俱来的，是需要学习并可以通过学习提升的能力。我们可以学习以下人际交往技巧。

1. 建立良好的第一印象

在各种交往活动中，首先注意给对方留下良好的第一印象。美国学者伦纳德·曾宁(Leonard Zunin)博士在他《接触：头四分钟》一书中指出，结交新认识的人时，头四分钟至关重要。为了给对方一个好的印象，结交新朋友时，不要一面与对方交谈，一面东张西望，或另有所思，或匆匆改变话题，这些都会使对方感到不适。第一印象往往是根据对方的仪表、举止、言谈、风度、气质等形成的。因此，大学生需要加强自身修养，以良好的精神风貌出现在交往对象面前。

2. 学会耐心倾听

倾听是指个体通过自己的语言和非语言行为向对方传达一种信息：我正在有兴趣地听着你的叙述，我表示理解和接纳。在听对方讲话的过程中，尽量克制自己插嘴接话的欲望，不以个人的价值观念来评价对方的叙述。倾听是要用心听，设身处地去感受。不但要听懂对方言语、行为所表达出来的,还要听出对方在交谈中所省略的和没有表达出来的内容。善于倾听,不仅在于听,还在于有参与、有适当的反应。这种反应既可以是言语性的,也可以是非言语性的。比如,用“是的”“然后呢”“请继续”等言语来鼓励对方继续说下去,或者用微笑、眼睛的关注、身体的前倾、点头等示意对方往下说。倾听不是被动的、消极的活动,而是主动的、积极的和用心的活动。

3. 展现友善的微笑

在人际交往过程中,真诚、友善的微笑会给人留下温暖而深刻的印象。自然、得体、大方的微笑,能照亮所有看得见它的人,尤其是在对方遭受不幸和不快、承受着压力时,一个笑容能够使对方感受到生活充满希望。笑不仅能够使自己心情舒畅、精神愉快、驱除疲劳,而且还能将快乐传递给对方,使对方也从中感受到快乐。

4. 学会赞赏别人

渴望别人的肯定和赞美是人的普遍心理需求。赞美绝不是阿谀奉承,一定要真诚。赞美需实事求是,围绕人物或事情的本身,才会使人感到真诚和发自内心。

5. 善于运用非语言艺术

非语言艺术一般包括眼神、手势、面部表情、坐姿等几种。掌握和运用好这种交往艺术,对处理好人际交往是非常重要。在人际交往中需根据谈话内容和场合,正确运用非语言艺术,巧妙地表达自己的思想感情,有时能起到“此时无声胜有声”的作用。

美国传播学家艾伯特梅拉比安曾提出一个公式:信息的全部表达=7%的语调+38%的声音+55%的肢体语言。我们把声音和肢体语言都作为非语言交往的符号。那么人际交往过程中的信息沟通就只有7%是由语言进行的。因此,善于运用非语言艺术,有助于提高大学生的人际沟通能力。

6. 保持适当距离

人的生理特点和心理特点决定人与人之间有一种无形的距离,而且这种距离有其适当的限度,距离过近或过远,都会造成人际关系的不和谐,正所谓:“久往令人贱,频来亲也疏。”“距离产生美。”因为每个人既需要交往,又要有独处的空间,如果你三天两头去打扰别人,一聊就是半天,会使人产生被“打扰”的感觉。

拓展阅读

人际距离

人类学家E.霍尔(1966)把人际距离分为亲密的、个人的、社会的和公众的四种。

公众距离(4—8米)

公众距离指陌生人之间、上下级之间的距离，在正式场合、演讲或其他公共场合沟通时的人际距离，此时的沟通往往是单向的。

社交距离(1.2—4米)

社会距离是认识的人之间的距离。商业交往多发生在这个距离上。

个人距离(0.5—1.2米)

个人距离指朋友之间的距离。此时，人们说话温柔，可以感知大量的肢体语言信息。

亲密距离(0—0.45米)

他认为，父母与子女之间、爱人之间、夫妻之间的距离是亲密距离，约18英寸，可以感觉到对方的体温、气味、呼吸。

[资料来源：邓彦.大学生心理健康教育实用教程.上海交通大学出版社，2016：160.]

适应宿舍集体生活的小贴士

在四年的大学生活中，同一屋檐下的室友可能是与你相处时间最长的人。融洽的室友关系，不仅使你心情舒畅，有利于学习，也有利于身心健康。

(1) 在日常生活中尽量与室友统一作息时间，相互包容和理解。

(2) 不搞“小团体”，以平等的态度对待每一个人。

(3) 不触犯室友的隐私。未经室友同意，切不可翻阅或动用私人物品。

(4) 积极参加宿舍集体活动。宿舍活动是室友之间联络感情的重要形式。

(5) 给予别人关心，有难要帮。遇事也可以求助室友，良好的人际关系是以互助为前提的。

(6) 分享家乡美食与美景。即使是分享零食和共同进餐之类的小互动,都可以是友情的催化剂。

(7) 维护共同的生活环境,完成该做的杂务。

(8) 学会表达自己,赞美他人,相互欣赏。

(9) 用合理的方式解决日常矛盾,善于求助。

[资料来源:龚璞,秦戟,郑媛.心之所向——大学生心理健康教育[M].哈尔滨工业大学出版社,2019:64.]

测一测

大学生人际关系测试①

这是一份大学生人际关系行为困扰的诊断量表,一共有28个问题,请你根据自己的实际情况,逐一对每个问题做"是"或"否"的回答。为了保证测验的准确性,请你认真作答。

1. 关于自己的烦恼有口难开。

2. 和生人见面感觉不自然。

3. 过分地羡慕和嫉妒别人。

4. 与异性交往太少。

5. 对连续不断的会谈感到困难。

6. 在社交场合,感到紧张。

7. 时常伤害别人。

8. 与异性来往感觉不自然。

9. 与一大群朋友在一起,常感到孤寂或失落。

10. 极易受窘。

11. 与别人不能和睦相处。

12. 不知道与异性交往如何适可而止。

13. 当不熟悉的人对自己倾诉他(她)的生平遭遇以求同情时,自己常感到不自在。

---

① 邓彦.大学生心理健康教育实用教程[M].上海:上海交通大学出版社,2016:166-168.

14. 担心别人对自己有什么坏印象。
15. 总是尽力使别人赏识自己。
16. 暗自思慕异性。
17. 时常避免表达自己的感受。
18. 对自己的仪表(容貌)缺乏信心。
19. 讨厌某人或被某人所讨厌。
20. 瞧不起异性。
21. 不能专注地倾听。
22. 自己的烦恼无人可申诉。
23. 受别人排斥,感到冷漠。
24. 被异性瞧不起。
25. 不能广泛地听取各种意见和看法。
26. 自己常因受伤害而暗自伤心。
27. 常被别人谈论、愚弄。
28. 不知与异性如何更好地相处。

结果解析:(计分标准:选择“是”的加 1 分,选择“否”的给 0 分)

如果你的总分在 0—8 分之间,那就说明你在与朋友相处上的困扰较少。你善于交谈,性格比较开朗,主动关心别人。你对周围的朋友都比较好,愿意和他们在一起,他们也都喜欢你,你们相处得不错。而且,你能从与朋友的相处中,得到许多乐趣。你的生活是比较充实而且丰富多彩的,你与异性朋友也相处得很好。一句话,你不存在或较少存在交友方面的困扰,你善于与朋友相处,人缘很好,能获得许多人的好感与赞同。

如果你的总分在 9—14 分之间,那就说明你与朋友相处存在一定程度的困扰。你的人缘一般,换句话说,你和朋友的关系并不牢固,时好时坏,经常处在一种起伏之中。

如果你的总分在 15—28 分之间,那就表明你同朋友相处的困扰比较严重;分数超过 20 分,则表明你的人际关系困扰程度很严重,而且在心理上出现较为明显的障碍。你可能不善于交谈,也可能是一个性格孤僻的人,不开朗,或者有明显的自高自大、讨人嫌弃的行为。

第二节　大学生的恋爱心理

一、爱情的概述

寻觅伴侣、获得真正的爱情，是每一个人憧憬和追求的生活目标之一，从梁祝化蝶的凄美绝唱、银河两岸的牛郎织女，到西方的罗密欧与朱丽叶……这一个个动人的爱情故事都传颂着爱情的伟大力量。爱情从古至今，一直是人类热衷的话题，爱情让人的生活多姿多彩，也让人体会到感情的酸甜苦辣。

（一）爱情的含义

爱情是一对男女基于一定的社会关系和共同的生活理想，在各自内心中形成的对对方最真挚的倾慕，并渴望对方成为自己终身伴侣的最强烈的感情。它是两颗心灵相互向往、吸引、达到精神升华的产物，是一种高尚的精神生活。

爱情产生的前提是性生理和性心理的成熟和发展。没有性生理的成熟与性心理对自身性别角色的认定，爱情是不会产生的。人类的爱情是一种社会现象，一方面受道德、法律的约束；另一方面爱情还涉及养儿育女、传宗接代的社会功能，这是爱情的社会因素。爱情的发展过程，一般会经历萌芽期、发展期和稳定期。

（二）爱情因素理论

美国耶鲁大学社会心理学家斯腾伯格（Robert J. Sternberg）提出的爱情三因素理论认为，爱情的结构由三种成分组成。

1. 动机成分（亲密）

它是指爱情行为背后的动机，包括性驱力、异性容貌的吸引、对方的地位、钱财、权利等社会资源对自己需求的满足或互补等。在恋爱动机的驱使下，个体会热情地追求心仪的异性。

2. 情绪成分（激情）

它是指在恋爱过程中体验到的酸甜苦辣、幸福或仇恨等各种复杂的情绪。感情的浓烈决定了恋爱双方表现出来的亲密程度。

3. 认知成分（承诺）

它是指对爱情的含义，爱情的意义与价值，爱情的道德责任、择偶观、自己与恋爱对象的匹配性等理性思考与性行为控制的认识。认知是维系爱情持久性的根本因素,决定了双方对爱情的承诺和守约。

斯腾伯格依据爱情的三种基本因素,将人类的两性关系划分为以下七种状态:

三个因素都没有的情况——

无爱:就好像两个毫无感觉的陌生人见面时的感受。

只有一个因素的情况——

只有亲密:叫作喜欢,愿意和对方分享自己的快乐和悲伤,通常是朋友。

只有激情:叫作迷恋,被对方的外在吸引,被欲望冲昏了头脑,只想占有,例如一见钟情式的爱。

只有承诺:叫空爱,对对方没感觉。一些家庭,夫妻之间没有了激情,情感上也无法交流,一讲话就吵架,但没有离婚,可能为了孩子或为了面子,这就是空虚的爱。

有两个因素的情况——

有亲密和承诺的爱:叫友伴之爱。或者说是一种精神恋爱、柏拉图式的爱。这种爱是指两个人无话不谈,关系密切,但没有进一步亲密接触的举动,往往被认为是终身伴侣的爱。

有亲密和激情的爱:叫浪漫之爱。双方有强烈的相互吸引,反映了两个人在恋爱时期的状况。

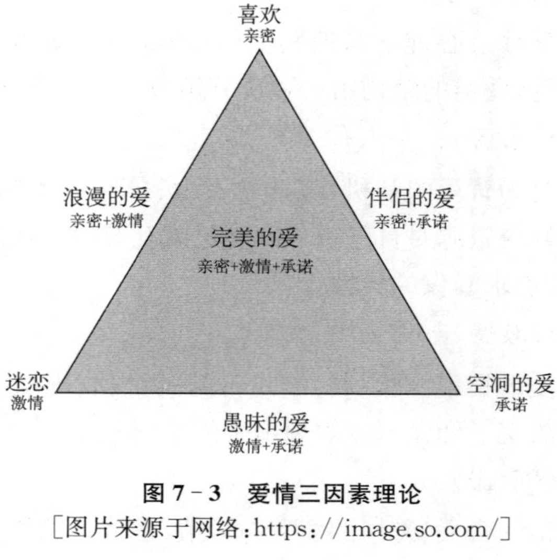

图 7-3　爱情三因素理论

[图片来源于网络:https://image.so.com/]

有激情和承诺的爱:叫痴爱,或者愚昧的爱。两个人在相处之初很有感觉,就轻易承诺,缺乏相互之间的了解,欠缺感情基础,最后后悔却已造成伤害。

三个因素都具备时,即完美的爱:能开花结果,得到真爱。

拓展阅读

关于激情之爱的理论

为了解释激情之爱,爱情心理学研究学者伊莱恩·哈特菲尔德(Hatfied)指出,任何一种既定的生理唤醒状态最终都可以被归结为某种情绪,而被归结为哪一种情绪,取决于我们对这种唤醒状态如何进行归因。每一种情绪都包含着身体和心理反应,既有生理唤醒,还有我们如何诠释和标识这一生理唤醒。想象一下,你现在正心跳剧烈、双手发抖:你是在经历恐惧?焦虑?还是喜悦?从生理上讲,这些情绪很相似。当你处在愉快的环境中时,你就可能把这种生理唤醒体验为喜悦;而当你处于充满敌意的环境中时,你可能把这种生理唤醒体验为愤怒;假如你正处在浪漫的情境中,你就可能把这种生理唤醒体验为激情之爱。从这个角度来看,激情之爱就是由于我们在生理上被有吸引力的人所唤醒而知觉到的心理体验。

倘若可以自由地把生理唤醒归因于某些浪漫的刺激,那么由任何来源所引发的生理唤醒都应该可以增强激情的感受。达顿和阿伦(Dutton & Arthur Aron,1974)设计了一项精妙的实验来证实这一现象。他们让一位魅力十足的年轻女子,站在位于英属哥伦比亚卡普兰诺河上 70 米高、140 米长的一座狭窄而摇晃的吊桥上,请求过往的单个男性帮助她完成一份课堂问卷。当对方完成问卷后,这名女子会留下自己的姓名和电话,然后告诉他如果想了解更多该项目的信息就可以打电话找她。结果大部分的男性都收下了她的电话号码,而且有一半的男性确实打了电话。而与此相对,在低矮、坚固的桥上遇到这位女性的男性当中,以及还在那座高吊桥上遇到一位男性调查者的男性当中,则很少有人打电话。这一研究结果再次证明,生理唤醒促进了罗曼蒂克式的反应。

观看恐怖电影、乘坐过山车以及体育锻炼等也都有同样的效果,特别是对那些我们觉得有吸引力的人(Foster & others,1998; White & Kight,1984)。肾上腺素使两颗相爱的心贴得更近了。可见,激情之爱既是一种生理现象,又是一种心理现象。

[资料来源:戴维·迈尔斯(David G. Myers)著.侯玉波,乐国安,张智勇等译.社会心理学(第11版)[M].北京:人民邮电出版社,2016:415-416.]

二、恋爱的能力

成熟的爱情是自爱与他爱的统一。心理学家弗罗姆(E. Fromm)认为,成熟的爱应该以自爱为基础,只有在自己的人格完全成熟时,知道自己需要怎样的爱并且具有给予爱的能力时,这样的爱情才是稳固的。所以,若想被人爱,首先得成为一个值得爱的人,且拥有爱的能力。

(一) 鉴别爱的能力

大学生应学会区分爱与非爱。喜欢、迷恋、好感、友情、同情、异性吸引等都不是爱情。大学生要能正确区分友谊与爱情、喜欢与爱、迷恋与爱。友情是广泛的,而爱情是排他的,是专一的。异性之间的友谊可能转变成爱情,但是二者之间绝不能画等号。有些大学生不能正确区分友情与爱情,结果“恋人没有做成,朋友也做不了”。

(二) 表达爱的能力

很多大学生在面临爱情时感到焦躁的一部分原因是如何表达爱意。担心被拒绝,把爱意放在心中或寄望于对方能感受到自己的默默爱意。现实生活中是这样的:如果表达,可能会面临失败;而不表达,则注定是失败。

如果要向一个人表白,最直接的办法就是:找到他(她),对他(她)说你喜欢他。有的人会想,不敢当面说,能不能发短信和微信? 这种方式可以用,但不太推荐,因为不够正式,可能会让对方觉得诚意不够。因此合适的地点、表白的时间选择都很重要,比如浪漫有情调的地点,对方心情舒畅的时刻,都是可以把握的表白机会。

保守点的表白方法是:先旁敲侧击地去问他(她)旁边的朋友,对方有没有异性朋友,对你印象怎么样等等,把消息透露给对方,一来收集情报,二来可以看看他的反应。如果被拒绝了,那就没戏了;如果对方没有明确拒绝,说明有进一步发展的可能,就可以大胆行动了。

在爱情的表达上,男生和女生存在着很大的差异。男生基本上是表白中主动的那一方,调查发现,女生们也倾向于期待男生主动大胆坦率地表白,不喜欢男生隐藏自己的感情,忸怩退缩。当然随着时代的进步和发展,也鼓励女孩子勇敢面对自己的感情,把爱说出口。

(三) 拒绝爱的能力

爱情虽美妙甜蜜,也不是所有的表白都要接受。当一个你不喜欢的人向你表达爱意时,你是会坚决拒绝还是委婉拒绝呢?坚决拒绝是指坦率地和别人说:“我不喜欢你,你不是我喜欢的类型。”委婉拒绝是指不明确地说不喜欢你、不要追我了,而是为了不产生冲突,采取转移话题或者不接电话,甚至避免和对方碰面,看到扭头就走的方法等等。

大学生选择委婉拒绝的人很多,害怕坚决地拒绝会伤害对方。这样做,看起来没有直接伤害,其实对方终究要知道你对他(她)没有感觉,时间长了,这对对方的伤害可能更大。因为对方的逻辑是:你不喜欢他(她),为什么当初不拒绝?不直接拒绝就说明还是有可能的。男孩子都愿意相信女孩子是腼腆的,是被动的,是要去追的。

遇到不喜欢的追求者,最好是明确拒绝。拒绝是不可能没有伤害的,被拒绝一定会不好受,但坚定地拒绝,伤害往往是最小的。俗话说长痛不如短痛,用坚定的态度帮助对方脱离模糊不明的状态,其实是明智的也是仁慈的。坚决拒绝也有技巧,口诀是:态度要坚决,信息要明确,语气语调要婉转。

态度要坚决:如“我真不喜欢你,对你没有爱的感觉”。再严重点的说法:“我们这辈子都是不可能的。”不要拖泥带水,避免今天分手,过两天又和好,然后又分手,最后双方都很难过。

信息要明确:你不喜欢他的什么要说出来。例如,“我觉得你不是我喜欢的类型,我理想的是某种类型,反正不是你这样的”。这样容易让对方清醒。

语气语调要婉转:如“你很优秀,你会遇到你喜欢对方、对方也喜欢你的那个人,但我不是你要找的那个人”。

在拒绝的方式上,可以请人协助或用微信、短信代言,避免尴尬。时间上可以逐渐冷落,在对方表白后先减少接触,过几天再明确拒绝,让对方有个心理缓冲期。

最后要心存感谢。不管你愿不愿意接受对方的倾慕,对方的表白是对你的欣赏和重视，因此要感谢对方看到了你的可爱之处，看到了你的魅力，看到了你的优点。

（四）解决爱的冲突的能力

高质量的爱情最重要的特征是具有解决问题的能力。因为相爱不是寻求双方的一致，而是如何协调、合作。恋人间需要有效的沟通，表达清楚自己的思想、感受，用建设性的方式去解决冲突。伤害性的争吵或者冷战都不利于问题的解决。面对冲突，首先，一方要先主动低头，低头不代表你无理、弱势，而是你主动创造了一个沟通的契机，这是成熟、有力量的表现；其次，帮助对方把情绪处理好，可以是说好话、说亲密的话等；再次，等待双方的情绪稳定后，就可以提出问题，进入谈话当中；沟通问题，关键是清晰地说明事实，自己为什么会这么想，对方的需求是什么等。最后，双方共同解决问题，即充分考虑双方的需求，达到双方都满意的结果。只有充分做到以上四点，且形成这样沟通的习惯，才能使矛盾解决，爱情长久。

（五）承受失恋的能力

有恋爱就会有分手。分手不是一件坏事，它让两个不合适的人分开，就有了遇到真正适合那个人的机会。大学生需要学习的是怎么在分手中将伤害降到最低，而不是避免分手。诚然，失恋是一种痛苦的情感体验，是大学生比较常见的情感挫折。当不得不面对失恋时大学生该怎么做呢？

正确认识失恋。失恋只是生活中的一段小插曲，只是一种选择的结果。从某种意义上来说，失恋可以让自己成长。

尊重对方，更要尊重自己。当一方决定放弃爱情时，若是感情真的已无可挽回，就应该尊重对方的决定。同时，学习承受情感上的煎熬，不纠缠。与其徒劳无益，不如尊重对方的决定，也是对自己的尊重。失去了爱情，但不能失去尊严。

积极面对失恋，理智地调整情绪。失恋是痛苦的，容易使人处于强烈的自卑、忧郁、焦虑、悲愤甚至绝望的消极情绪状态之中，甚至有人会失去生活的信心或勇气。面对失恋，一定要多一些理智：当爱情消逝，无论如何痛苦，都不可挽回。生命中除去爱情，还有许多重要的部分。摆正爱情在人生中的位置，是人生成长的重要课题。

寻找合理宣泄情绪的方式。调整情绪不等于压抑自己，大学生都有悲伤的权利，不要把悲伤压在心底。大学生可以向好友诉说，获得支持、鼓励和陪伴；可以到宣泄室或找个无人的地方嘶喊哭泣，可以运动，可以听音乐，可以跳舞；可以找心理咨询中心的专业老师倾诉内心的伤痛。

失恋者需要用一段时间来平复受伤的心情，通常1—3个月基本能恢复到以前的状态。这段时间，请注意好好照顾自己，及时寻求帮助。

测一测

大学生的恋爱观①

指导语：本测试由15道题组成，每道题有4个备选答案。请你根据实际情况选择一个最符合自己心理状态的答案。不要在一道题上花费太多时间，第一反应的答案最准确。此测试用于测试恋爱观。

1. 我对爱情的幻想是：

   A. 满足自己人生神秘的欲望和需求；

   B. 令人心花怒放，充满无限欢乐和诗意；

   C. 实现自己远大理想的阶梯，使人振奋向上；

   D. 没有想过。

2. 我希望我开始谈恋爱是：

   A. 由于一次偶然的相遇结下了一段微妙的因缘，彼此就追求；

   B. 由于两人青梅竹马，情深意长，最终成为爱情；

   C. 由于在工作和学习中产生爱情；

   D. 无法回答。

3. 我认为爱情是：

   A. 男女间的性爱；

   B. 男女间的一种最纯洁的感情；

   C. 异性间的相互爱慕，渴望对方成为自己伴侣的感情；

   D. 不清楚。

4. 我希望我的恋人：

   A. 待人和蔼可亲，相貌较漂亮，有权有势；

   B. 有漂亮的容貌，健美的身体，待人接物周到，举止优雅；

① 谢特秀.大学生心理健康教育[M].辽宁：东北大学出版社，2015：126－127.

C. 长相一般，用心体贴自己，为人忠厚老实；

D. 无法回答。

5. 我喜欢我爱人在三美之中的是：

A. 外貌美；　　B. 姿势、仪表、发式美；

C. 心灵美；　　D. 拒绝回答。

6. 我想象中的小家庭的业余时间是这样度过的：

A. 各人干各人的事，互不干涉；

B. 有共同事业，互相商讨，共同进取；

C. 虽然自己对某事没兴趣，但还是愿意陪对方消磨时间；

D. 不想回答。

7. 我对爱情的字面解释是：

A. 爱情、性爱是男女之间友谊的高级形式；

B. 有爱并不一定有情，而有情必定有爱；

C. 爱情两字是不能拆开的，他是男女之间的感情；

D. 没想过。

8. 我喜欢的爱情格言是：

A. 爱情，这疯狂的字眼，为了你还有什么不能办到呢？

B. 生命诚可贵，爱情价更高。若为自由故，两者皆可抛；

C. 痛苦中最高尚、最纯洁的和最无私的乃是爱情的痛苦；

D. 都有点喜欢。

9. 恋爱后自己有一位异性朋友时：

A. 没有必要告诉对方，这是自己的自由权利；

B. 让对方知道，但不允许对方干涉自己；

C. 让对方知道，并且在对方同意的条件下才与他交往；

D. 不能回答。

10. 我认为幸福的爱情是：

A. 一切故事和传说中，美好的婚姻都是幸福的；

B. 以共同的情操、思想和社会活动作为基础；

C. 尊重对方，包括尊重对方的感情；

D. 无法回答。

11. 我认为追求和对付高傲的异性的办法是：

A. 若无其事，完全做出一些与自己意志相反的动作；

B. 大献殷勤，做对方要求做的一些事情；

C. 自己也变得很高傲；

D. 不愿意回答。

12. 我认为：

A. 人是因为美才可爱；

B. 美与可爱是同时产生的；

C. 人不是因为美而可爱，而是因为可爱才美丽；

D. 没想过。

13. 一旦发现我的恋人变心时：

A. 我会把爱转变成恨；

B. 无所谓，只当自己看错了人；

C. 认为是幸运的，从中可以吸取教训；

D. 不知如何是好。

14. 下面的 8 个字中，我最喜欢的是：

A. 郎才女貌，爱如鱼水；　　B. 形影不离，心心相印；

C. 志同道合，忠贞不渝；　　D. 不知道。

15. 我对离婚的看法是：

A. 认为很平常，一旦发现更值得爱的人就抛弃原来的；

B. 感到很惊讶，坚信自己的婚姻不会这样；

C. 认为离婚很正常，不过离婚者的爱情是不幸的；

D. 不知如何回答。

[评分与解释]

选 A 得 1 分，选 B 得 3 分，选 C 得 3 分，选 D 得 0 分。然后累计，得出总分。

总分在 35 分以上者，说明恋爱观非常正确，值得坚持；

在 25—35 分之间，说明恋爱观基本正确，有需调整之处；

在 25 分以下者，说明恋爱观存在问题，应树立健康正确的恋爱观。

如果所选答案为 D 的个数在 6 个以上，说明恋爱观尚未确立，正处于游移不定之中，需要尽快确立自己的恋爱观。

第三节　大学生的性心理

一、性心理概述

（一）什么是性心理

性心理和情感心理、道德心理相关，它是指在性生理的基础上，与性特征、性欲望、性意识、性态度、性行为有关的心理状态和心理过程，也包括与异性交往和婚恋等心理状态。大致包括如下几方面内容：

性感情——这是指因性而产生的两性之间的微妙的感情关系，正是这种性感情促成两性之间具有充分的吸引力。

性意识——它是指针对相关对象能引发性欲和性唤起的神经反射，主要包括 3 岁前形成的是男孩还是女孩的性别身份意识（即完成性别认同）和青春期后萌发的性欲意识。

性知识——它是经耳闻目睹获得的有关性问题的知识。

性经验——它是经身体力行获得的关于性的实际感受和体验。

性观念——它指对有关性问题的较为稳定的看法和持有态度的评价。

大学生性生理已基本发育成熟，但性心理还未达到成熟程度。

（二）性心理健康的标准

1974 年，世界卫生组织在一次关于性问题的研讨会上，对性心理健康作了如下论述：性是融合了有关性的生理面、情绪面、知识面及社会面，亦以此提升人格发展人际沟通和爱。由此可见，性健康涉及性生理、性情感、知识和社会等各个方面，及由此而产生的积极的社会态度、人际交往和情爱的能力等。

性心理健康是指个体具有正常的性欲望，能够正确认识性的有关问题，并且具有较强的性适应能力，能和异性进行恰当交往，在免受性问题困扰的同时还能增进自身人格的完善，促进自己身心的健康发展。性心理健康的标准，应该符合以下几点：

(1) 正确认识和接纳自己的性别。性心理健康的人能正视自己的性心理发育，性心理变化，能在所处的社会环境中正确评估自己，能客观地评价自己和他人，并乐于承担相应的性别角色。

（2）具有正常的欲望。性欲是能够获得性爱和性生活的前提条件。具有正常的性心理首先就得具有性欲望，如果没有性欲望就不会有和谐的性生活，就会影响性心理健康。性欲望的对象要指向成熟的异性个体，而不是其他物品等替代物。

（3）性心理和性行为符合年龄特征，即性生理和性心理发展要保持统一。

（4）正确对待性变化。个体在生长和发育过程中，性心理因素、性生理因素和性社会因素交互呈现，个体在其中要建立自我同一性才能保持三者的和谐状态。这就要求个体能够正确对待性生理成熟所带来的一系列身心变化，在出现性冲动后，能够正确释放、控制、调节性冲动，使之符合社会规范的要求等。

（5）对于性没有恐惧感。能够把性作为生活的一部分而科学对待，不存在对性的恐惧和怀疑。

（6）和异性保持和谐的人际关系。在交往过程中，保持独立而完整的人格，做到互相尊重，互相信任。

二、性意识的发展

（一）疏远期

这个阶段从儿童末期开始，到少年中期结束。其中女性在儿童末期表现得最为明显和激烈，并且持续至少年中期。此阶段常常会选择避开与异性交往，本能地对异性暂时疏远，甚至对异性产生反感。

（二）爱慕期或异性狂热期

这个阶段从少年初、中期开始，到青春期的中、后期结束。这是青少年异性意识表现和发展的一个重要阶段，也是青少年在整个中学时代异性意识表现和发展时间最长的一个阶段。此阶段渴望了解异性，渴望接近异性，希望与异性交往，但缺乏接近异性的经验，不知如何表现自己，往往会通过狂热追求以释放内心对异性的渴望。

（三）浪漫恋爱期

这个阶段一般从青年初期的中、后阶段开始，是青春期异性意识发展相对成熟的阶段。恋爱期是青春发育期性意识发展的必然结果，是在爱慕期的基础上发展而来的，但又与爱慕期有着本质区别。严格地讲，只有从这个阶段起，才可能产生和形成真正的爱情。此阶段把对异性的泛化爱慕和好感集中到某一个特定的异性身上，开始更多地与自己喜欢的异性单独在一起。

拓展阅读

基因、激素和性取向

为什么有些人被异性吸引，而有些人却偏爱同性呢？一种解释是性取向在一定程度上受遗传的影响(Levay,2011)。一项最近的研究发现，同卵双生子中的一个如果是同性恋者或双性恋者，则另一个有相同性取向的机率是50%。这个结果以及相关的发现让一些研究者认为，性取向有30%—70%是遗传的(Mustanski,Chivers, & Bailey,2002)。

另一些研究表明，性取向受到x染色体上某些基因的影响。因此，同性恋的遗传倾向可能是由母亲遗传给子女的(Hameret al.,1993, Hu et al.,1995;Rahman & Wison,2003)。在人类进化的过程中，同性恋可能是为了缓解男性为了争夺配偶而进行的竞争而发展出来的(Schuiling,2004)。

还有一种解释是出生前的激素水平影响了发育中的胎儿(Levay,2011)。根据这种理论，同性恋是这样产生的：有些男性胚胎发育环境中的睾丸酮激素水平太低，而有些女性胚胎发育环境中的睾丸酮激素水平太高，这种异常的激素水平影响了性取向(Mustanski, Chivers,Bailey,2002)。但也有研究发现，成人期激素不平衡不会影响性取向，大多数同性恋者的激素水平在正常范围内(Banks & Gartrell,1995)。

胎儿期的异常激素水平可能使大脑控制性行为的区域发生改变。支持这一观点的证据之一是研究发现，同性恋和异性恋的下丘脑大小存在差异，而下丘脑与性行为有关(Kinnunen et al., 2004;LeVay,2011)。而且，同性恋和异性恋者下丘脑神经递质也存在差异(Kinnunen etal., 2004).

与性取向的生物学观点相一致的是，父母的抚养方式是不太可能造成孩子同性恋的。和同性恋者一起生活的孩子与异性恋者的孩子在发育上没有差别(Patterson,2002;Wainright,Russell,Patterson,2004)。大多数同性恋者是由异性恋父母养大的，而由同性恋抚养的儿童大多数成长为异性恋者（Garnets，2002）。

这些发现澄清了父母会造成子女同性恋以及同性恋仅仅是一种个人偏好的误解。虽然学习在性取向发展中起作用，但一个人会成为同性恋者或者异性恋者，主要是由其自然基础决定的。从这个观点出发，歧视同性恋者与歧视蓝眼睛的人或左撇子的人一样，是没有道理的（Rathus，Nevid，Ficherner-Rathus，2010）

［资料来源：Dennis Coon，John O. Mitterer 著，郑钢等译.心理学导论——思想与行为的认识之路(第 13 版)［M］.北京：中国轻工业出版社，2014：433.］

四、大学生常见的性心理

总体来说，大学生的性心理发展是正常的、健康的，大多数同学能较好地调节性欲、性冲动，表现出既符合社会道德规范又符合身心健康发展的性心理行为，能正常地面对两性交往，具有健康的性观念。但是，大学生处在一个性意识发展的旺盛阶段，整体心理发育尚未完全成熟，与性相关的问题很容易产生困扰。

（一）体像困扰

随着青春期发育，男女出现了第二性征，使体像发生了很大的变化，这些体像特征对异性产生了很大的吸引力。每个青少年都希望自己在这些方面具备一切优点，如果以第二性征为重点的体像不尽如人意，且很难改变时，就会出现烦恼和忧虑。一些大学生经常为自己的个子过高或过矮而烦恼，有的同学为自己的第二性征不理想而焦虑。其实这大可不必，因为体像不会影响功能的发挥。第二性征不理想的大学生，可以努力修炼内功，从个人知识、能力、气质、风度和才华等方面提升自己的内在美，来弥补自己外在美的不足。

（二）性冲动

大学生正值青春期，也是性生理发育最旺盛的时期。男女同学朝夕相处，友情爱情同在，时常会被异性所吸引。社会对性的开放与包容态度使他们有机会接触到更多的性刺激，如书刊、影视、网络等关于性爱和爱情的描写和表述，都有可能激发性欲望和性冲动。

首先，要清楚性冲动是男女大学生生理、心理的正常反应，是在性激素的作用和外界刺激下产生的，不是不纯洁、不道德或者可耻的。其次，可以用一种积极的方式来升华性欲，转移注意力，比如听听舒缓的音乐，参加喜欢的体育运动或者散步等，使性情感得以平衡。再次，可以通过宣泄，即以某种方式获得性冲动的满足，对大学生来说，性自慰是较常用的方式。性宣泄不只是一种生理行为，其方式应该符合社会规范，有益于身心健康。

因此，为了维护大学生的心理健康，大学生对性冲动首先需要接受其自然性和合理性；其次可以通过学习、工作、活动以及男女交往等多种合理途径，使性生理能量得到释放、转移及升华；最后通过陶冶情操，接受科学的性教育，有效地调节性冲动。

（三）性梦

性梦是指在睡梦中出现与异性发生性行为的梦境，或在睡梦中出现带有各种性内容色彩的景象。心理学家认为，对青春期的男女来说，性梦是一种调整性张力过高的自慰现象。在睡梦中，清醒状态下被压抑到潜意识中的性冲动就像弗洛伊德说的，按照“本我”的快乐原则行事，可以不受道德约束，在清醒状态下不敢做的性行为都可以出现，甚至在性梦中出现亲密行为，亲吻、抚摸、性交都有，绝大多数情况可以达到性高潮，男子常有射精。这种性梦的自然宣泄，可以缓解累积的性张力，有利于性器官功能的完善和成熟，所以性梦是正常的心理生理现象，大学生不必内疚和焦虑。但若性梦频繁，则要寻找原因。例如，过度劳累；性自慰过频、过强烈；内裤穿得过紧，刺激摩擦阴部；外生殖器不正常充血、刺痒或泌尿系统炎症，膀胱胀满等。此外，心理上的兴奋、情绪上的激发也是常见因素。

（四）性幻想

性幻想，又称性爱的白日梦，是指虚构的与性有关的遐想，以满足自己对性的心理欲求。青春期的大学生，有的对于异性的爱慕很强烈，在异性交往欲望的驱使下，性幻想往往油然而生。大学生的性心理是丰富的，有很强的文学性和浪漫色彩，他们常常浮想联翩，把自己和一个心中的偶像置于想象的故事中，有的常把在文艺作品或影片中看到的性爱情节进行追忆和组合，虚构出自己与爱慕的异性交往的种种情景，如约会、游泳、拥抱和性交等。青春期出现性幻想是很普遍的，只不过有的人想得少些、时间短些，有的人想得多些、时间长些，是性成熟过程中的正常现象。当然，如果过分沉溺于性幻想，也会引起心理异常。

（五）性自慰

性自慰是一种比性梦和性幻想更直接地缓解性冲动、宣泄性能量的方式,是青春期成熟的一种生理表现。自慰是青少年和成年人在性成熟后较为普遍的一种性行为,适时适度地采用自慰方式来调节性欲望,不应该被看成下流丑恶的行为而加以指责。

自慰既非病态,也不涉及道德问题。偶尔的或有节制的自慰,作为合理解脱性冲动、缓解性张力的方式,对身体并没有影响,反而有助于降低不当的性行为,具有调节性功能的作用。医学专家认为:过度的自慰会使生殖器损伤和感染。过度的自慰也会出现疲劳感、倦怠感和紧张感。对于大学生而言,它是一种可行而正当的性活动。但自慰在缓解性压力的同时也有其负面影响。自慰常使大学生产生心理压抑或挫伤,很大程度上可以归因于他们对性缺乏科学的认知。少数人可能会不能自控频繁自慰而导致身体不适。

性自慰不会带来危害,是“标准的性行为的一种”。美国著名的性研究专家玛斯特斯(Masters)和约翰逊(Johnson)用先进的实验仪器对性自慰和性交做了比较,发现两者效果基本一致,认为没有理由把性自慰作为有害身心健康的异常性行为看待。在大学生不能用性交行为来释放他们内心积聚的性冲动能量的情况下,性自慰是他们唯一可以采取的主要性行为。性自慰的危害并不在于性自慰本身,而在于对性自慰的担忧、恐惧、羞愧和罪恶感。对性自慰的错误认识,既是大学生烦恼的真正原因,也是使他们变得难以节制的心理原因。

（六）性行为

1. 边缘性行为

边缘性行为指接吻、搂抱、抚摸等,这是由于性的吸引和双方情感的逐步加深而先后产生的行为,是表达情感的一种方式。这对于性成熟的双方是很自然的事情,属于恋爱中的正常现象。边缘性性行为有时候可以有效地释放性冲动,避免发生准性行为。

2. 婚前性行为

核心性行为,即性交行为或同居行为,统称婚前性行为。婚前性行为的特点是双方自愿进行,不存在暴力逼迫;没有法律保证,不存在夫妻之间应有的义务和责任;容易产生一些纠纷和严重后果。对于大学生是否可以发生性行为,有人赞同,有人反对。总的说来,尽管社会的宽容度在增加,但婚前性行为毕竟是违反社会道德规范的行为,与恋人发生性关系要特别慎重,轻易不要突破最后一道防线。即便是双方感情深厚,情不自禁,也要有所准备,包括心理上的准备和避孕方面的准备。男性对恋人要有责任心,不要轻易提出不合理的性要求;女性要自尊自重,尽量避免穿过分暴露的衣服,言谈举止大方,不要用言语和行为挑逗对方。

过早性行为与无承诺性行为都是不负责任的,会给自己与社会带来许多不良后果。为了今天的健康,为了明天的幸福,让我们学习为性爱做主。首先,学会“刹车”:请试想在什么样的情况下比较容易刹车?时速 10 千米还是 100 千米的时候?其次,学会拒绝:对无承诺的性要求,要学会拒绝。每个人都有权利与义务告诉对方自己现阶段的性态度,告诉他现阶段不要发生性关系的理由。也许对方正是你的所爱,对方会给你某些诱惑,但是每个人都是自己性爱的主人。下列情境下的对话可供大学生参考。

男:“你不知道你错过的是什么。”

女:“是的,我知道——我错过了艾滋病、未婚怀孕、堕胎和忧虑。”

男:“我无法控制自己。”

女:“但是我可以。”

男:“每个人都在这么做。”

女:“但不是我,我不是那每个人。”

男:“你可以信任我。”

女:“我是信任你,我信任你会停止对我施加压力。”

男:“我爱你,难道你不爱我吗?”

女:“我不必对你证明我的爱,如果你真的爱我,就请你尊重我。”

女:“你是不是男人?”

男:“做爱并不代表我就是男人,正因为我非常地在意,所以我才不急在一时。”

(七)不同形式的性心理偏差行为

这主要表现为窥视、恋物行为。对于大学生的性心理偏差行为不能简单地冠之以窥视癖、恋物癖等性变态的名称。大学生的这类行为多数属于窥视倾向和恋物倾向,是正常的性对象、性方式需求不能满足而导致的一种代偿性性行为,是性压抑的一种宣泄方式,因而多属于正常性心理偏差。有这类行为倾向的大学生往往缺乏异性交往经历,个性内向孤僻,内心冲突明显,性压抑较严重。

改变窥视恋物行为的重点是增加与异性的交往,培养和丰富兴趣爱好,形成大胆开朗的个性,增强性道德观念和意志品质。其中关键的一步是对异性脱敏。这类人通过咨询和自身的努力,往往能有效地改变其性偏差行为。

拓展阅读

性传播疾病与艾滋病

性传播疾病(sexually transmitted disease,STD)是通过亲密的身体接触,由一个人传染给另一个人的疾病。性伴侣多的个体受传染的风险较高。性传播疾病包括衣原体感染、淋病、乙型肝炎、疱疹、梅毒和其他一些疾病。很多患有性传播疾病的人处于潜伏期,没有表现出明显症状,因此人们很可能在不知情的条件下被传染。想从外表判断性伴侣是否已经受到感染往往是不可能的。

获得性免疫缺陷综合征(Acquired immunedeficiency syndrome,AIDS),即艾滋病,是因为身体感染了HIV病毒引起的,这种病毒破坏免疫系统,致使其他的疾病"趁机"畅通无阻地侵入身体。尽管新药的疗效提高了艾滋病患者存活的机会,但绝大多数病人最终还是会死于多种感染。艾滋病的最初症状可能在感染后两个月有轻微迹象,但这些症状通常在10年以后才会真正出现。由于潜伏期长,被感染的人常常在不知情的状况下又把病毒传给其他人。医学检验可发现这种病毒感染的存在,但至少在感染后的6个月内病毒携带者的化验结果都可能是阴性的。

安全性行为:

无性交。

只与一个和你相互信任、身体健康的性伴侣发生性关系。

不吸毒。

与性伴侣讨论避孕措施。

慎重选择性伴侣。

减少性伴侣的数量。

酒醉时避免性行为。

使用安全套。

[资料来源：Dennis Coon, John O.Mitterer 著，郑钢等译.心理学导论——思想与行为的认识之路(第13版)[M].北京：中国轻工业出版社，2014：455-458.]

五、性道德

一个人从性器官逐渐成熟开始，到人的生命结束，一直存在着两性关系问题。进入青春期后，随着性生理、性心理的发育成熟，两性关系问题就会日益突出。大学生社会阅历浅，实际经验少，思想意识、心理活动、个性正处于动荡期，对社会现象往往没有恰当的成熟的洞察力和判断力。特别是在处理两性关系上，如果缺乏对性道德观念的全面了解，自己的行为失去准则，就容易失误，抱恨终身。

性是神圣的，性应当因爱而生，而绝不能成为纵欲的借口，性道德主要有以下四个方面。

（一）自愿

违背自己或对方的意愿发生的性行为都是不道德的。无论你是男生还是女生，请记住，你有权拒绝性行为的发生；同时，只要对方没有同意，那就意味着拒绝。

（二）爱

只有因爱而生的性行为才是道德的，才能感受到身与心的交流，才能体验到性爱所带来的身心愉悦。在性行为之前，必须有爱。

（三）无伤

性行为可以带来快乐、幸福，同时也有可能带来身体和心灵上的伤害。这里的伤害既指对自己，也指对他人或对第三方。如果一方患有性病或艾滋病，就有可能在无防护的性行为中传染给对方，甚至传染给后代。

（四）承担责任

性行为可能会导致女方怀孕，即便只是一次。所以在发生性行为之前，必须做好为女方和有可能出生的新生命承担一切责任的准备，包括物质上的和心理上的准备。

只有同时满足以上四个标准的性行为，才算是道德的性行为。为了自己和下一代的身心健康，请学会保护自己，同时尊重和爱护他人。

思考题

1. 什么是人际交往中的心理效应？
2. 你在选择恋人时会考虑哪些因素？
3. 大学生婚前性行为的动机有哪些？

心理训练

活动一　信任之旅

认识信任在人际交往中的意义，学习非言语交往的技巧，体会助人与被助的快乐。

1. 抽签选定盲人和向导角色。

2. 扮演盲人的学生用眼罩蒙住眼睛，原地转 3 圈，暂时失去方向感。

3. 扮演向导的同学站在盲人的面前，教师发出开始的指令后，每位向导搀扶一位盲人，并带领“盲人”沿着选定的路线行走。其间，“向导”不能暴露自己的身份，不能讲话，只能用肢体语言帮助“盲人”，体验助人与被助的感觉。

4. 角色互换，最好换新同伴，重复上面的活动。

5. 分享：

(1) 作为盲人与向导，感受如何？

(2) 在带领过程中你是如何传达信息、如何沟通的？

(3) 完成活动是否顺利？为什么？

6. 教师小结。

活动二　火星撞地球

男人和女人就像来自不同的星球，有不同的感情需要，有不同的思维方式。

1. 男生眼中的女生(男生填写)

(1) 你认为女生最吸引你的三项特质,依次用A,B,C标出。

A温柔,B漂亮,C贤惠,D热情,E真诚,F稳重,G聪明,H勤奋,I身材好,J有修养,K好运动,L有主见,M活泼外向,N内向沉稳,O善于打扮,P穿着大方,Q爱好相近,R家庭背景好,S其他(列出上面未说明而你认为重要的特质)。

(2) 简单描述你讨厌什么样的女生。

2. 女生眼中的男生(女生填写)

(1) 你认为男生最吸引你的三项特质,依次用A,B,C标出。

A高大,B英俊,C幽默,D真诚,E稳重,F热情,G聪明,H勤奋,I讲义气,J好运动,K有主见,L有修养,M出手大方,N乐观外向,O穿着潇洒,P爱好相近,Q乐于助人,R家庭背景好,S其他(列出上面未说明而你认为重要的特质)。

(2) 简单描述你讨厌什么样的男生。

3. 统计并公布调查结果,并由此展开讨论

(1) 女生为什么看重男生的这些特质?对男生的启示。

(2) 男生为什么看重女生的这些特质?对女生的启示。

参考文献

李晓东,陈传万,林飞.新时代大学生心理健康教育[M].上海:上海大学出版社,2020.

龚璞,秦戟,郑媛.心之所向——大学生心理健康教育[M].哈尔滨:哈尔滨工业大学出版社.2019.

陈秋红,彭怀学,熊娟梅.大学生心理健康教育——为心灵护航[M].成都:电子科技大学出版社,2019.

刘嵋.心理健康教育[M].北京:清华大学出版社,2019.

邓彦.大学生心理健康教育实用教程[M].上海:上海交通大学出版社,2019.

谢特秀.大学生心理健康教育[M].沈阳:东北大学出版社,2015.

樊富珉,王建中.当代大学生心理健康教程[M].湖北:武汉大学出版社,2006.

戴维·迈尔斯(David G. Myers)著.侯玉波,乐国安,张智勇等译.社会心理学(第 11 版)[M].北京:人民邮电出版社,2016.

理查德·格里格,菲利普·津巴多著.心理学与生活(第 19 版)[M].北京:人民邮电出版社,2014.

推荐阅读

《中国人的性爱和婚姻》(李银河著,中国友谊出版社,2002.)

《爱情心理学》(罗伯特 J.斯腾伯格,凯琳·斯腾伯格著,倪爱萍译.北京:世界图书出版社,2024.)

推荐影片

《傲慢与偏见》

第八章 CHAPTER 8 >>>>

网络迷境：大学生网络心理探索

案例导入

小林是一名大一新生，高中时不经常使用网络，进入大学后，逐渐依赖网络生活。每天除了上课，他把几乎所有的课余时间都花在了手机和电脑上。他沉迷于社交媒体，通过点赞、评论和分享与朋友们保持联系，并乐此不疲地刷着短视频和网络直播。在网络世界里，小林感觉自己能够得到很多现实中得不到的关注和认可。

随着时间的推移，小林发现自己在现实生活中越来越孤独。他的室友会因为他沉迷网络而嘲笑他，他也因为无法专注于学业而感到焦虑。有一次，小林因为在网络上发表了意见而被陌生网友攻击，感到非常受伤，自尊心受到了极大打击。他开始怀疑自己在网络世界里的价值，逐渐对网络产生了抵触情绪，但又无法彻底摆脱对网络的依赖。

小王是小林的同学，性格开朗，喜欢结交朋友。她不仅在现实中人缘很好，在网络上也有很多粉丝。小王经常在社交媒体上分享自己的生活点滴，收获了大量的点赞和评论。后来有一天，她发现有人匿名在她的帖子下留言，恶意攻击她的外貌和生活习惯。尽管小王知道这些言论不属实，但还是感到非常难过。她开始逐渐不再像以前那样积极分享自己的生活，甚至对社交媒体产生了恐惧感。

案例中小林和小王遇到了什么问题？我们如何帮助他们？

通过这些案例，我们可以看到大学生在网络世界中的困境与挑战。如何平衡网络生活与现实生活，如何应对网络中的负面信息，如何在网络社交中保持心理健康，都是大学生需要面对的重要课题。本章我们将深入探讨网络对大学生的心理影响，以及如何建立健康的网络使用习惯，维护良好的心理状态。

第一节　网络心理概述

一、网络心理

大学生生理和心理的发展只是相对的成熟，正处于人生发展的过渡期。他们对新奇事物更感兴趣，对情感交流的要求更加迫切，而网络正好满足了大学生好奇、探索、情感交流的需要。正如鸟儿向往自由的天空，大学生也同样向往自由的空间。自由和幻想在大学生身上得到了完美诠释，而学习的压力与现实的负担束缚了他们飞翔的翅膀。当在现实中的压力没有办法得到排解、宣泄时，网络就成了他们最好的朋友。人本主义心理学家马斯洛的需要层次理论认为，人具有生理、安全、交友、尊重、自我实现的需要，这些需要由低到高排列，第一层次的需要满足后就需要获得高层次需要的满足。对于当代大学生来说，仅仅满足衣食住行这样的生理需要是不够的，他们的交友社会需要，尊重、自我实现心理需要满足的要求更加迫切。现实中，并不是所有的大学生都可以得偿所愿，如获得奖学金、追求到心仪的女孩、成为班干部等，而网络却能够给他们带来很大的慰藉。

（一）好奇与认知心理

互联网每天发布的信息是任何传统媒体所无法比拟的，内容无奇不有，无所不在，凡是大学生喜爱的，都可以在网上找到相关的内容，而且集文字、图片、声音、动漫、视频等各种形式于一体。好奇是一种以认知为基础的情绪，任何人对新异的刺激都会产生好奇。大学时期的好奇心比任何时候都强烈。好奇是由新异刺激引起的一种生理唤醒水平，也是青少年探索外部世界的动力，信息新奇的网络之所以能紧紧地吸引着大学生，就是因为它能够满足他们的猎奇心理。大学生在网络中探索，体验着兴奋、愉快、惊悚等，享受着强烈的感官刺激。当然，大部分大学生是有针对性地注重与学习、目标知识有关的信息，以满足提高自身认知的需要。

（二）时尚与从众心理

当同学谈论网络游戏、事件、微博时，周围的人都在使用“硬核、绝绝子、金钱豹、佛系……”这样的网络流行语时，身为其中一员的你，如果不能插上几句，甚至不知所云，难免会有“out”了的感觉。能否使用网络语言，是大学生的一种时尚，这种心理在大学生中并不少见。在大学校园里，你可以没有手机，但不可以没有 QQ、微信。如果有谁说“我没有碰过网络”，那他就糗大了。这种对网络时尚的集体追捧，一方面，源自年轻人对时尚追求的本性；另一方面，从众心理也在其中发挥了作用。

（三）娱乐与游戏心理

大学生对互联网娱乐功能的使用超过任何一种其他功能。这种现象早就引起人们的注意，学校、社会做了很多努力，希望通过宣传教育和正确引导，使大学生更多地关注娱乐功能以外的互联网其他功能。例如，学习辅助功能等。然而，娱乐休闲仍然是大学生使用网络的首要动机，当然它对于缓解紧张情绪、释放压力、放松心情也具有重要的作用。在众多娱乐项目中，尤以网络游戏备受大学生的青睐，有的大学生对网络游戏产生巨大的依赖心理，甚至发展为游戏成瘾。

（四）自我实现与认同心理

网络空间的独特虚拟性质，可以很好地满足大学生寻求独立、摆脱控制的心理需求。他们可以随心所欲地暴露自我、张扬自我、宣泄自我，可以在网上颠覆自己的社会角色，可以成为万众瞩目的焦点、明星和英雄。在网络世界里，他们体验到了快乐与满足，获得认同感，自我价值得到了实现。以网络游戏为例，它为玩家营造了一个虚拟世界，使参与者轻易地完成了所设置的游戏任务，游戏者的主体性和创造性得到了张扬，丰富的社会情感和强烈的社会责任感得到培育，高峰体验也得以经历，这种对现实中自我实现缺失的弥补正是影响大学生网络行为的重要影响因素。网络提供了一个自我实现的平台，在这里许多学生都能体验到成功和认同。

二、网络对大学生的影响

（一）网络对大学生认知的影响

网络对大学生的认知产生了深远的影响。首先，网络为大学生提供了一个无边界的信息海洋，他们可以随时随地接触到海量的知识资源，从而极大地扩展了他们的认知范围。然而，这种信息爆炸的状态也带来了信息过载的问题，大学生需要花费大量时间筛选和整理信息，这可能会分散他们的注意力，影响学习的深度和效果。其次，网络上的信息具有碎片化的特点，大学生往往只能获取片面、零散的知识，难以形成系统、全面的认知结构。这种碎片化的学习方式可能会使大学生在思考问题时缺乏连贯性和逻辑性。此外，网络上的信息真伪难辨，一些虚假信息和误导性内容可能会影响大学生的判断，对他们的认知产生不良影响。因此，大学生需要具备较高的信息素养和媒介素养，学会筛选和辨别信息，以形成正确、全面的认知。网络对大学生的认知既有积极影响，也存在潜在的挑战。大学生需要充分利用网络资源，同时也要避免其带来的负面影响，以形成健康、全面的认知结构。

（二）网络对大学生情感的影响

网络对大学生的情感世界产生了深刻的影响。首先，网络社交平台为大学生提供了一个自由表达情感的渠道。他们可以通过文字、图片、视频等多种形式分享自己的心情和经历，以获得他人的关注和回应，从而感受到被认同和接纳的满足感。然而，网络上的匿名性和距离感也可能导致大学生在情感表达上过于直接和冲动。他们可能会因为缺乏面对面的交流而忽略他人的感受，甚至产生网络欺凌和网络暴力的行为。此外，过度依赖网络社交，也可能使大学生在现实生活中的人际交往能力下降，导致情感孤独和疏离。同时，网络上的虚假信息和负面舆论也可能对大学生的情感产生负面影响。他们可能会因为接触到一些不实的言论或事件而产生负面情绪，如焦虑、愤怒、沮丧等。因此，大学生需要学会理性看待网络上的信息，避免被负面情绪所左右。大学生在使用网络的过程中需要保持理性、健康的情感状态，学会与人面对面地交流和沟通，以建立更加稳固和真诚的人际关系。

（三）网络对大学生心理健康的影响

网络对大学生的心理健康具有双重影响。一方面，网络不仅为大学生提供了跨越地域和时间限制的交往机会，有助于他们建立更广泛的人际关系，这对于维护个体的心理健康具有积极作用；同时，在网络这样一个广阔的大舞台上，大学生可以通过展示自己的才华和个性，得到他人的认可和赞赏，这有助于增强他们的自信心，促进个性、能力的发展。另一方面，过度依赖网络可能导致大学生网络成瘾，表现为无法控制上网时间，从而影响学业和日常生活。这种成瘾行为会导致孤独、抑郁等心理问题，严重损害心理健康。由于网络挤占了大量时间，部分大学生可能无法集中精力完成学业任务，导致学习成绩下降，学习压力增大，进而心理负担加剧。另外，长时间接触网络上的不良信息，可能导致部分大学生的人生观、价值观、道德观扭曲，这将对他们的心理健康产生长远的不良影响。

三、网络心理健康教育的特点

网络心理健康教育是在传统心理健康教育基础上发展起来的。从广义上讲，网络心理健康教育不仅指网上心理健康教育，还指现实中针对网络影响开展的心理健康教育。它不仅指网络的心理健康教育，还指心理健康教育的网络化。传统心理健康教育是一种教育理念，是渗透在所有教育活动中的一种教育信念和态度，又是由一系列具体的教育活动构成的教育工作。这一本质必然反映到网络心理健康教育的本质中来。网络心理健康教育是以网络为媒介的，网络的本质也必然会反映到网络心理健康教育的本质中来。网络的本质是人与人之间一种开放的联系。正如李普纳克和斯坦普斯在《网络的形成》一书中所写的："网络就是连接我们共同活动、希望和理想的连环，网络形成是形成人们相互联系的过程。"经过近年的实践探索和理论磨合，我国学者对网络心理健康教育的内涵与特点的认识已渐趋一致，其核心就是借助网络这一载体，结合心理健康教育的目标与手段，构建全方位的大学生心理健康教育模式。网络心理健康教育主要具有以下特点：

（一）网络资源助力心理健康教育的普及

网络为大学生提供了丰富的心理教育资源，包括心理健康知识、心理测评工具、心理咨询案例等。这些资源可以迅速传播，使得大学生能够方便地获取所需信息。同时，网络信息共享的特性也使心理教育资源得到充分利用，提高了心理健康教育的普及率。

（二）海量信息拓宽心理健康教育视野

网络上心理健康教育信息容量巨大，涵盖了从基础理论知识到实践应用案例的各个方面。这些丰富的信息资源有助于大学生拓宽心理健康教育视野，加深对心理健康问题的认识和理解。此外，通过网络还可以方便地获取国际最新的心理健康研究成果和理念，进一步提升心理健康教育水平。

（三）平等自由的心理交流提升自我成长水平

网络为大学生提供了一个平等自由的心理交流平台，使得他们可以随时随地进行心理交流和沟通。这种交流方式不受地域、时间、身份等因素的限制，使得大学生能够更加全面、及时地表达自己的情感和需求。通过网络交流，大学生可以互相倾听、互相支持，增强心理抗压能力，促进心理健康成长。

（四）跨领域心理健康教育合作促进系统整合

网络使得各个领域、各层次的心理教育能够相互联系和沟通。无论是学校心理健康教育、家庭心理健康教育还是社区心理健康教育，都可以通过网络平台进行信息共享和交流合作。这种跨领域的心理健康教育合作，有助于形成教育合力，提高心理健康教育的针对性和实效性。

（五）网上交流与沟通推动心理健康教育创新

通过网络平台，心理健康教育理论与实践可以实现互惠互动。基础理论研究、应用研究、心理健康教育实际操作技术研究三个层面可以网上交流和沟通，分享研究成果和实践经验。这种互动方式有助于推动心理健康教育创新，提高心理健康教育的科学性和实效性。同时，也可以促进心理健康教育理论与实践的紧密结合，为大学生提供更加全面、系统的心理健康教育服务。

因此，伴随着网络技术的兴起和普及，网络心理健康教育不仅是传统心理健康教育在其领域、方式及手段上的拓展和延伸，更是一种全新的心理健康教育模式和理念，是心理健康教育发展和创新的一种新趋势。以互联网为代表的信息网络技术除了以其数字化、网络化、高速化、信息容量大、虚拟性等技术特性，促进心理健康教育内容、方法、手段的创新外，更以其平等、自主、交互的社会性内涵推动了心理健康教育理念的创新。作为对时代的回应，网络心理健康教育不能只是技术和工具层面上的，还应该在此基础上进行整体性的心理健康教育理念转换。

拓展阅读

儒家式应对思想对大学生网络成瘾的影响机制

——基于文化防治路径的探索(节选)

研究首次实证萃取了中国儒家式应对思想中对于防治大学生网络成瘾具有价值的因子(挫折内在乐观性、人的责任性思想),这是对中华传统文化的当代心理保健价值进行创造性转化及实证萃取的一次有益尝试。此外,研究的结果也为教育工作者和心理卫生工作者提供了启示:可通过培养挫折内在乐观性和人的责任性等儒家式应对思想来激活积极情绪、缓解消极情绪和改善网络成瘾。这对于大学生情绪健康的改善和网络成瘾的科学防治具有一定的实践指导价值,具体操作性建议如下。

1. 构建大学生网络成瘾防治的儒家“文化疫苗”,应取其精华,去其糟粕。

儒家文化作为流传中国近千年的主流文化,潜移默化地影响着中国大学生的思维模式。当今世界,文化的多元性和开放性意味着各种文化得以相互交流和融合。随着社会的快速变革和国际化进程的推动,命中注定、命不可违及过度美化挫折苦难等此类传统封建思想或消极传统观念逐渐被当代大学生所抛弃。因此,这也可以解释为何本研究中有62%的大学生不认可对挫折苦难的美化,以及儒家式应对方式中的“命”认识不但不能降低消极情绪体验和网络成瘾,反而与人的责任性呈显著负相关,对人的责任性有消极影响。这也启示我们对待传统文化必须取其精华,去其糟粕,让儒家文化得到创造性转化、创新性发展,这样才能构建大学生网络成瘾防治的儒家“文化疫苗”,增强文化自信。

2. 学校教育应推动儒家文化在大学生心理健康教育课程中的开发及应用,促使儒家等中国优秀传统文化与大学生心理健康教育课程的有机融合。

孔子说:“智者乐水,仁者乐山。”儒家思想将自然山水比喻成君子美好的品德,用积极情绪体验来减少对消极情绪体验的感知,形成一种独特的儒家式应对观念。维持心理健康的关键是培育良好的心理素质,而心理健康教育课程是培育大学生心理素质的重要途径。因此，应大力推动儒家文化在大学生心理健康教育课程中的开发与应用，将反映责任担当和挫折内在乐观性等优秀儒家思想的典籍和典故，经过课程开发者、课程实施者的选择和开发而纳入心理健康教育课程之中，充实和优化大学生心理健康教育课程的内容，促进儒家等中国优秀传统文化与大学生心理健康教育课程的有机融合，培育学生良好心理素质，提高学生心理韧性，维护情绪健康，减少网络成瘾。

3. 学校教育还应主动将儒家应对思想中的责任性等积极成分与中华民族伟大复兴的历史使命相结合，增加大学生网络成瘾防治的自觉性。

已有研究也发现，人的责任性和挫折内在乐观性能够增加生命意义的追寻与肯定，进而正向提升心理健康。学校作为教书育人的场所，不仅要重视学生的学习成绩，更要培养心理健康和综合素质完善的大学生。人的责任性体现了儒家对社会责任的坚守，例如《论语·泰伯章》强调“士不可以不弘毅，任重而道远”；《大学》也主张“修身齐家、治国平天下”；顾炎武更是认为“天下兴亡匹夫有责”，即儒家认为每个人都应该树立高度的社会责任感和担当意识，并拥有百折不挠的乐观精神。当前，实现中华民族伟大复兴是每一位中国人的历史责任，大学生更应主动肩负起实现中华民族伟大复兴的历史使命，教育在其中大有可为。因此，学校教育应主动将儒家应对思想的责任性等积极成分与中华民族伟大复兴的历史使命相结合，以价值观教育为导向，让大学生意识到自己背负的责任，从而自觉防治网络成瘾。

［资料来源：王鑫强，李静怡.儒家式应对思想对大学生网络成瘾的影响机制——基于文化防治路径的探索［J］.教育学术月刊，2023，(10)：105－112.］

第二节　大学生常见的网络心理问题及对策

一、大学生常见的网络心理问题

网络给大学生活增添了丰富的内容，带来了便捷和效率；与此同时，网络也给大学生带来了许多消极的心理影响。有研究表明，使用网络对大学生心理健康产生了较大的负面影响。近年来，由网络引发的心理问题诸如网络成瘾等，受到了心理学家和全社会的广泛关注。在享受网络带来便利生活的同时，如何发现和认清网络带来的负面影响，值得我们每一个大学生去关注。

（一）网络迷恋

网络迷恋表现为：开始是精神上的依赖，渴望上网；随后为身体上的依赖，不上网则情绪低落、疲乏无力、外表憔悴、茫然失措，只有上网后精神才能恢复正常。部分学生缺乏自律和自我控制，连续上网十几小时，不吃不喝，上网时精神兴奋，下网后烦躁不安；为享受上网乐趣，不惜支付巨额费用，甚至荒废学业事业。这种过度迷恋网络是对现实的一种逃避，一种退缩，也是一种社会责任感的淡化，它不仅不能真正地解决大学生面临的现实问题，反而会更多地产生自我迷失，生活重心丧失、人际沟通障碍，产生非理性的甚至反社会的行为。网络迷恋心理障碍包括：网络色情迷恋、网络交际迷恋、网络游戏迷恋、网络恋情迷恋、网络信息收集成瘾、网络制作迷恋。在这六种类型中，网络交际迷恋者、网络游戏迷恋者、网络恋情迷恋者及网络信息收集成瘾者占大学生网络迷恋群体中的多数。

（二）网络恐惧

在信息爆炸的时代，大学生每天面对着海量的网络资讯，从学术前沿到娱乐八卦，从国际局势到校园生活，无所不包。然而，这种信息的无限供给却让人应接不暇，产生“错过恐惧症”，担心错过任何重要信息或热点话题，进而导致焦虑不安，甚至影响日常学习与休息。在网络时代，一方面，大学生们频繁使用各类 APP，留下了大量的个人信息。对于这些信息可能被滥用或泄露的担忧，让他们在网络活动中变得小心翼翼，甚至产生恐惧心理，影响了对网络资源的充分利用。另一方面，由于大学生过度依赖社交媒体，他们可能陷入一种虚假的社交满足感中，忽视了现实生活中的人际交往。当虚拟世界的点赞与评论成为衡量自我价值的标尺时，一旦离开网络，他们便会感受到前所未有的孤独与空虚。

（三）网恋综合征

网恋综合征是指在通过网络进行恋爱交往过程中，大学生过度投入、不恰当的恋爱观念、缺乏现实社交经验等多种因素，导致出现的一系列心理、行为及生理上的问题或症状。这些问题可能严重影响到大学生的学习、生活、人际关系及其心理健康。网恋综合征的主要表现为，情感上对网恋对象产生过度依赖，难以自拔；认知上对网恋对象有过高的期望或幻想，忽视现实中的差距和问题；行为上花费大量时间和精力在网络恋爱上，影响学业和正常生活，甚至不惜花费大量金钱购买虚拟礼物或支持网恋对象，造成经济负担。生活上因过度沉迷于网恋而忽视现实生活中的人际交往，导致人际关系淡漠。

（四）网络自我迷失和自我认同混乱

青年期的大学生是自我发展的关键时期，需在现实的人际交往中认识自我、发展自我、完善自我。而网络上的自我往往是虚拟的，对自我的判断缺乏真实的参照物，对自我的评价是茫然和空幻的。网络自我的虚拟性，使大学生不能客观、正确地认识自我，也谈不上发展自我，更不能及时地融入班集体、融入社会。在网络中，由于真实自我的"隐退"，社会现实所要求的道德规范、规则在虚拟世界中被隔离、冻结，自我约束力本来不强的大学生可以任意放纵自我、表现自我，而不必担心受到社会现实的惩罚。极少数学生会在表现自我时将社会的要求抛之脑后，如任意浏览反动、黄色网站，为了体验自我变态的快感，在网上大搞恶作剧，甚至进行网上匿名发布假消息、造谣中伤他人、非法进入他人网络、制造网络病毒等。

（五）网络双重人格与自闭倾向

网络双重人格指一个人在网络中的表现与在现实生活中的表现有很大的反差，甚至判若两人。网络的一大特点是隐匿性，甚至连性别也无从知晓，可以避免面对面交流中出现的顾虑和尴尬，每个人都可以不计后果地展示内心的隐私和黑暗，追求宣泄和解脱。久而久之，一些人在网络中"塑造"了一个虚拟的自己。这就使现实中真实的自己与网络中虚拟的自己无法重合，不能相互印证，从而导致双重人格。网络中的人际交往是虚幻的、间接的"人—机—人"交往，而不是现实中的"人—人"交往。网络中的人都是"隐形人"，可以不顾及现实中人的交往伦理、原则、技巧，久而久之，很可能会使大学生产生现实的人际交往障碍。对人冷漠、虚假，不愿交往、人际疏远，并相伴情绪低落、消沉，精神不振，产生孤独、苦闷、焦虑、压抑等情绪。许多同学原本就性格内向、不善交往，或无聊时才上网，结果网络反而为其提供了逃避现实人际交往的机会和场所，进而产生自闭倾向。

（六）网络成瘾综合征

大学生如果上网持续时间过长，就会使大脑神经中枢持续处于高度兴奋状态，引起肾上腺素水平异常增高，交感神经异常兴奋，血压升高。这些改变可引起一系列复杂的生理和生物化学变化，尤其是神经紊乱、体内激素水平失衡，使大学生免疫功能降低，诱发多种生理的并发疾患，如心血管疾患、胃肠神经官能症、紧张性头痛等。同时，由于眼睛长时间注视电脑或手机屏幕，视网膜上的感光物质视紫红质消耗过多，若未能及时补充其合成物质维生素 A 和相关蛋白质，就会导致视力下降、眼痛、怕光、暗适应能力降低等。所有这些可以统称为互联网络成瘾综合征。其主要症状有：上网后精神极度亢奋、行为不能自制；对现实生活无兴趣；不上网时手指会不停地运动、严重时全身发抖、痉挛；也有人因陷得太深而不能自拔，最终走上自杀的道路。

二、网络心理问题的危害

（一）身体健康受损

长时间沉迷于网络，如连续玩网络游戏、浏览社交软件等，会导致大学生缺乏足够的体育锻炼和休息时间。这不仅会引起视力下降、颈椎疼痛等身体问题，还会引发肥胖、心血管疾病等慢性疾病。同时，不规律的作息习惯也会影响大学生的生物钟，导致睡眠质量下降，进一步损害身体健康。

（二）心理健康受损

大学生网络心理问题最直接的体现就是心理健康受损。过度依赖网络可能会导致个体产生焦虑、抑郁等情绪。在网络世界中，大学生往往容易忽视自己的真实感受和需求，过度追求虚拟的认同感和满足感，导致心理失衡。此外，网络中的负面信息也可能对大学生产生负面影响，如网络暴力、谣言等会使大学生迷惑不解，进而怀疑人生，影响心理健康。

（三）学业成绩下降

网络心理问题对大学生的学业也有着不容忽视的影响。一方面，沉迷于网络游戏、社交媒体等可能分散大学生的学习注意力，降低学习效率；另一方面，网络上的海量信息会让大学生感到无所适从，产生信息焦虑和信息过载的问题，进而影响学习效果。此外，一些大学生还会因为网络上的诱惑而放弃学习，导致学业成绩下滑。

（四）人际关系紧张

网络心理问题会导致大学生人际关系紧张。过度依赖网络社交会让大学生忽视现实生活中的人际交往，导致社交技能下降。同时，网络中的虚拟身份和社交环境与现实世界存在很大差异，长期沉浸在虚拟世界中会导致个体对现实世界的社交环境感到不适和困惑。此外，网络中的误解、谣言等也会引发人际矛盾，加剧人际关系的紧张。

（五）认知行为偏差

网络心理问题还会导致大学生的行为出现偏差。一些大学生因为受到网络中不良信息或价值观的影响，产生错误的行为倾向。例如，他们沉迷于网络游戏中的暴力、色情等元素，将这些元素带入现实生活；或者受到网络中欺诈、虚假信息的影响，进行非法活动或参与网络诈骗等。这些行为不仅对大学生自身造成伤害，还会对社会造成不良影响。

三、网络心理问题的对策

网络对大学生的学习和生活等诸方面都带来了积极的影响，但需要注意的是，部分大学生在一定程度上表现出了各种不同的网络心理问题，对其日常的学习生活产生了负面影响。这就要求高校心理健康教育工作者密切关注并高度重视大学生的网络心理教育问题，争取全面把握大学生的心理动态和变化规律，积极主动采取各种有效措施，培养大学生健康的网络心理。

（一）全方位多角度建立高校网络心理教育系统

首先，要做的是加强思想政治教育工作和心理健康教育工作者信息素质的培养和网络知识的丰富化。在网络信息时代，我们的教育者需具有获取、传递网络信息的能力，健康的网络是培养高信息素质大学生的前提。同时将多种教育结合起来，建立心理健康教育中心、信息技术中心、学生工作部门等构成的网络行为教育和管理队伍，实时关注大学生的网络关注热点，正确引导网络舆论。

其次，要大力加强网络建设。在高校网络心理教育系统建设中，加强校园网络建设是至关重要的一环。这不仅关乎网络基础设施的完善，还涉及网络安全、网络资源的优化配置以及网络服务的个性化与便捷性等多个方面。为此，高校应该积极加强校园网络建设，加强网络信息安全性监管，积极促进优秀的传统文化和先进文化的网络传播，丰富校园网络内容，将大学生的网络主场转移回校园中，从源头上净化网络，避免“有害数据”的输人，防止网络不良行为的出现。

再次,普及网络技术知识,加强理智运用网络资源的宣传教育。研究表明:多数大学生对当前的网络运行和网络信息获取存在一些消极态度,认为当前的计算机网络平台存在很多不足,这固然与网络本身有关,也反映了大学生自身的急切和不客观心理。因而应在大学里开设一些大学生网络普及的课程、讲座等,或是利用校园网、网络小报、网络宣传材料等进行网络宣传教育,使他们对网络有正确客观的认识,转变大学生对网络的痴迷和盲目崇拜的认知成分或是不理智的埋怨,提升大学生网络运用主体意识,帮助他们正确处理学习、生活和网络之间的关系,防止网络不良问题的出现。

最后,优化网络心理教育环境,丰富网络心理教育活动。调查发现:大学生上网的主要目的集中在获取信息,学习知识,休闲娱乐等,因而高校可以针对大学生主流的网络兴趣,开展各种有益的活动,建设属于大学生群体的网络专属地带,引导和规范网络行为。日常生活中,网络心理教育活动的开展一般应遵循一些基本的原则,如"活动"与"教育"和谐统一的原则,密切结合教育目的、选择健康文明的、有鲜明思想性的教育活动;活动形式遵循创新性原则,教育活动要注意结合大学生心理发展特点,不断变换活动形式,精心活动组织,活动前明确活动目的和具体的活动内容,活动中积极启发大学生朝着既定的教育目的发展,活动结束后积极总结,对活动结果进行巩固、深化;还要遵循网络环境优化原则,让大学生积极置身其中,获得积极的情感体验。

(二)加强大学生网络心理的援助体系建设

现代网络信息技术的迅猛发展,一方面造就了一大批大学生网民,使部分同学出现了不同程度的网络心理问题;同时,也给大学生心理健康教育提供了广阔空间和新阵地。高校可以充分利用校园网络的优势,积极开辟网络心理教育专栏,不断加大网络心理援助力度,充分发挥大学生在网络心理教育中互帮互助的作用。首先,要建立网络心理教育培训体系。网络心理教育平台的建立最大的优势是使大学生平等参与、畅所欲言、不受权威限制,在互相尊重的前提下彼此交流不分优劣,促进内心体验的最大共鸣。网络心理教育还具有共享性,可以多人参与而不限于来访者和咨询师的既定角色,也不受时空限制,只要进入网络平台,即可以随时随地交流体验,解决问题。另外,网络的匿名性特点也可以再次发挥巨大作用,使产生网络心理问题的大学生能够摆脱思想束缚，尽情吐露内心的困惑和苦闷，克服了面对面咨询的局限。

其次，要建立网络心理互助体系。随着大学生网络心理问题日益突出，大学生网络心理的健康教育备受社会各界关注。大学生主体意识、互动意识在现代教育中的地位越来越重要，在网络心理问题的解决中，也可以充分发挥大学生主动互助的热情，构建大学生网络心理互助体系，强化健康网络行为的自觉性，增强自我教育意识。大学生们彼此的境遇、需要、地位等都比较相似，心理相通，也最容易交流沟通、彼此接纳。网络心理互助体系的建立，可以充分调动大学生的主动性、自觉性，增强网络心理教育的实效性，促进助人、自助，也有利于大学生自身心理健康水平的提高和助人为乐的良好品质的培养。

再次，构建网络心理互助联盟。大学生网络心理问题的解决，不能仅靠高校心理健康教育、思想政治教育工作者和大学生自身的努力，还要充分集结家庭、高校、朋辈等多方面的力量，构建网络心理互助的多级互动联盟，为大学生提供尽可能多的社会支持系统。这既促进了网络心理问题的解决，同时也提高了大学生心理素质，完善了心理品格。学校需以学生为本改变传统管理体制，充分利用高校教育自助平台、心理热线、心灵信箱、网络聊天室等多种平台，发挥家长、同伴、社会热心人士等的积极性，构筑强大的社会支持和心理互助系统。

（三）加强网络道德教育和法制教育，增强大学生网络自律意识

首先，要不断加强网络道德教育。在开放虚拟的网络空间里，部分大学生网络道德的欠缺使他们出现了各种不良行为，对自己的行为缺少责任感。同时也使他们更容易受到网络虚假信息、网络色情、暴力等的腐蚀。因而高校需不断加强网络道德教育，增强大学生的自律意识。网络的虚拟性、匿名性特点使传统的监管手段遇到障碍，为此，学校应积极确立网络道德标准，使大学生能够自觉抵制网络的负面影响，学会自我反思，能够遵照社会价值和社会规范，积极面对、处理各种网络信息，实现自我的和谐统一。

其次，严格贯彻落实网络法制教育。现今大学生网络犯罪行为屡见不鲜，其淡薄的法律意识是关键因素之一。很多大学生做出网络犯罪行为，自己却并不知道已经触犯法律。当前，学校应努力采取各种有效措施，增强大学生网民的自律意识和法律意识，通过现实案例展示和法律知识传授，促使

大学生自觉遵守相关法律制度,规范个人行为。同时,学校应提高法制教育的创新性,采用多样化的教育方法和手段,在大学生心中打下法律的烙印,实现网络世界中的规章制度、道德约束、文化环境、生活观念等多方面的和谐统。

思政小贴士

加强网络文化建设　坚定文化自信

习近平总书记多次强调,要坚定文化自信,推动中华优秀传统文化创造性转化、创新性发展,继承革命文化,发展社会主义先进文化,不断铸就中华文化新辉煌,建设社会主义文化强国。而要做到这些,就必须掌握网络文化建设的主动权和话语权,使文化自信在人民群众的心中生根发芽。

第一,互联网是文化建设的重要阵地。互联网上的内容投放与议题设置,可以对中国特色社会主义文化建设产生持续而深远的影响。互联网是内容高产的地方,信息传播速度快、范围广。这就要求我们必须充分重视网络舆论阵地建设,强化中华优秀传统文化、革命文化和社会主义先进文化的内容投放,注重议题设置的主动性和灵活性,以润物细无声的方式滋养我们的文化,坚定我们的文化自信。从某种意义上说,文化构建了社会与民族的信念,这种信念映照过去,关乎当下,也孕育未来。

第二,在文化建设过程中坚定文化自信。文化自信是一个国家、一个民族发展中更基本、更深沉、更持久的力量。习近平总书记指出:“向上向善的文化是一个国家、一个民族休戚与共、血脉相连的重要纽带。”而在文化建设过程中,不断增强文化自信,不仅是实现民族复兴的历史使命,也是每个中国人的时代责任。在文化建设中凝聚人心,强化认同,赋予使命。能够凝聚人与人的,大致有三个因素——兴趣、利益与“三观”。其中真正能够长期聚合人们的,是比较接近的“三观”。而一个民族的文化自信,恰恰有助于形成比较一致和接近的“三观”,也有助于增进民众的文化认同。互联网则给了我们更广阔的传播渠道、更生动的图片与视频、更具互动性的“文化教育”方式,并使我们在不知不觉中强化民族自豪感,进而更加坚定“四个自信”。

第三,坚定文化自信是一个长期过程。文化建设始终存在,而且与经济社会发展相辅相成。在某种程度上，文化建设的成功，不仅有助于经济社会发展取得更多成就，也使发展更加行稳致远。反过来，经济社会的全面协调可持续发展既能为文化建设打下良好基础，也有助于增强文化自信。因此，坚定文化自信必然是个长期的、渐进的、系统的过程，与时代同进步，与文化共发展。压紧压实平台责任，不仅要求平台承担社会责任，更要有文化担当。最有效的舆情管理，就是文化与价值观引导。而长期的、富有成效的文化与价值观引导，其结果就是文化建设的行稳致远，就是网络舆论氛围的风清气正，就是文化自信的更加坚定。

［资料来源：中国社会科学网，加强网络文化建设 坚定文化自信，https://www.cssn.cn/skgz/bwyc/202208/t20220803_5465124.shtml］

第三节　预防大学生网络成瘾

一、网络成瘾概述

上网充斥了许多大学生的课余时间，少数大学生甚至逃课上网，可见，网络已经影响了他们的正常学习和生活。这种对网络的过度使用，人们通常贴切地称之为网络成瘾。网络成瘾的大学生自己不能觉察到大量的时间在网络中快速地流逝，对自己的网络使用状况缺乏科学理解。大学生网络使用的状况是否已经达到成瘾的程度具有科学的判断标准，网瘾的戒除也需要科学的方法予以指导。

（一）网络成瘾的概念

成瘾一词源于拉丁语 addicere，在临床医学中是指病人对药物的依赖现象，最初仅用于药物成瘾，后来又有酒精成瘾、咖啡因成瘾等。随着研究的发展，行为学家发现成瘾的现象不仅发生在对药物的依赖上，还可以是对行为的依赖。他们提出了行为成瘾（behavioral addiction）的概念，认为“成瘾”是一种异乎寻常的行为方式。由于个体反复从事这些活动，导致的痛苦明显影响其生理和心理健康、职业功能和社会交往等。网络成瘾就是一种行为成瘾。

1994 年，美国哥伦比亚大学精神病学家依凡·金伯格（Ivan K. Goldberg）提出网络或互联网成瘾障碍（Internet addiction disorder，IAD）的概念，即个体过度使用互联网而导致明显的社会、心理损害的一种现象。我国台湾学者周倩认为，网络成瘾是重复地使用网络而导致的一种慢性或周期性的着迷状态，带来难以抗拒的再度使用欲望，对上网带来的快感一直有生理及心理依赖。也就是说，因为网络的许多特质带给使用者许多快感，同时又因很容易重复获得这些愉悦的体验，使用者便在享受这些快感时渐渐失去了时间感，导致沉迷和上瘾。

（二）网络成瘾的现状

网络成瘾在大学生群体的比例居高不下。据调查，全球范围内利用电脑、平板电脑、移动智能终端设备等接触互联网的用户超过35亿，其中我国青少年过度依赖网络的比例为10%，高于全球6%的平均水平；且我国网民群体中，20—29岁达27.9%，学生群体占比最多为24.8%。众多调查显示，多数大学生能正常使用网络，但也有小部分大学生存在程度不同的网络使用问题，极少数人已经严重影响他们的学习、生活及身心健康。

（三）网络成瘾的特点

网络成瘾是一种行为成瘾，与所有成瘾行为一样，具有以下共同的特点。

（1）突显性，也就是网络成瘾者的思维、情感和行为都被上网这一活动所控制，上网成为其主要活动，在无法上网时会体验到强烈的渴望。

（2）情绪改变，网络成瘾者在上网时迅速产生兴奋、紧张、满足等情绪体验。通过网络可以调节网络成瘾者的情绪体验，或上网成为其调节情绪的手段和策略。

（3）耐受性，成瘾者必须逐渐增加上网时间和投入程度，才能获得以前曾获得的满足感。

（4）戒断反应（或叫停药症状），在意外或被迫不能上网的情况下，成瘾者会产生心神不宁、烦躁不安等不良情绪体验，甚至会产生一些生理反应，如无缘无故头疼、头晕等。

（5）冲突性，网络成瘾行为会导致成瘾者与周围环境的冲突，如与家庭、朋友关系淡漠、疏离，喜欢独自生活；与成瘾者其他活动的冲突，如影响学习、工作、社会活动和其他爱好等。成瘾者内心对成瘾行为存在矛盾心态，即意识到过度上网的危害又不愿放弃上网带来的各种满足。

（6）复发，是指经过控制和戒除后，网络成瘾行为会反复发作。

(四)网络成瘾的指标

我们不能简单地认为一个长时间上网的人就是一个网络成瘾的人。对网络成瘾进行临床界定,需要从多角度、侧面和不同层次来进行。心理学者叶新东认为,对网络成瘾的鉴定包括以下几个方面的因素。

1. 上网时间

上网时间是判断网络成瘾的自然标准。不过时间在这里只是一个参考指标,而不是硬性指标,因为同样的上网时间对于不同行业、不同年龄阶段的个体可以有完全不同的意义。不能武断地规定上网时间超过多少小时就是网络成瘾,而应该看这个上网时间是否干扰了个体正常的生物节律和社会活动,同时参考个体周围人的评价。如果上网已经侵占了个体正常的工作和休息时间,并且为家人、朋友和同事所显见,这就成为一个重要的标准。

2. 网络内容

个体在网上的活动内容对于判断是否成瘾具有间接意义。如果个体的网络活动与学习、工作和生活毫无关系,而是无节制地聊天或者打游戏等消极行为,即使时间不算太长,也有网络成瘾的倾向。

3. 心理和行为状况

网络成瘾的心理指标主要表现在两个方面:上网改变了个体的情绪状态,个体只有在网上才能体验到放松、兴奋和自信等积极情感,在现实生活中则只体验到压抑、焦虑和无助等消极情感;上网改变了个体的认知方式,导致个体产生适应不良和泛化的灾难性的认知模式,并且具有“我不好”或者是“我是一个失败者”等核心观念。行为指标主要有:个体需要不断增加上网时间以维持一定的满足感;个体对自己过度上网行为感到焦虑而又无法抵制上网的诱惑;个体在不上网时会产生消极的情绪体验和不良的生理反应;个体试图对家人和朋友隐瞒真实的上网时间和费用等等。

4. 其他指标

在作判断时需了解个体近期的生活事件,如人际关系的不和谐、学习上的不顺心以及身体不适等,以确定个体是否把上网作为逃避现实的手段;正常社会生活的恶化是网络成瘾的直接指标,也是网络成瘾的临床判断基准。主要表现在成瘾行为影响了个体正常的学习、工作和生活等方面,导致人际关系恶化，学习能力减弱，工作效率降低，生活质量下降；还有一个典型指标，主要表现在个体的主要社会生活来自虚拟空间而没有适当的现实生活环境。

二、大学生网络成瘾的诱因

网络成瘾的发生受多种因素直接或间接影响，是认知、动机、行为、人格、社会等诸多因素相互作用的结果。研究表明，某些生活事件的发生可能成为大学生网络成瘾的诱因，例如考试失败、重修或重考、失恋等负性生活事件对大学生都会产生一定的心理影响。除了外界事件的诱因，大学生自身的某些心理特质是导致网络成瘾的内在因素。

（一）人格缺陷

大学生具有好奇心和创造性，容易接受新鲜事物，这使他们成为网络极大的受益者，同时也更容易沉迷于网络。相对而言，性格内向的大学生是网络成瘾的易患人群，具有忧郁特质和焦虑特质的大学生网络成瘾可能性较高。网络成瘾者往往具有下列人格特点：喜欢独处、敏感、倾向于抽象思维、警觉、不服从社会规范等。一个健全的人格应该具备自我认识客观、社会适应良好、人际关系和谐、情绪情感稳定等特点。而网络成瘾带来的心理问题多表现在自我认识、社会适应、人际交往等方面。由此可见，大学生的人格健全与否和个性倾向的特点是诱发网络成瘾的重要内在因素。

（二）意志力薄弱

当代大学生大多为独生子女，在家庭、学校、社会环境的长期影响下，部分学生意志力薄弱、自我控制力较差，即使在上网过程中已经清楚地意识到自己对网络的依赖在逐渐加重，也认识到网络成瘾的危害，但他们却不能抵制网络的诱惑，无法自拔，最终产生网络成瘾。有的同学生活缺乏目标，有的即便有一定的目标，也无法根据目标调节自身的行动去克服困难完成目标，缺乏坚强的意志力。

（三）低自尊感

自尊感较低的大学生更愿意从网上获得心理补偿。例如通过网络游戏获得现实生活中不易取得的成就感、力量感和自尊感，并在网络中宣泄自己潜在的攻击、愤怒乃至仇恨的情绪。网络环境中，上网者可以卸掉伪装，充分地张扬自我，有些现实生活中的沉默者，很可能在网上成为妙语连珠、风趣幽默的健谈者。在网络上他们更容易获得别人的尊重和理解。也有网络色情成瘾大学生通过浏览黄色网站，以获得青春期的性冲动和需求的满足。

三、预防和克制网络成瘾的措施

“罗马不是一天建成的”，戒除网瘾也不是一朝一夕就能成功的，这需要网络沉迷者付出极大的努力和耐心。除了需要坚强的意志力、足够的自信心之外，还需要掌握科学的方法。

（一）自我提醒法

网络使用者一般都会对时间估计产生偏差，导致难以把握时间，他们都会感觉在网上时间过得特别快。因此，控制上网时间是缓解网络成瘾倾向行之有效的办法，这就要求网络成瘾具有一定的自控能力，可以借助他人或其他的设备来提醒自己。网络成瘾可以设定闹钟督促自己按预先安排准时下网，从而逐步减少上网时间。此外，充分利用防沉迷的软件，到一定的时间，就会自动断网或关机。网络成瘾者还要经常告诉自己怎样上网是科学的、怎样上网是有害的，将上网的好处和坏处分别列在一张纸上，并随身携带或放在显眼的地方，如电脑上，随时提醒自己科学上网。

（二）转移注意法

转移注意法是一种心理学提倡的常用的调节方法。注意力是人的心理活动指向和集中于某种事物的能力。人们的心理能力是有限的，虽然可以进行一定程度的分配，但如果你在其他生活方面投入了一定的时间和精力，那么就会自然放弃一些网络活动。比如听一些优美抒情的音乐，去运动场跑步、打球等，这些都有助于转移注意力，有效地起到替代上网的作用。

（三）规范生活法

有的大学生虽然人在中国，过的却是“美国时间”，白天睡觉，晚上上网，已经成为生活习惯。打乱这种网络使用时间模式，采用一种新的生活方式来代替，可以打破其上网的习惯。如规定只有双休日才能上网，其余时间不能上网等。打破紊乱的生活节奏，重新规范自己每天的作息，并在最易出现上网行为的时间段安排丰富的活动，让更多更有意义的事充实自己的生活，感受生活的乐趣和意义。

(四) 厌恶疗法

厌恶疗法是一种具体的行为治疗技术。它是一种将欲戒除的目标行为(或症状)与某种惩罚性(厌恶性)的刺激结合起来,通过厌恶性条件作用,而达到戒除或至少是减少目标行为的目的。例如:在左手腕带上粗的橡皮筋,当自己有上网念头时立即用右手拉弹橡皮筋,橡皮筋回弹便会产生疼痛感,转移并压制上网的念头。这种方法的关键在于找到适合成瘾者本人的惩罚性刺激。

(五) 阳性强化法

阳性强化法又称正性强化法,是应用操作性条件反射原理,强调行为的改变是依据行为后果而定的,其目的在于矫正不良行为,训练与建立某种良好行为。行为主义理论认为,行为是后天习得的结果,一个习得行为要持续,一定会被它的结果所强化,如给予一定的肯定和奖励等。每一次取得一点进步,都及时地给自己鼓励和奖赏,这对戒除网瘾的自信心非常有帮助。

网络成瘾的人往往是在潜意识的状态下上网的,大部分时候他们明知过度上网会产生严重危害,却无法控制自己,或是强行控制自己付出巨大的心理能量。通常情况下,严重的网络成瘾者需要寻求专业心理工作者的帮助。

思考题

1. 试谈一下网络的利与弊。
2. 造成大学生网络心理问题的因素有哪些?
3. 如何拒绝网络诱惑?

活动体验

网络成瘾自测

如果你开始怀疑自己已经网络成瘾或是有成瘾的倾向,下面的内容可以帮你考察自己的上网情况,识别自己是否已经走在了网络成瘾的边缘。

表 1　网络使用状况对照表

网络使用情况	上网原因	上网时间及频率	网络与现实生活的关系	社会功能
网络正常使用	好奇、愉快、缓解紧张、疲劳	适当	平衡	未影响
网络过度使用	沉迷	上网时间过长	失衡（上网占据大部分业余时间）	受损
网络成瘾	避免戒断反应出现；强烈的上网渴求	反复、长时间上网	严重失衡（上网占据生活中的主导地位）	明显受损

青少年网络成瘾临床病症划分为以下 10 个级别：

（1）偶尔上网，对正常生活与学习基本没有什么负面影响。

（2）时间比第一项稍长，但基本上自己可以控制。

（3）自己有些控制不住，但在家长的提醒下可得以控制，对学习已经产生一定影响。

（4）开始对家长的限制有反感，逐步对学习失去兴趣。

（5）有时瞒着家长上网，并且用说谎的方式为自己掩饰，开始厌学。

（6）已产生对网络的依恋，一天不上网就不舒服。

（7）与父母有公开的冲突，亲子关系紧张，上网成了生活的主要目的。

（8）对父母强烈厌恶，经常逃学，连续上网，通宵不归，并有其他很不理智的行为，如开始在家里有暴力行为，敲打或毁坏东西等。

（9）不顾一切也要上网，若父母干涉，非骂即打，不但毫无亲情，甚至伤害亲人、逼父母分居或离婚。

（10）为了上网，不惜走上犯罪的道路。

表现在 5 级以上，就可以说是网络成瘾了；在 8 级以上，程度就非常严重了。

戒除网瘾的步骤

如果你每天都会花费大量的时间玩网络游戏，或者聊天，你一定要为控制自己的在线时间承担应有的责任。长时间上网会对你的生理和心理造成巨大的伤害，如果你想要改变你现在的上网状态，你必须充分认识到你现在的处境和即将面对的困难，有步骤和层次地克服眼前的困难。

步骤一：评估上网状况

你可能已经意识到上网占据了你太多的时间，已经影响到了日常的学习和生活。这时，你必须对自己究竟花了多少时间在网上，这些时间用来做了些什么有一个清楚的认识。你可以根据自己的实际上网情况制作一个上网情况清单。例如下表所描述的，你可以记录进行某一网络活动的具体时间段、时长和其他补充资料。

项目	使用时长	使用时段	备注
查看和回复电子邮件	25 分钟	8:00—8:15 20:00—20:10	工作需要
QQ、微信等聊天	2 小时	不定时	交往需要
写微博、发抖音	10 分钟	不定时	每天 2—4 次
打理 QQ 空间、博客等	30 分钟	8:15—8:30 20:10—20:25	习惯
网络游戏	2 小时	15:00—17:00	娱乐需要
查看新闻(新浪、搜狐等)	1 小时	9:00—10:00	习惯

在填写信息时，应该尽量详细，比如查看新闻，你最常上的网站是什么。另外，你还需要清楚自己一般在什么时间段上网、都在哪里上网这些与你的上网习惯有关的问题。

步骤二：重新制作时间计划表

沉迷于网络的大学生花费大量的时间在网络上，把以前经常从事的一些活动抛到九霄云外，而现在要做的，就是要重新将这些活动拾起来，安排到自己的活动日程表当中，形成一个新的时间计划表。在这个计划表中，不是完全没有上网活动的安排，相反，上网时间的安排同样要包含在时间计划表中，对以往不确定时间的网络活动，要明确具体的时间，这样才是一个完整的计划表。

对于沉迷网络的大学生来说，初期往往很难做到自控，因为他会不习惯自己不与网络接触的感觉。这时你可以寻求周围人的帮助，这种借助外力的方法，可以弥补自己执行力的不足，你也可以制作一个警示卡，类似于“上网有害健康”之类的卡片，装在自己的口袋里，提醒自己不要上网。这种卡片上也可以写替代上网的事情或者上网带来的各种危害。你也可以运用闹钟等外部手段，促使自己按预先的安排准时下网，从而逐步减少上网时间。

原来上网的时间空下来之后，必须有新的活动补充进去，这些补充进来的活动如果枯燥无味，那么过不了多久你就坚持不下来，所以你要选择一些以前感兴趣，现在依然感兴趣的活动来代替，最好是尝试发展一些新的有意义的活动来替代。

步骤三：寻找社会支持

你也许曾因为上网与家人和朋友翻脸，现在你选择自行戒除网瘾是一个艰难的过程，一个人可能需要付出更多的努力和代价，所以需要更多的社会支持。孤独让你选择了网络，选择网络让你越来越孤独，而现在如果你打算改变现状，你必须与身边的人建立起广泛的联系，摆脱之前的困境。你要让周围的人知晓你要改变自己，你要开始花更多的时间去做更现实、更有意义的事情，你要学会与家人和朋友分享你的每一点进步，他们的鼓励和期盼会给你巨大的外在动力。

步骤四：如何看待反复

如果你可以按照你的时间计划来使用互联网，你周围的人也告诉你看到了你的变化，并且你自己也觉察到自己的改变，你上网产生的流量完全在预期的控制范围之内，你也不必为超出的时间或流量支付之前过量的网费，形成了新的生活习惯和作息时间等，都预示着你在走出网络成瘾的道路上获得了巨大的成功。但任何形式的成瘾行为都可能面临着复发的可能，所以你要对自己多一点耐心和信心，冰冻三尺非一日之寒，任何事情都不可能一蹴而就。你可以更多地把注意力放到自己的改变上，积极地看待自己的进步。

参考文献

姚本先，王道阳.大学生心理健康教育(第三版)[M].安徽：安徽大学出版社，2019.

李春杰.大学生网络心理健康教育[M].长春：吉林人民出版社，2012.

谢莹.网络时代大学生心理健康理论与方法[M].南京：南京大学出版社，2020.

俞国良.大学生心理健康[M].北京：北京师范大学出版社，2018.

周莉，张晓京，雷雳.大学生心理健康教育(第四版)[M].北京：中国人民大学出版社，2024.

张国华.网络行为成瘾：青少年线上心理与行为探析[M].杭州：浙江大学出版社，2024.

黄希庭，郑涌.大学生心理健康教育(第三版)[M].上海：华东师范大学出版社，2020.

刘梅、刘静洋.大学生心理健康教育(第2版)[M].北京：清华大学出版社，2018.

邱鸿钟.大学生心理健康教育[M].广州：广东高等教育出版社，2018.

陈秋燕.大学生心理健康教育(第2版)[M].北京：北京师范大学出版社，2023.

推荐影片

1.《社交网络》

2.《蝴蝶效应》

3.《硅谷传奇》

第九章 CHAPTER 9

逆境成长：大学生心理危机应对

案例导入

“因为就业压力过大，我曾一度考虑过休学。”即将毕业的王同学告诉记者，在大二时，身边的好友都过了英语四级，只有她因生病一段时间没能过关。一次朋友无意中谈起现在的招聘状况，触动了她敏感的神经。“应聘的人太多，很多企业都规定，没过四级的刷掉一批，没过六级的刷掉一批，剩下的参加面试，没有工作经验的又得刷……”这席话一直在她脑子里盘旋。上学期，她找了一份家教工作，正准备去时，接到电话被告知有人抢了她的“饭碗”。之后，她就开始失眠、厌食、呕吐，请假回家调养了一周，情况有所好转。但回学校不久，又恢复了“高压状态”。

俗话说：人生不如意十之八九。大学生的人生道路可能不是一帆风顺的。由于主观或客观的原因，大学生可能会面临各种各样的烦恼，如生活中的杂乱琐事，身体上的偶尔小疾，感情上的磕磕碰碰等。成长路上，挫折与压力不可避免，挫折与压力也是一个人成长与发展的契机。大学生应正确认识挫折与压力，学会应对挫折与压力的办法，从而维护自己的身心健康。

案例中的王同学遇到了什么问题？我们如何帮助他走出来？

第一节　挫折概述

一、挫折的含义

《管子》曰:“兵挫而地削。”挫折最开始常用于兵家失利。在社会心理学和行为科学中,挫折指一种情绪状态,是指人们在某种动机的推动下,为实现目标而采取的行动遭遇到无法逾越的困难或障碍时所产生的一种消极的情绪反应和体验。例如,一个学生平时为班级付出很多,关心班集体,积极热心为大家办事,但在竞选班干部时落选,期望落空,这时他遭受挫折,可能会产生愤怒和失望等消极情绪。挫折包含三层含义:

一是挫折情境,即阻碍个体行为的情境。例如,考研失利、笔记本电脑被偷、受讽刺打击等。

二是挫折认知,即个体对挫折情境的认知、态度和评价。例如,有的人认为失败乃成功之母,第十名已经不错了;有的人却认为失败了就说明自己能力不足,是一个失败的人,以后也不会成功。

三是挫折反应,即指个体在挫折情境下所产生的烦恼、困惑、焦虑、愤怒等负面情绪交织而成的心理感受,即挫折感。

其中,挫折认知是核心因素,挫折反应的性质及程度主要取决于挫折认知。一般来说,挫折情境越严重,挫折反应就越强烈;反之,挫折反应就越轻微。只有当挫折情境被主体所感知时,才会在个体心理上产生挫折反应。如果出现了挫折情境,而个体没有意识到,或者个体虽然意识到了但并不认为很严重,也就不会产生挫折反应,或者只产生轻微的挫折反应。

拓展阅读

挫折是怎样产生的?

许多因素都会引起挫折感。一种实用的分析方法是将其分为内部原因和外部原因。外因性挫折是由于外部条件使个体到达目标的进程受阻而引起的。例如:你的车胎被扎破了,你不得不停下来;你的求婚被拒绝;你饿坏了,回到家却发现一点吃的东西都没有;被自己家的饿狗追出房门。换言之，外部挫折是由失败、拒绝、损失、延误或其他外在原因造成的。

造成外因性挫折的某些因素是非社会性的，例如，门坏了打不开，电池没电了，球赛当天下雨，等等。另一些因素是社会性的，例如，司机开车太慢而误了事；剧院里前排观众个子太高挡住了视线；开车时有人抢道等等。如果向你的朋友打听他们最近遇到的挫折是什么，大部分人可能会提到别人的行为，例如，"我妹妹把我想穿的衣服穿走了""我们的老师不公平"或"我们的老师要求不合理"等。人是社会动物，因此，人对于由社会性原因造成的挫折非常敏感（Taylor，2009）。

随着动机的强度、紧迫性或重要性的提高，受到阻碍后产生的挫折感也会增大。我们知道，人离目标越近，动机就越强，因此，如果你在非常接近目标时受到了阻碍，那么，你所体验到的挫折感会更强烈。例如，因为成绩差了几分而没得到"优等"，你也许会感到有些遗憾；如果你只差一分就能达到"优等"，那么，你将会感到非常遗憾。

影响挫折的最后一个因素就是古老谚语中所说的"压断骆驼脊背的最后一根稻草"。当许多挫折接踵而来时，其效应会不断积累，最终会使人因为最后一个小小的挫折而感到无法承受而爆发。例如每日上下班路程很长的人，更易表现出"路怒症"（如生气、疯狂开车）（Sansone & Sansone，2010）。

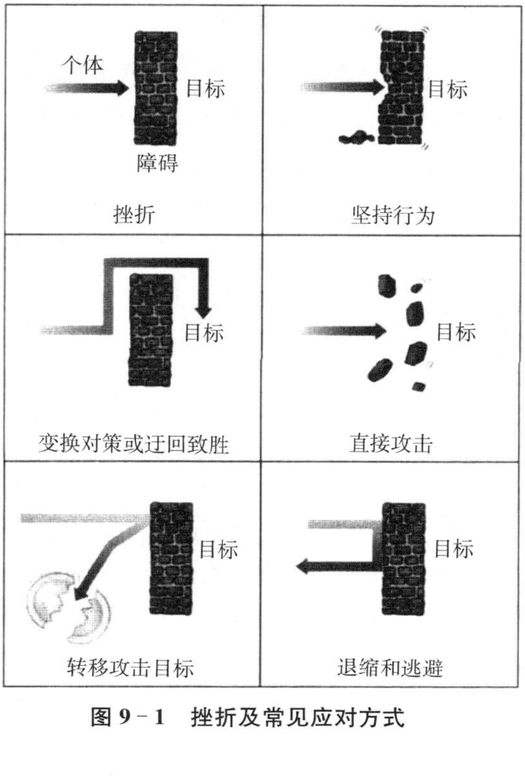

图 9－1　挫折及常见应对方式

基于个体自身原因造成的种种挫折统称为内因性挫折。例如，如果一个人个子不高，但一心想当职业篮球运动员，他很可能会遇到挫折。再如，一个人考试成绩平平，却非要报考重点大学不可，也很可能要遇到挫折。在这两个例子中，挫折都是由于个人自身条件不足而造成的。但是，内因性挫折也可以被感知为是由外部原因引起的。关于挫折及常见应对方式，请参见图 9－1。

［资料来源：Dennis Coon，John O. Mitterer 著，郑钢等译.心理学导论：思想与行为的认识之路(第 13 版)［M］.北京：中国轻工业出版社，2014：530－531.］

二、挫折的两重性及其转化

（一）挫折具有两重性

挫折不可避免且随时随地都有可能发生，具有必然性和普遍性。挫折还具有两重性：一方面挫折具有消极性。挫折会给人们的身心造成压力和打击，带来烦恼和痛苦，使人们前进的步伐受到阻碍，感到失望、痛苦、沮丧，引起粗暴的消极对抗行为，甚至导致攻击侵犯行为，失去对生活的追求，给自己和他人造成严重损失。另一方面，挫折又具有积极性。挫折能增长人的知识和才干，使人焕发出前所未有的勇气和力量，激发人的进取精神，磨炼人的坚强意志，提高人的适应能力，促进人成就伟大的事业。

（二）挫折是可以转化的

挫折的消极性和积极性都是相对的，是可以转化的。挫折的转化是指当人们遇到挫折时，以积极的态度从挫折中学习，将挫折变为动力，以顽强的毅力继续奋斗；或调整目标重新上路，首先转化认知，然后寻找解决办法，即从挫折的消极因素中发掘积极因素，向积极方面转化。

拓展阅读

挫折感应对实验

有一个研究挫折的经典实验，研究者把大鼠放在一张高台上，然后，强迫大鼠跳下高台，下面有两扇门，其中一扇门是可以开的活门，另一扇是不可以开的死门。如果大鼠选择正确，门会被撞开，大鼠会安全地落在另一个平台上；如果它们选择错误，就会在撞到死门后再弹开掉进一张远在下方的网里。

如果哪扇门能开、哪扇门不能开总是随机变化的，大鼠不能找到规律，就会产生挫折感。过了一段时间后，大鼠会形成一种刻板反应，即每次都跳向同一扇门，这时，即使你让这扇门永远关闭，它们还是一次又一次地跳向那里而跌落到下面的网里，不会再选择另一扇门(Maier，1949)。

这是不是一种"顽强努力"呢？大鼠这种缺乏灵活性的"坚忍"已经变成了愚蠢的刻板行为。面对挫折时，重要的是"识时务者为俊杰"，要知进退，要善于建立新的目标。下面的一些思考方式也许可以帮助你避免不必要的挫折：

(1) 首先确定挫折来源。它是来自内部还是来自外部？

(2) 这个挫折源是我能够改变的吗？如果要改变它，我需要付出多大的努力？我真的可以控制它吗？

(3) 即便我能够改变或移开它，我值得为此付出这般努力吗？

[资料来源：Dennis Coon，John O. Mitterer 著，郑钢等译.心理学导论：思想与行为的认识之路(第 13 版)[M].北京：中国轻工业出版社，2014：532.]

接受痛苦比逃避痛苦更容易

逃避痛苦的人和接受痛苦的人在面对特定痛苦境遇时反应不同。仔细阅读，比较这两类反应之间的差异，然后列出自己曾遭遇过的困难事件，并写出逃避痛苦的人和接受痛苦的人会分别对此做出怎样的反应。

痛苦情境	逃避痛苦的人	接受痛苦的人
学习上遇到困难	自暴自弃：我就是笨 责怪老师教得不好 要换个专业重新考学	学习新的学习方法 向老师和同学讨教，接受建议 积极解决学习上没明白的问题
和父母关系不融洽	早早谈起恋爱来满足情感需要 自怜为何出生在这样的家庭 用自己的坏行为去惩罚父母	学习如何解决和父母间产生的问题 体谅父母难处，他们也不是完人 主动和父母和解
情感低落、抑郁和痛苦	否认和逃避自己的消极情感 拼命工作、学习或上网来转移 找到那些能"无限"包容且不要求其改变的人做朋友	接纳自己有这样的低谷，并积极探究其背后的原因，着手改变 向能帮助自己改变的团体、朋友和长辈求助
在实现目标的过程中遇到挫折	搁置在一边 用不健康的方式来缓解挫折感 任凭自己陷在自怨自艾中	将此作为认识自己缺点的机会 学习新知识，尝试新办法 耐心等待东山再起的机会

[资料来源：龚璞，秦戟，郑媛.心之所向——大学生心理健康教育[M].哈尔滨工业大学出版社，2019：211.]

三、面对挫折的心理防御

个体面对挫折时会使用一系列心理防御机制来面对。心理防御机制是指个人处在挫折与冲突的情境，其自觉或不自觉地解脱烦恼、减轻内心不安，以恢复情绪平衡与稳定的一种适应性倾向。我们经常所说的"酸葡萄原理""甜柠檬原理"就是典型的心理防御机制。

心理防御机制是人应对应激情境的自我保护，为我们构筑起一道心理防护墙与缓冲带。心理防御机制有积极和消极之分，积极的心理防御机制在缓冲心理挫折时表现出自信、进取的倾向，有助于战胜挫折；而消极的心理防御机制大多表现出退缩、冷漠、逃避的倾向，虽然能暂时缓解内心冲突，但从长远看会阻碍个体面对现实及正确运用心理防御机制，影响人生的健康发展。

（一）积极心理防御

积极心理防御是正视挫折，承认挫折，正确分析挫折产生的主客观原因，总结经验教训，采取积极的行为方式，最后战胜挫折。它主要表现为坚持、表同、补偿、升华和幽默

1. 坚持

坚持是指个体发现目标难以达到，要求自己加倍努力，并要求通过个体不断努力，最终实现目标。美国电影《阿甘正传》中的主人公阿甘是一位智障人士，他面对挫折的方法是忽视它，坚持不懈地努力，最后赢得了人们的尊重，赢得了自己的事业，也收获了自己满意的生活。所以成功就在于正确选择目标后的坚持之中。

2. 表同

表同是指个体在现实生活中无法获得成功时，将自己比拟为某一成功者，借以在心里减弱挫折产生的痛苦；或者迎合能满足自己需要的人，按照他们的希望去支配自己的思想、行动，以冲淡自己的挫折感，以求得内心的满足。当一个人在没有获得成功与满足而遭遇挫折时，将自己想象为某一成功者，效仿其优良品质及其获得成功的方法，能够使他的思想、信念、目标和言行更适应环境和社会的要求，增强自信心，减少挫折感。例如，大学生常以一些历史名人、科学家或小说中自己欣赏的人物、老师甚至同学作为自己效仿的对象，建立心中的榜样，并依照榜样进行积极的自我激励与自我暗

示,用成功代偿挫折。

3. 补偿

补偿是指当个体行为受挫时,或因个人某方面的缺陷而使目标无法实现时,往往以新的目标代替原有目标,以其他方面的成功来补偿因失败带来的消极情绪,也就是人们常说的"失之东隅,收之桑榆"。例如,某大学生没有当上班干部,无机会表现自己的能力,于是便努力使自己的成绩名列前茅。又如,某大学生恋爱失败了,便积极参加文体活动,用文体活动愉快的体验来补偿失恋的痛苦。

4. 升华

升华是指用一种比较崇高的具有创造性和建设性的目标作为替代,借以弥补因受挫而丧失的自尊与自信,减轻痛苦。升华是最积极的行为反应,从古至今演绎出许多佳话。例如,屈原放逐赋《离骚》,左丘失明写《左传》,孙膑跛脚修《兵法》,司马迁受辱著《史记》。不仅如此,升华还是一种富有建设性的行为反应。它使人在遭受挫折后将不为社会认可的动机和不良的情绪移到有益的活动中去,使其转化为有利于社会并被他人认可的行为。例如,一些貌不惊人的大学生最初在社交活动中受到制约,于是他们在学问、个体思想道德修养方面下功夫,终以学习成绩出类拔萃、品德优秀而为同学所瞩目。

5. 幽默

这种积极的行为反应不是所有人都能达到的,必须有积极的生活态度,表现出睿智与从容。例如,有人失恋了,自嘲地说:"只谈过一次恋爱的小子,不要羡慕他!"

(二)消极心理防御

消极心理防御是指当大学生遭受挫折后所表现出来的带有强烈情绪色彩的非理性行为。常见的非理性行为方式有以下 14 种:

1. 否认

否认是防御机制最基本的表现方式之一,即通过"拒绝接受"或"拒绝相信"那些引起焦虑的信息把自己从不愉快的现实体验中解救出来。在有关死亡、疾病和类似的痛苦或威胁性经验中,人们常会运用否认的防御机制。例如,如果你被告知你只能再活 3 个月,你会做何反应? 你最初的想法可能是:"不会吧! 一定是有人把 X 光片搞混了!""医生肯定搞错了!"或仅认为

"这不会是真的!"

2. 退行

退行是指当个体受到挫折时，表现出与自己的年龄、身份不相称的幼稚行为，即退回到原来较低的心理发展水平。退行便是一种由成熟向幼稚倒退的反常现象，而且本人对此并不能清醒地意识到。这类大学生往往对自己缺乏信心，看不到自己的力量，像孩子一样依赖他人，多指大人小孩状。例如，某一女生刚入校，参加学生会干部竞选失败了，感到很"委屈"，无法进行理智分析和对待，不吃饭，也不上课，成天蒙头大睡。

3. 固执

当个体一而再、再而三地遭受同样的挫折，就会慢慢失去信心，失去随机应变的能力，形成刻板的反应方式，固执盲目地重复同样无效的行为。固执行为不同于意志力，在这种行为反应中，个体往往不能客观正确分析失败的原因，反而采用刻板的方式盲目地重复着某种无效行为，是一种极不明智的对抗行为。例如，某大学生多次违反校规校纪，却固执地认为自己没错，屡教不改。在大学里，固执行为往往容易产生在一些性格内向、倔强、看问题片面的大学生身上，以及以情感为纽带形成的消极的大学生非正式团体中。固执是非理智性的消极行为，往往使人企图通过重复无效动作以对抗挫折带来的压力，对大学生的成长极为不利。

4. 逆反

逆反用通俗的语言来说就是"你要我朝东我偏朝西"。一般来说，个人的行为方向和他的动机方向是一致的。当个体遭到挫折时，如果一意孤行，对正确的方面盲目地持反抗、抵制与排斥态度，这种行为便是逆反。例如，某大学生因为上课时受到老师的批评而采取逃课或不理睬老师等方式来表达自己的不满。怀有逆反心理的人为了排除内心的不满，往往会采取一些不符合社会规范、不被常人允许甚至反社会性行为。

5. 轻生

轻生是指人受挫以后表现出的一种极为消极的行为反应。在现实中，突然受到巨大打击的大学生，在得不到外力帮助的情况下很可能自暴自弃，从而产生轻生厌世的心理，进而自杀自残，以获得内心痛苦的解脱。

6. 求得注意

求得注意指想方设法引起别人对自己的注意，如以大声喧哗、寻衅滋事、恶作剧来展示自己。

7. 合理化作用

合理化作用即自我安慰，指无法达到追求的目标时，给自己一个好的借口来解释，但用来解释的借口往往是不真实的，不合逻辑的，但防御者本人却能借此说服自己，感到心安理得。

许多老师都很熟悉这一奇怪的现象：在考试当天，会有各种令人震惊的状况出现，席卷整座城市。妈妈们、爸爸们、姐妹们、兄弟们、阿姨、叔叔、爷爷奶奶、朋友、各种远房亲戚还有宠物和同学都会“生病”；汽车在半路坏了，书被人偷走了，闹钟也不响了等。

8. 文饰

当个体遇到挫折时，表面上不动声色，而把烦恼、焦虑、苦闷统统埋藏在内心深处，只展示自己的长处，换取别人对自己的正面评价，从而减轻心理压力，以弥补失败带来的自尊心挫伤。这种行为往往起着自我欺骗和自我麻痹作用。例如，《伊索寓言》中的狐狸吃不到葡萄就说葡萄酸的行为反应，就是文饰行为。

9. 投射

投射是指以己度人，认为自己具有某种特性，他人也一定会有与自己相同的特性，把自己的感情、意志、特性投射到他人身上并强加于人的一种防御机制。在人际认知过程中，人们常常假设他人与自己具有相同的属性、爱好或倾向等，认为别人理所当然知道自己心中的想法。当个体遭到挫折后，不是从本身的缺点、弱点方面加以分析，而是把责任推给他人、埋怨他人，以减轻自己的焦虑与不安。

10. 反向

反向是指行为相反于动机而行，如自卑的学生往往表现出高傲自大，对异性充满向往，却装出不屑一顾的样子等。持反向心理的人，往往不敢正面表露自己的真实动机，于是便从相反的方向表现出来。虽然这种行为可以在一定程度上掩饰个体的真实动机，但是，掩饰包含着压抑，长期如此会从根本上扭曲自我意识，使动机与行为脱节，造成心理失常。

11. 逃避

逃避是指大学生受到挫折后，不敢面对自己所预感的挫折情境，而逃避到比较安全的环境中去的行为。逃避有三种表现，一是逃到另一种现实中，如学习不好就玩游戏，沉溺其中；二是逃向幻想世界；三是逃向疾病。

12. 冷漠

冷漠即大学生受到挫折后表现出对于挫折情境漠不关心、无动于衷等情绪反应。例如有些大学生的社会活动能力较差，经历多次失败后，他们渐渐对大学生活、同学关系、社会活动持冷漠的态度和反应行为，表现出死气沉沉、缺乏集体感的状态。

13. 压抑

压抑是指把不愉快的经历和体验压抑到潜意识中，不去回忆，主动遗忘；适度的压抑有利于情绪的调整，但长期的压抑会导致更强的挫折与心理不适。

14. 攻击性行为

攻击性行为是指大学生在遭受挫折后，在情绪与行动上会产生一种对有关人或物的攻击性抵触反应，以消除因挫折产生的痛苦。攻击是一种破坏性行为，这种行为可分为直接攻击和转向攻击。直接攻击是指一个人受到挫折以后，把愤怒的情绪直接发泄到使之受挫的人或物上，如大学里发生的打架斗殴、损害公物等现象。转向攻击是指一个人受到挫折以后，把愤怒的情绪指向其他的人或物身上，如当受到老师批评时，把怒气发泄到别人身上或物品上。

总之，积极的行为反应有助于大学生适应挫折、化解困境，利于他们的成长；消极的行为反应只能起暂时平衡心理的作用，不能解决实质问题，有时会使当事人在一种自我欺骗中与现实环境脱节，降低适应能力，形成一些陋习，埋下心理疾病的种子，影响其身心健康和全面发展。大学生应该树立积极的心理防御机制，增强自己的耐挫力，以适应社会的发展。

拓展阅读

心理故事：十八只狐狸吃葡萄

有一个古老的故事：在一位农夫的果园里，紫红色的葡萄挂满了枝头，令人垂涎欲滴。自然，这种美味逃不过安营扎寨在附近的狐狸们，它们早就想享受一下了。

第一只狐狸来到了葡萄架下,发现葡萄架要远远高出它的个头。它站在下面想了想,不愿就此放弃,机会难得啊!想了一会儿,它发现了葡萄架旁边的梯子,回想农夫曾经用过它。因此,它也学着农夫的样子爬上去,顺利地摘到了葡萄。

心理解读:这只狐狸采用的是问题解决方式,它直接面对问题,没有逃避,最后解决了问题。

第二只狐狸来到了葡萄架下,也发现以它的个头这一辈子是无法吃到葡萄了。因此,它心里想,这个葡萄肯定是酸的,吃到了也很难受,还不如不吃。于是,它心情愉快地离开了。

心理解读:这只狐狸运用的是心理学中经常提到的"酸葡萄效应",也可以称为"文饰作用"或"合理化解释",即以能够满足个人需要的理由来解释不能实现自我目标的现象。

第三只狐狸来到了葡萄架下,因刚刚读过《钢铁是怎样炼成的》,深深地被主人公的精神打动。它看到高高的葡萄架并没有气馁,心想:我可以向上跳,只要我努力,我就一定能够得到。"有志者事竟成"的信念支撑着它,可是事与愿违,它跳得越来越低,最后累死在了葡萄架下,献身做了肥料。

心理解读:这只狐狸的行为,在心理学上我们称为"固执",即反复重复某种无效的行为,有时我们也称之为强迫症。这说明不是任何事情的最佳方案都是解决问题,要看自己的能力、当时的环境等多种因素。

第四只狐狸来到了葡萄架下,一看到葡萄架比自己高,愿望落空了,便破口大骂,撕咬自己能够得到的藤,正巧被农夫发现,农夫一铁锹把它拍死了。

心理解读:这只狐狸的行为我们称之为"攻击",这是一种不可取的应对方式,于人于己都是有害无利的。

第五只狐狸来到了葡萄架下,一看自己的身高在葡萄架下显得如此的矮小,便伤心地哭起来。它伤心为什么自己如此弱小,如果像大象那样,不是想吃什么就吃什么吗?它伤心为什么葡萄架如此高,自己辛辛苦苦等了一年,本以为能吃到,没想到是这种结果。

心理解读:这只狐狸的表现我们在心理学上称之为"退行",即个体在遇到挫折时,从人格发展的较高阶段退到人格发展的较低阶段。

第六只狐狸来到了葡萄架下，仰望着葡萄架，心想，既然我吃不到葡萄，别的狐狸肯定也吃不到，如果这样的话，我也没什么好遗憾的了，反正大家都一样。

心理解读：这只狐狸的行为在心理学上称之为"投射"，即把自己的愿望与动机归于他人，断言他人有此动机和愿望，这些愿望往往都是超越自己能力范围的。

第七只狐狸来到了葡萄架下，站在高高的葡萄架下，心情非常不好。它在想为什么我吃不到呢，我的命运怎么这么悲惨啊，想吃个葡萄的愿望都满足不了，我的运气怎么这么差啊？越想它越郁闷，最后郁郁而终。

心理解读：这只狐狸的情况是抑郁症的表现，即以持久的心境低落状态为特征的神经性障碍。

第八只狐狸来到了葡萄架下，尝试着跳起来去够葡萄没有成功；它试图让自己不再去想葡萄，可是抵抗不了，它还试了一些其他的办法也没有见效。它听说有别的狐狸吃到了葡萄，心情更加不好，最后一头撞死在葡萄架下。

心理解读：这只狐狸的下场是它心理不平衡造成的，在现实生活中我们经常会遇到类似的"不患无，患不均"的现象。很多人在与别人比较的时候，因心理不平衡选择了不适当的应对方式。

第九只狐狸来到了葡萄架下，同样是够不到葡萄。它心想，听别的狐狸说，柠檬的味道似乎和葡萄差不多，既然我吃不到葡萄，何不尝一尝柠檬呢，总不能在一棵树上吊死吧！于是，它心满意足地离开去寻找柠檬了。

心理解读：这只狐狸的行为在心理学上我们称之为"替代"，即以一种自己可以达到的方式来代替自己不能满足的愿望。

第十只狐狸来到了葡萄架下，看到自己的能力与高高的葡萄架之间的差距，认识到以现在的水平和能力想吃到葡萄是不可能的，因此决定利用时间给自己充下电，报了一个研究生课程进修班，学习采摘葡萄的技术，最后当然是如愿以偿了。

心理解读：这只狐狸采用的是问题指向应对策略，它能够正确分析自己和问题的关系和性质，找到最佳的解决方案，是一种很好的应对方式。

第十一只狐狸来到了葡萄架下，同样也面临着相同的问题。它转了一下眼睛,把几个同伴骗了来,然后趁它们不注意,用铁锹将它们拍昏,将同伴摞起来,踩着同伴的身体,如愿以偿地吃到了葡萄。

心理解读:这只狐狸虽然最后也解决了问题,但它是在损害他人利益、危害他人生命的基础上来解决的,这种应对方式不可取。

第十二只狐狸来到了葡萄架下。这是一只漂亮的狐狸小姐。它想我一个弱女子无论如何也够不到葡萄,我何不利用别人的力量呢?因此,它找了一个男朋友,这只狐狸先生借助梯子给了狐狸小姐最好的礼物。

心理解读:这在心理学上称为"补偿原则",即利用自己另一方面的优势或是别人的优势来弥补自己的不足,这种方式在一些情境下也不失为一种好方法。

第十三只狐狸来到了葡萄架下,对葡萄架的高度非常不满,这导致了它不能尝到甜美的葡萄,于是它就怪罪起葡萄藤来。说因为葡萄藤太好高骛远,爬得那么高,说葡萄的内心其实并没有表面看上去那么漂亮。发泄完后,它平静地离开了。

心理解读:这只狐狸的行为在心理学上我们称之为"抵消作用",即以从事某种象征性的活动来抵消、抵制一个人的真实感情。

第十四只狐狸来到了葡萄架下,发现自己无法吃到自己向往已久的葡萄,看到地上落下来已经腐烂的葡萄和其他狐狸吃剩下的葡萄皮,它轻蔑地看着这些,作呕吐状,嘴上说:"真让人恶心,谁能吃这些东西啊。"

心理解读:这只狐狸的行为在心理学上我们称之为"反向作用",即行为与动机完全相反的一种心理防御机制。

第十五只狐狸来到了葡萄架下,它既没有破口大骂,也没有坚持不懈地往上跳,而是发出了感叹,美好的事物有时候总是离我们那么远,这样有一段距离,让自己留有一点幻想又有什么不好呢?于是它诗兴大发,一本诗集从此诞生了。

心理解读:这只狐狸的行为在心理学上我们称之为"置换作用",即用一种精神宣泄去代替另一种精神宣泄。

第十六只狐狸来到了葡萄架下,发现想吃葡萄的愿望不能实现后,不久便产生了胃痛、消化不良的情况。这只狐狸一直不明白一向很注意饮食的它,怎么会在消化系统出现问题。

心理解读：这只狐狸发生的情况在心理学中我们称之为"转化"，即个体将心理上的痛苦转换成躯体上的疾病。

第十七只狐狸来到了葡萄架下，发现了同样的问题。它把嘴一撇，说："这有什么了不起的，我们狐狸中已经有人吃过了，谁说只有猴子才能吃到果子，狐狸也一样行！"

心理解读：这只狐狸所表现的言行是一种情绪取向的应对方式，在心理学中我们可以称之为"傍同作用"，即当自我价值低于他人价值时，寻找与自己有关系的人来实现自我价值。

第十八只狐狸来到了葡萄架下，心想，我自己吃不到葡萄，别的狐狸来了也吃不到葡萄，为什么我们不学习猴子捞月的合作精神呢？前有猴子捞月，现有狐狸摘葡萄，说不定也会传为千古佳话呢！于是它动员所有想吃葡萄的狐狸合作，搭成狐狸梯，这样大家都吃到了甜甜的葡萄。

心理解读：这只狐狸采取的是问题取向的应对方式，它懂得合作的道理，最终的结果是既利于自己，又利于大家。

[资料来源：心理故事：十八只狐狸吃葡萄-广东外语外贸大学心理健康教育与咨询中心，https://psyheart.gdufs.edu.cn/info/1031/1750.htm.]

测一测

大学生心理受挫能力测试[①]

请你认真思考以下一些题目，他能帮助你了解自己的受挫能力。

1. 碰到令人担心的事

   A. 无法着手工作　　B. 照干不误

   C. 两者之间

2. 碰到讨厌的对手时

   A. 感情用事，无法应付　　B. 能控制感情，应付自如

   C. 两者之间

---

① 谢特秀.大学生心理健康教育[M]. 辽宁：东北大学出版社，2015：172－173.

3. 失败时

A. 不想再干了　　B. 努力寻找成功的机会

C. 两者之间

4. 工作进展不快时

A. 焦躁万分，无法思考　　B. 可以冷静地想办法

C. 两者之间

5. 工作中感到疲劳时

A. 脑子不好使了　　B. 耐住疲劳继续工作

C. 两者之间

6. 工作条件恶劣时

A. 无法干好工作　　B. 克服困难创造条件

C. 两者之间

7. 在绝望的情况下

A. 听任命运摆布　　B. 力挽狂澜

C. 两者之间

8. 碰到困难时

A. 失去信心　　B. 开动脑筋

C. 两者之间

9. 接到很难完成的任务、很难完成的工作时

A. 顶回去　　B. 千方百计干好它

C. 两者之间

10. 困难落到自己的头上时

A. 厌恶之极　　B. 欣然努力克服

C. 两者之间

评分标准：A＝0 分；B＝2 分；C＝1 分

总分在 17 分以上说明受挫能力很强；在 10 至 16 分之间，说明对某些特定挫折的承受力比较弱；在 9 分以下的，说明承受能力比较弱。

第二节　大学生心理危机的表现

一、大学生心理危机的产生与特点

（一）大学生心理危机的产生

据有关调查显示，近年来大学生心理健康水平总体上呈下降趋势，心理危机的发生率呈逐年上升态势。大学生心理危机发生率高，具体表现在以下三个方面：

(1) 校园暴力致死他人的恶性事件时有发生。近年来，不少高校发生了大学生心理异常原因导致他人死亡的严重事件。

(2) 精神疾病已成为大学生休学、退学的重要原因。对部分高校大学生休学、退学情况的调查表明，重性精神病已成为大学生中断学业的重要原因，其比例占整个休学、退学人数的58%左右，在所有致因中位列第一。

(3) 大学生网络心理障碍发生率上升。现在许多大学生迷恋上网，使学业受到严重影响，不少大学生夜间上网、白天睡觉。部分高校通过调查发现，个别大学生迷失方向、荒废学业，造成多门功课挂科，甚至无法完成学业而退学。网络心理障碍已经成为诱发心理危机的重要原因。

（二）大学生心理危机的主要特点

1. 突发性

危机常因某一事件而突然发生。大学生作为一个年轻的群体，心理承受能力还不强，在社会变革迅速、个人竞争日趋激烈的大背景下，他们的心理始终承受着无形的压力，在本来心理压力较大的情况上若再遇到重大事件的刺激，往往会诱发心理危机。

2. 普遍性

普遍性是指心理危机在一定意义上讲是多数大学生在成长中都会发生的事，只是程度不同罢了。大学生正处于成长阶段，心理状态起伏大，容易发生心理危机。虽然多数学生心理危机是难以避免的，但并不一定会导致极端的结果。因为心理危机只是个体的心理失衡状态，不等于心理疾病。在心理危机状态中，个体无疑会积极寻求解决办法，力求保持平衡，最终度过危机。

3. 动力性

动力性是指在心理危机的过程中,总是存在着心理严重失衡,同主观努力保持平衡之间的搏斗带来的焦虑,但个体不是无动于衷地任凭焦虑发展,而是会调动自身的资源去消除焦虑,修正自己的认知,调节自己的情感,控制自己的情绪。这种不平衡与保持平衡的搏斗,为个体心理成熟提供了动力。所以人们常把心理危机看作个体成长的机会或催化剂。很多遭遇过心理危机的人都有一种豁然开朗、精神境界大幅提升的感觉。埃里克森提出人的一生要经历八个阶段,每个阶段的更替便是一次危机,如顺利度过则人格得到成长。实践表明,每次心理危机的成功度过,都会使大学生朝着更加成熟的方向前进了一步。

4. 时代性

时代性是指大学生心理危机的发生发展与时代特征密切相关。人本质上是一切社会关系的总和,人的思想、情感、心理离不开时代的影响。当代大学生的心理危机总是在一定程度上反映了时代、社会对大学生的要求和影响,体现了个人成才成功的理想追求与时代、社会需求的冲突。市场经济条件下的择业竞争、贫富差距、经济困难等对当代大学生产生了极大压力,一旦应对不好,很容易出现心理危机。

5. 剧变性

剧变性是指大学生心理危机存在着在短时间内发生急剧变化,产生严重后果的可能性。心理危机期间个体心理处于应激状态,加之大学生心理还不够成熟,稳定性不高,把握危机的能力不强,很容易在短时间内出现恶性反应,发生悲剧性事件。因此,学校对大学生的心理危机必须给予足够的重视,进行有效干预。

二、大学生心理危机的分类

根据心理危机的不同致因,可以将大学生心理危机分为以下四大类。

(一) 发展性心理危机

发展性心理危机是大学生在追求个人发展过程中,因个人的成才、进步期望与现实存在冲突而导致的心理危机。有关调查显示,大学生的心理困扰主要来源于学习压力、现实目标、择业就业等方面。发展性心理危机往往出现在大学生成长的转折关头,例如一些刚入校的新生,原来在中学时是佼佼者，到了人才济济的大学，自己的尖子地位受到挑战，自尊心和自信心受到打击，可能会由原来的好学上进变得厌学懒散，最后自暴自弃。这就是典型的在升学转折时期出现的心理危机。发展性心理危机具有三个特点：一是危机表现不剧烈、进程缓慢、持续时间长，具有内隐性，但最后的结果是较以前变化很大。如上例中的大学新生，在经过一段时间的心理冲突后，如果不加调整和干预，就会由一名好学上进的学生变成一个厌学沉沦的学生。二是大学生在心理危机期间容易产生如厌学、厌世或厌恶与人交往等行为。三是发展性心理危机一旦成功化解，将有助于大学生朝着更加成熟的方向发展。

（二）境遇性心理危机

境遇性心理危机是指由大学生个人无法预测和控制的突如其来的悲剧性事件而导致的心理危机。意外交通事故、重大自然灾害、突发的重大疾病等都可能导致境遇性心理危机。境遇性心理危机有以下特点：一是持续时间短，但变化剧烈，事件突然发生，给当事人带来极大震动，从而引发剧烈心理反应；二是突发事件给当事人带来高强度刺激，如果处理不当，容易产生严重后果。

（三）存在性心理危机

存在性心理危机是指大学生因人的存在性问题而导致的心理危机。关于人的存在性问题常常会引起人们的思索与探寻，如死亡、人生的价值、生命的本质、自由等。大学生作为知识水平较高、思维活跃的年轻群体，必然会对这些问题进行思考和探究。但大学生认知水平和社会阅历有限，有些人就会陷入迷惘之中，这种困惑往往会诱发其心理危机。张吉连教授指出，在精神世界有高层次需求的人群中，普遍有一种“存在的挫折”现象。旧的价值体系崩溃了，新的还没建立，对精神世界有更多需求的高层次人群常对自己存在的意义和人生的价值感到困惑。对他们而言，生命和存在本身都遇到了问题，在苦苦思索中，一些人会因为找不到答案而放弃生命。存在性心理危机的特点是不易察觉、持续时间长、内心痛苦大，极易出现极端事件。

（四）发育成长性心理危机

发育成长性心理危机是指大学生在发育成长过程中，因其特有的生理、心理矛盾冲突而导致的心理危机。大学生处于生理、心理的成长变化剧烈期，生理发育渐趋成熟，但心理的发展还不够成熟，常常会因生理和心理的矛盾冲突而诱发心理危机。

拓展阅读

大学生压力量表

压力事件	生活变化单位	压力事件	生活变化单位
亲密家庭成员的死亡	100	工作负担的加重	37
亲密朋友的死亡	73	出众的个人成就	36
父母离异	65	大学的第一学期	35
服刑	63	生活条件的改变	31
个人严重的受伤或疾病	63	和老师的激烈争论	30
结婚	58	低于期望的分数	29
被解雇	50	睡眠习惯的改变	29
重要课程不及格	47	社会活动的改变	29
家庭成员健康上的变故	45	饮食习惯的改变	28
怀孕	45	长期的交通困扰	26
性问题	44	家庭聚会次数的改变	26
和亲密朋友严重的争吵	40	缺课过多	25
改换专业	39	更换学校	24
和父母的冲突	39	一门或更多的课程跟不上	23
与恋人发生冲突	38	轻微的交通违章	20

［资料来源：龚璞，秦戟，郑媛.心之所向——大学生心理健康教育［M］.哈尔滨工业大学出版社，2019：202.］

三、大学生心理危机的成因

导致大学生产生心理危机的原因是多方面的，也是极其复杂的，难以一一详述。一般来说，引起大学生心理危机的主要原因有以下几个方面。

（一）早期家庭教育的不当

心理学家弗洛伊德指出，一个人在幼年时期形成的心理特点和认知结构将对他以后的生活产生重要影响。幼年时期是个体心理发展的初级阶段，早期家庭教育状态对这一时期心理发展影响极大。有关研究表明，在3岁阶段形成的心理特点可以影响人的一生，故有“三岁看老”的说法。当代中国某些独生子女家庭中父母对孩子十分宠爱，使其自幼失去了相当多的锻炼心理素质、优化认知结构的机会。上了小学、中学后，又因应试教育现状，家长大多都重智育轻德育、重身体轻心理，在很大程度上忽视了品德和心理教育，学生认知结构模式和心理结构得不到应有的改善，这就造成了他们上大学前或多或少地存在着心理缺陷。

（二）社会变革的冲击

大学生心理危机的产生有深刻的社会文化原因，其本质是社会迅速变革所导致的文化和价值观念的冲突。由于社会变革，人们处于新旧价值观念交替、各种文化相互激荡、社会生活变动的时代，思想文化和价值观念的多元化、生活方式的多样化等，给人带来了极大的冲击。在新世纪新阶段，大学生要经历来自政治、经济、思想、文化、法律、道德、风俗、习惯以及人际关系等多方面的急剧变化。这些变化使不少大学生缺少归属感，产生了人生选择的迷惘与困惑。很多大学生感到，虽然自由多了，但无法自主；旧的文化、价值观念动摇了，但新的文化、价值观念还没有建立起来；选择的机会多了，但没有人告诉你应该如何选择。凡此种种，造成了大学生内心的苦闷与彷徨，有些人在苦苦思索找不到答案的情况下便陷入了心理危机。

（三）多重压力的催化

一是学习压力。我国高等教育在经过多年的扩招后，现在进大学比以往容易，但社会对人才的要求更高，要想适应社会对人才的需求，唯有努力学习提高竞争实力。因此，从进入高校那一天开始，大学生就感受到了巨大的学习压力。他们不仅要学好本专业课程、选学选修专业，还要参加各类等级证书的考试，有的还要报考研究生。不少人由于长期过度劳累、紧张，患上了“学习焦虑症”。

二是经济压力。高额的学费和不断上涨的生活费对于家庭经济比较困难的学生是一个沉重的负担，与来自发达地区、富裕家庭的学生在消费观念、消费方式、消费水平上的巨大差异，使贫困学生产生了极大心理压力。在背负经济压力和思想包袱的情况下，有的大学生心理严重失衡。

三是就业压力。随着高校毕业生人数的增多，大学毕业生已由过去包分配的卖方市场转向“竞争择业”的买方市场，用人单位的招聘条件越来越高，毕业生的就业难度加大、薪酬水平下降，一部分大学生不得不面对“毕业即失业”的严酷现实。许多大学生对择业竞争产生了一定程度的心理恐慌。

（四）重大生活事件的刺激

“天有不测风云，人有旦夕祸福。”大学生中可能有人难免遭遇家庭和个人生活的重大变故和意外，这些重大生活事件就是诱发大学生心理危机的重要因素。

（五）人文精神的缺失

现代教育尤其是高等教育越来越重视知识的传授和技能的训练；知识的分化越来越细，人们学习研究的领域越来越深但视野却越来越窄；大学教育在培养专门化人才的同时，也造成了受教育者在掌握了各种专门化的知识技能后失去了对人类社会和自然世界的整体把握能力。很多大学生十分精通本专业的知识，但缺乏透过复杂现象明辨是非的能力，缺少超越纷繁复杂的社会生活现象把握生活本质的智慧，不能正确认识自己、正确认识社会。现在有不少大学生存在强烈的挫折感，在自我角色期望与社会现实屡屡发生碰撞后，常常由过分的自尊变成过度的自卑甚至自暴自弃。其根本原因就在于人文精神缺失，有知识没智慧，不能正确评价自己与他人，一遇到问题就难以排解，产生心理危机。

（六）网络的负面影响

网络世界是一把双刃剑，在给人们学习与生活提供极大方便的同时，也带来了一些心理上的负面影响。由于网络的虚拟性、开放性、隐匿性、生动性等特点，现实生活总是不完满，而网络的虚拟性往往可以给人一种完满人生的想象空间。在网络世界中，大学生可以轻而易举地实现各种在现实生活中很难实现的梦想。比如，各种风靡的网络游戏极大地成全了大学生成为英雄的梦想。在网络游戏中，他们可以通过想象性的角色扮演，化身为可以上天入地、扶危济困的英雄人物，而网络中各种个人空间，也成为大学生学习之外另一个展示自我个性和才能的重要舞台。不少大学生沉迷于网络游戏而荒废了学业，部分意志薄弱的大学生上网成瘾，患上了网络心理疾病。

第三节　大学生心理危机的预防与干预

一、大学生心理危机的判断标准

要对大学生心理危机进行预防与干预，前提条件是要对心理危机进行准确的判断。对一个人来讲，心理平衡是相对的而不是绝对的。人生总有不顺心、不平衡的时候，但一个人心理不平衡、情绪不稳定，并不一定就引发心理危机，只有其心理处于严重失衡的应激状态才是心理危机。准确判断一个人是否处于心理危机状态很重要：判定错误不仅干预无效，还可能给当事人造成精神创伤。因此，对心理危机的准确判定，要在把握判断心理危机一般标准的基础上，综合心理学的相关研究成果和心理咨询的具体实践。判断心理危机一般有以下四个方面的特征。

（一）躯体明显不适

身体有一系列的病态反应，如睡眠紊乱、头晕头痛、肌酸无力、食欲减退、胃肠不适等明显的亚健康状态。

（二）情绪反应不良

当事人往往具有持续且明显的不正常情绪反应，如心情剧烈紧张、情绪极度低落或高度焦虑；情感淡漠或麻木，内心往往伴随着恐惧、愤怒、罪恶、烦恼、羞愧等情绪情感。

（三）认知能力下降

在心理严重失衡状态下，当事人记忆力、知觉力下降，反应迟钝，常常不能集中注意力，思维能力下降，认知事物、分析问题表现出一定困难。

（四）日常行为改变

当事人的日常行为表现出一定程度的反常变化，如原有的兴趣明显丧失，既往的习惯大大改变，人际交往显著退缩，原来的作息规律被打破；有的会出现一些以往不曾有过的不正常行为，如一些强迫性的动作，这些行为反映出思维的混乱或情绪的异常。下面是北京心理危机研究与干预中心列出的心理危机征兆，具有参考价值。

(1) 直接表露自己处于痛苦、抑郁、无望或无价值感中；

(2) 易激动，过分依赖，持续不断地悲伤或焦虑，常常流泪；

(3) 注意力不集中，成绩下降，经常缺勤；

(4) 孤僻，人际交往减少；

(5) 无缘无故地生气或与人敌对；

(6) 酒精或毒品的使用量增加；

(7) 行为紊乱或古怪；

(8) 睡眠、饮食习惯明显改变，体重明显增加或减轻，过度疲劳，体质或个人卫生状况下降；

(9) 作文或其他发挥想象力的作品透露出的主题为无望、脱离社会、愤怒、绝望；

(10) 任何书面或口头表达出的内容都像是在临终告别，如我会离开很长一段时间；

(11) 出现自伤行为。

二、大学生心理危机的预防

有些人不快乐，会习惯性地认为："这是环境造就的，我没有办法改变。"实际上，是我们创造了自己的环境——心理的、生理的、精神的，这些都是由我们的态度来决定的。有时候，事情的发展并不像想象中的那么糟糕，换一个角度看问题，调整一下心态，说不定它是一个美好的开始。以下是心理危机预防的建议：

(一) 为爱而生

只有爱，能使世界转得更圆；只有爱，能创造奇迹。能够看见别人的好，就会提升自己的好；能够说出别人的好，就会强化对方与自己要更好。爱是一切的原动力。

(二) 做自己的心灵捕手

把实现自己生命需要第一优先考虑，善待内心的小孩，给他勇气、信心和生命，想念自己，做你自己，宽恕自己，对自己负责，善用感觉，热情行动，活出真正的自己。

(三) 别为小事而抓狂

为什么生气？塞车、被插队、同事争执、服务生态度恶劣……生气之前，思考哪些才是真正值得生气的情况，如虐待儿童、人民遭受饥饿之苦、战争……相较之下，就可以知道这些事多不值得生气。将怒气转向值得生气的事上，并且想想自己可以为这些情况做什么。

（四）找寻老友

爱情常来来去去，朋友总是越陈越香。曾经同甘共苦的朋友是上帝赐予我们的礼物，花点时间列出老朋友清单，拨个电话聊聊或访友，寻回那曾有的感动与契合。

（五）说谢谢你

一日平安，一日感谢。培养强烈的感恩心，每天至少谢谢一个人，告诉他们你喜欢、仰慕或欣赏他的地方。

（六）活到老学到老

学习不一定只在学生时代，学习是更好生活的开始。无论是选门不算学分的课，还是向同学学习某些爱好或兴趣，甚至边乘车边学习随身携带的书籍，试着从不同方向找出兴趣，生命会更开阔。

（七）奉献给予

奉献能让人花小钱拥有极大快乐。助人渡过难关的方式很多，给予食物、衣物、工作、金钱、时间，可以由简单的方式开始，比如，仔细考虑哪些是真正需要你帮助的人，把有限的物质和时间放在最需要帮助的人身上，最能产生无限的功效。

（八）活出健康的人生

分析自己的饮食习惯，找出需要改进的地方，让营养更均衡。每周至少运动三次，持之以恒，至少上一次恢复精力的课程（如瑜伽或太极），使自己身心健康，精力充沛。

（九）分享

不论是分享阅读心得或是生活偶得，让东家长西家短的无聊变成丰富彼此生命的启发。经由感受每个人不同的经验，赋予生命全新的刺激与成长，世界将变得更好。

（十）让快乐贴身相随

快乐的人会微笑或哼唱，甚至吹口哨。有快乐的想法，你就会飞起来。专注地想快乐的事，让自己产生向上飞跃的力量。日积月累，快乐会变成一种习惯。

拓展阅读

应对创伤性应激

创伤性的经历会造成心理损害或强烈的情感痛苦。战争、风暴、强奸、暗杀、飞机失事、自然灾害或街头暴力等创伤性应激事件的受害人,会发生噩梦、闪回、失眠、易怒、神经衰弱、悲痛、麻木和抑郁的反应。毋庸置疑,2011 年的日本大地震、海啸、随后的日本核危机,及其后来的社会混乱都是创伤性的压力事件。

灾难的目击者或在灾难中侥幸生还的人受创伤性应激影响最大。在纽约,居住在世贸中心附近的人在“9・11”恐怖袭击后有 20%得了严重的应激障碍(Galea et al., 2002),甚至离恐怖事件有一定距离的人们也可能受创伤(Galea & Resnick,2005)。在美国成人中,仅仅通过电视看到“9・11”现场袭击事件的人中,有 44%产生了某些应激症状(Schuster et al.,2001)。例如,在“9・11”恐怖袭击事件发生后的三年,美国人高血压及心脏病的发生率不断上升(Holman et al.,2008)。间接暴露这些恐怖袭击,同时又可能遭受进一步的袭击,可以确定这让许多人在可预见的几年内持续承受应激压力(Marshal et al.,2007) 。

创伤性应激会产生无助感和脆弱感(Fields & Margolin, 2001)。受害人认为灾难会在没有预警的情况下再次发生。更具威胁性的是,受害人感到他们对自己的生命失去了控制(scurfield,2002)。

出现上述反应,人们应该怎么做呢? 心理学家提出了如下建议:

(1) 明确你的想法并和他人交流你恐惧和关注的事情。

(2) 思考那些帮助你战胜了以前不幸的技能,并将这些技能用在目前的情境。

(3) 继续做你喜欢的事情,让生活丰富多彩(LeDoux & Gorman, 2001)。

(4) 向他人寻求支持。这是从所有的创伤性事件中恢复过来的重要元素。

(5) 给自己痊愈的时间。幸运的是,绝大多数人的恢复能力比他们自己想象的好。

当创伤性应激很严重并反复发生的时候,一些人会出现更多、更严重的症状。他们忍受着焦虑的极限或情感上已经麻木。典型的症状表现为，不停止地思考创伤事件，或焦虑地逃避和事件有关的任何事情，并且感到持续的恐惧和不安。在一场灾难后，这些反应会让受害人出现几个月甚至几年的情感缺陷。当创伤事件的受害者是儿童时，这些后果甚至可能延续一生(Gillespie & Nemeroff，2007)。如果你觉得难于处理严重的情感打击，可以考虑向心理学家或其他专家寻求帮助(Bisson et al.，2007)。

毫无疑问登山家 Aron Ralston 经历过一次创伤。一次他从山上掉落，一只手臂被压入两块大石中。危急中没有其他方法，他用一把钝刀锯断了自己的手臂。值得一提的是，他走出了自己的创伤及随后的残疾，并能够再次登山。2003 年 Ralston 在自己的书《岩石与困境之间》中记录了这一事件，而这也启发了 2010 年的电影《127 小时》的创作。

[资料来源：Dennis Coon, John O. Mitterer 著，郑钢等译.心理学导论：思想与行为的认识之路(第 13 版)[M].北京：中国轻工业出版社，2014：529.]

三、大学生心理危机的干预

心理危机干预是采取有效的措施，对处于危机状态中的当事人给予必要的关心和帮助，使危机状况得到缓解或消除，使心理失衡状况得以恢复，避免不良后果及恶性事件的发生。一般来说，在危机状态严重、当事人可能无法摆脱危机状态，有可能会发生严重后果的情况下，就应当果断及时地进行危机干预，以防止不良后果及恶性事件的发生。危机干预是从短期心理治疗的基础上发展起来的，近几十年来，在西方发达国家，心理危机干预工作迅速发展，已经由早先的一些志愿者提供的非专业化服务，发展成为一种专门的心理治疗技术和职业化服务。在我国，心理危机干预工作日益受到重视，很多大中城市建有心理危机干预机构，而且其工作范围已从仅针对个体心理危机进行干预，发展到对社会整体性心理危机的干预(如新冠肺炎疫情引发的社会性心理危机)，心理危机干预理论逐渐成熟，危机干预工作不断深化。随着大学生心理危机发生率的提高，高校对大学生心理危机的研究和干预工作也日渐重视，但还没有真正构建起有效的心理危机干预机制，因此应当进一步推进这方面的工作。

(一) 心理危机干预的模式

对心理危机实行干预，必然涉及怎样干预才能更有效的问题。贝尔金

(Gerald Caplan)等人将危机理论与以心理社会方法为基础的心理治疗联系起来，提出了三种基本的危机干预模式，即平衡模式、认知模式和心理社会转变模式，有关学者在实践的基础上进一步提出了综合干预模式。

1. 平衡模式

平衡模式的理论根据是：危机中的人往往处于一种心理严重失衡状态，在这种情形下，当事人原有的应对机制和解决办法不能满足他们排解问题的需要。因此，平衡当事人的心理是解决问题的前提。平衡模式旨在采取适当措施，帮助当事人重新获得危机前的平衡状态。这种模式比较适合早期干预，因为这时人们只是初步失去了对自己的控制，分不清解决问题的方向，不能做出恰当的选择，但还没有发展到完全失控的状态。因此，解决问题的主要精力应集中在稳定当事人心理和情绪方面。在当事人的情绪和心理得到有效稳定之前，原则上不要采取其他措施。

2. 认知模式

心理危机本质上是一种认知失衡状态。认知模式的理论根据是：危机的根源在于个体对生活事件的错误认知观念。因此，通过改变当事人的非理性认知观念，便有可能使其走出认知误区，重新获得对生活事件的正确判断。在现实生活中，人们常常会出现一些不正确的自我认知观念，自我评价极低，这些错误的自我认知观念持续地折磨人的精神，导致个体消极行为或不良后果的产生。如一位身材矮小的男生，恋爱受挫后便认定原因在于自己的遗传基因差，怪罪父母。在一次与父亲的争吵中被父亲责备，他冲动之下动手打了父亲。这是一个典型的非理性认知观念而导致的不良后果。认知模式旨在让当事人通过练习和实践新的自我观念，使个体的思想变得更为积极、更为肯定，直至旧的、非理性的自我观念消失为止。认知模式比较适合那些危机状态已得到初步稳定的当事人。贝克(Aaron Beck)的认知方法和艾利斯(Albert Ellis)的理性情绪法都属于这种干预模式。

3. 心理社会转变模式

心理社会转变模式的理论根据是：人是先天遗传和后天环境相互影响的产物，危机是由心理、社会或环境因素引起的，内因是变化的根据，外因是变化的条件，没有完全脱离社会、环境影响而孤立存在的心理因素。因此，我们应当从心理、社会和环境三方面来寻求危机干预的策略。心理社会转变模式旨在与心理危机的当事人合作，科学测定和分析与危机有关的内外因素，帮助他们调整自身的心态、改变自己的行为和优化利用环境资源的方法，促使其重新获得对自己生活的自主控制。心理社会转变模式最适合情绪已经稳定下来的当事人。

4. 综合干预模式

除了上述三种干预模式外，人们在实践中创造了综合干预模式（国内不少专家称之为“折中危机干预模式”，我们倾向于称之为“综合干预模式”），这是一种比较适用和流行的干预模式。综合干预模式的理论根据是：导致个体产生心理危机的内外因素是复杂的，而且是不断变化的，因此干预模式不应局限于某一种理论方法，应将各种理论和方法很好地结合起来，根据当事人的具体情况和所处的环境条件，选择恰当的方法帮助当事人。综合干预模式要求干预者对危机中当事人的状况及时间、地点等现实条件有深切的了解和把握，运用得当可以获得很好的效果。

（二）心理危机干预的基本程序

关于心理危机干预的基本步骤，国内外的论述不尽相同。通过多年的心理咨询研究和实践经验，我们认为，心理危机干预一般遵从以下基本程序。

1. 耐心倾听

耐心倾听是干预者准确把握危机当事人情况，进行有效干预的前提。因此，善于倾听并及时鼓励危机当事人毫无保留地倾诉，是干预必须具备的技能。实际上有时仅仅是耐心地倾听危机当事人的述说就可以大大地缓解他们的危机状态。为了实现有效的倾听，危机干预者应努力做到：

（1）全神贯注地倾听当事人诉说自己的心绪，并寻机鼓励他们谈出自己的真实情感。

（2）在倾听当事人诉说时，还应注意当事人的形体语言（身体姿势）所表达的情绪（有时候形体语言所透露的信息比语言表达的内容更重要）。

（3）在倾听前，要通过语言和形体语言向当事人表示关心和同情，以维护其自尊心，建立初步的信任关系，为后续的干预工作奠定基础。

2. 确定问题

在倾听结束后，危机干预者可以认真分析当事人诉说的情况，从当事人的角度出发，判定和理解所遇到的实质性问题。这一步很重要，因为只有准确判断当事人存在的问题，才能有的放矢地采取干预措施。如果干预人员所确定的问题不是当事人存在的问题，那么必然导致所采取的干预措施偏离问题，对危机当事人毫无帮助。因此，确定问题必须审慎。

3. 进行评估

评估是危机干预不可缺少的程序之一，而且评估贯穿于危机干预的全过程。评估有助于干预人员判定危机的严重程度及其发展方向，有助于干预人员采取有针对性的应对措施。对处于心理危机中的大学生，干预人员在初次倾听结束后应尽可能早地进行评估。评估主要围绕当事人三个方面的状态进行客观评价：

（1）认知状态。干预人员可以通过要求当事人回答有关问题来对其思维状况进行评估，如询问当事人对自身危机的感受状况；是否感觉存在危机，如果存在，其程度如何；觉得存在危机的想法已有多长时间，是什么问题促发了危机的感觉；是否有想摆脱危机的想法等。通过要求当事人回答这些问题，可以判定其认知的状况。

（2）情感状态。情感表现异常是当事人心理失衡的情绪表现，当事人往往会表现出过度的焦虑、激怒、痛苦等情绪异常现象或表现出严重的退缩和孤立。干预人员要通过适当方式鼓励当事人真实表达内心情感，并将其所表达的情感与其所遇到的问题进行比较分析，从而判定其情感异常程度。

（3）行为状态。行为是危机当事人认知和情感异常的综合表现，因此，干预人员要特别注意当事人的所作所为。实践表明，处于危机状态的人如果有一些从没有过的特别异常的行为，就预示着可能要发生极端事件。

（三）心理危机干预的主要技巧

1. 保证当事人安全

在耐心倾听、确定问题和初步评估的基础上，干预人员对那些可能会发生极端行为的当事人要给予特别的注意，将保证当事人的安全作为首要目标，使其对自我、对他人的危险性降到最低程度。具体方法有：一是要同当事人深入沟通并给予明显的情感支持，即循着已确定的问题，主动与当事人对话,进行有效的心理上的接触与沟通,尽量缓解放松当事人的情绪,并寻机诱导其认知和情感向正常方向转化。而后通过语言或躯体语言向当事人传递给予帮助和支持的信息,使当事人相信干预人员是可以信任的,也能够从干预人员那里获得关心和帮助。二是对有可能短时间内发生极端行为的当事人,要采取必要的防范措施,如安排有关人员陪伴当事人活动或派人值班观察,适度限制不利情况,防范意外事件。

2. 创造宣泄的机会

给当事人创造情感宣泄的机会,在初步倾听后,干预人员可选择适当的话题诱导当事人彻底述说或哭诉自己的内心苦闷,促其释放过度积聚的心理负能量,疏导那些可能会导致发生非理性行为的情感。

3. 进行安慰和激励

干预人员可根据当事人遇到的问题,首先给予必要的开导和安慰,传达希望与乐观精神,使其认识到困难与问题只是暂时的,并非世界末日来临,而是"山重水复疑无路,柳暗花明又一村"。同时对当事人给予适当的激励,使其有足够的信心,相信自己有能力应对危机。

4. 提出行动建议

根据危机当事人的实际情况,简洁、明了地提出可供选择并有助于摆脱危机的行动建议。行动建议应当尽可能针对危机当事人的问题并具有可行性。干预人员要耐心细致地向当事人劝说实现行动建议的意义,推动其付诸行动。在行动计划的制定和实施过程中,要重视调动当事人的自控和自主性,使其知晓行动计划的实施有助于恢复他们的正常情感状态。

思考题

1. 如何理解挫折的两重性?
2. 在生活中,可以怎样对自己进行积极的自我心理暗示?
3. 目前你的压力事件有哪些?

参考文献

李晓东,陈传万,林飞.新时代大学生心理健康教育[M].上海:上海大学出版社,2020.

龚璞，秦戟，郑媛.心之所向——大学生心理健康教育[M].哈尔滨：哈尔滨工业大学出版社，2019.

陈秋红，彭怀学，熊娟梅.大学生心理健康教育——为心灵护航[M].成都：电子科技大学出版社，2019.

刘嵋.心理健康教育[M].北京：清华大学出版社，2019.

邓彦.大学生心理健康教育实用教程[M].上海：上海交通大学出版社，2019.

谢特秀.大学生心理健康教育[M].沈阳：东北大学出版社，2015.

樊富珉，王建中.当代大学生心理健康教程[M].武汉：武汉大学出版社，2006.

戴维·迈尔斯(David G. Myers)著.侯玉波，乐国安，张智勇等译.社会心理学(第 11 版)[M].北京：人民邮电出版社，2016.

理查德·格里格，菲利普·津巴多著.心理学与生活(第 19 版)[M].北京：人民邮电出版社，2014.

Dennis Coon，John O. Mitterer 著，郑钢等译.心理学导论：思想与行为的认识之路(第 13 版)[M].北京：中国轻工业出版社，2014.

推荐影片

《当幸福来敲门》

第十章 CHAPTER 10 >>>>

心灵疗愈：心理咨询与治疗探秘

案例导入

李明是一名大二学生，原本开朗、积极，因患抑郁症，逐渐陷入了自我封闭状态。李明的父母都是生意人，虽然忙碌，但对他非常关爱，从小给他提供了优越的生活条件。李明进入大学后，起初表现得非常出色，积极参加各种社团活动，结交了很多朋友。然而，在大一学期末，他遭遇了一次严重的感情挫折，与交往多年的女友分手。这个打击让他一蹶不振，开始对生活失去兴趣，对自己也充满了否定。分手后，李明逐渐变得沉默寡言，不再参加任何社团活动，甚至连上课也提不起精神。情绪变得异常低落，经常一个人在宿舍里发呆。每次看到别人开心地在一起玩耍或学习，李明的内心充满了孤独和无助感。

晚上，李明常常失眠，脑海中不断浮现出各种负面想法。他感到自己一无是处，对未来充满了绝望。尽管朋友们试图开导他，但李明始终无法走出阴影。他的胃口变差，体重也逐渐下降。每次尝试改变自己的生活状态，总是半途而废。在寝室里，李明变得越来越封闭，不愿意与任何人交流。他觉得自己是个累赘，总是给别人添麻烦。逐渐地，他对生活失去了所有的兴趣和热情，开始产生了轻生的念头。

李明的抑郁状态愈发严重，他的学业也受到了严重影响，成绩直线下滑。面对这种状况，李明感到非常痛苦，但他不知道该如何摆脱这种困境，最终走向了自我封闭的道路。

案例中的李明同学遇到了什么心理问题？我们可以如何帮助他走出困境？

第一节　心理咨询与治疗概述

随着社会的发展与人类文明的进步，人们对心理健康越来越重视。心理咨询已不再是陌生的事物。各级各类学校，特别是高等学校都建立了免费为本校学生提供服务的心理咨询机构。当然，大学生对心理咨询与治疗的理解还存在一定的差异。有的人认为它就是思想政治教育的一种变形，是“找骂”和挨批评的事；有的人觉得“有病”的人才需要做心理咨询；有的人认为心理咨询就是找个陌生人“聊天”，希望从别人那里得到安慰或让别人“出出主意”。其实心理咨询是随着社会的发展，人们开始重视精神生活的产物。寻求心理咨询并非一般人理解的所谓“有病”，而是一个人的内在资源暂时被遮蔽，要求从这种遮蔽状态里走出来，去更真实、更有效、更幸福地生活。我们希望有一天，当你遇到人生困惑无法自己解答的时候，你会第一时间想到去找位专业的心理咨询师帮助你。

一、心理咨询概述

（一）心理咨询概念

心理咨询的英文是 counseling。关于心理咨询的内涵，不同学者有着不同的见解。帕特森(C. Patterson)认为：“心理咨询是一种人际关系，在这种关系中，咨询人员提供一定的心理氛围或条件，使对象发生变化，做出选择，解决自己的问题，并且形成一个有责任感的独立个体，从而成为更好的人和更好的社会成员。”“以人为中心治疗”理论的创始人罗杰斯(C. R. Rogers)对心理咨询的定义是：“咨询是一个过程，其间辅导者与当事人的关系能给予后者一种安全感，使其可以从容地开放自己，甚至可以证实自己过去曾否定的经验，然后把那些经验融合于已经转变的自己，做出统合。”中国香港学者林孟平对心理咨询的定义是：“咨询是一个过程，在这个过程中，一位受过专业训练的辅导员与当事人建立一种具有治疗功能的关系，协助对方认识自己、接纳自己，进而欣赏自己，克服成长中的障碍，充分发挥个人的潜能，使人生有丰富的发展。”《中国大百科全书·心理学》(2011 年版)对心理咨询是这样定义的：“一种以语言、文字或其他信息为沟通形式，对求助者予以启发、支持和再教育的心理治疗方式。其对象不是典型的精神病患者，而是有教育、婚姻、职业等心理或行为问题的人。”朱智贤主编的《心理学大词典》对心理咨询是这样定义的：“对心理失常的人，通过心理商谈的程序和方法，使其对自己与环境有一个正确的认识，以改变其态度与行为，并对社会生活有良好的适应。心理失常，有轻度的，有重度的；有属于机能性的，有属于机体性的。心理咨询以轻度的、属于机能性的心理失常为范围……心理咨询的目的，就是要纠正心理上的不平衡，使个人对自己与环境重新有一个清楚的认识，改变态度和行为，以达到对社会生活有良好的适应。”

综合以上观点，我们认为：心理咨询是指受过专门训练的咨询人员运用心理学的理论、方法以及技巧，对那些解决自己所面临的问题有一定困难的人提供帮助、指导、支持，找出心理问题产生的原因、探讨摆脱困境的对策，从而缓解心理冲突，恢复心理平衡，提高环境的适应能力，促进人格成长。

（二）心理咨询的对象

心理咨询的对象可分为三大类：一是精神正常，但遇到了与心理有关的现实问题并请求帮助的人群；二是精神正常，但心理健康出现问题并请求帮助的人群；三是特殊对象，即临床治愈的精神疾病患者。

心理咨询最一般、最主要的对象，是健康人群或存在心理问题的人群。健康人群会面对诸如婚姻、家庭、择业、求学、社会适应等许多问题，他们期待做出理想的选择，顺利地度过人生的各个阶段，求得自身能力的最大限度发挥，寻求生活的良好质量。心理咨询师可以从心理学的角度，提供中肯的发展咨询，给出相应的帮助。一般说来，咨询对象应具备以下几个方面的条件：

1. 具有一定的智力基础

求助者需要叙述自己的问题以及其他的相关情况，需要理解和领悟咨询师的帮助，所以智力必须在正常范围内，否则咨询将相当困难。

2. 人格基本健全

求助者应无严重的人格障碍。因为人格障碍不仅阻碍咨询关系的建立，也会影响咨询的进行，而且人格的问题旷日持久，需要长期深入的心理治疗才能奏效。

3. 有交流能力

那些能够清楚明确地表达自己的问题、能准确体会咨询师的语言，并积极采取新的有效行动的求助者,比较适合心理咨询。

4. 咨询内容合适

并非任何与心理有关的问题都可以通过心理咨询获得满意的解决。一般说来,心因性问题,尤其与心理社会因素有关的各种适应不良、情绪调节问题、心理教育与发展问题等是更适合心理咨询的领域。

5. 咨询动机合理

有无合理的咨询动机直接影响咨询的效果。如果咨询的目的不是为了调整自己的某些状态,而是为了寻求心理安慰,或为了多见几次咨询师,或为了把咨询室当成避难所,或为了向咨询师证明自己比咨询师更聪明等,这样的求助者一般不适宜进行心理咨询。如果具有合理的咨询动机,有强烈改变自己现状的愿望,就容易达到咨询双方的密切配合,也就容易取得良好的咨询效果。

6. 对咨询有一定的信任度

如果求助者相信咨询是有效的,咨询师是优秀的,所采用的理论和方法是先进的、实用的,就有可能取得良好的咨询效果;反之,如果求助者对咨询师一直持观望的、怀疑的态度,那么咨询效果就较差。

(三)心理咨询分类

大学生心理咨询的方式按照不同的标准可以有多种划分,主要有以下几种。

1. 按咨询的内容分为发展咨询和障碍咨询

发展咨询主要是帮助来访者更好地认识自己和社会,充分开发心理潜能,增强适应能力,提高自我生活质量,促进身心全面发展。发展咨询所涉及的内容非常广泛,大学生心理咨询多数属于发展咨询。

障碍咨询是针对存在不同程度心理障碍的来访者进行的心理咨询。对于心理咨询师而言,如何评估前来咨询学生的心理障碍程度及类型尤为重要。心理咨询师要明确知道自己的能与不能,对心理障碍较为严重的学生要及时转介。

2. 按来访者是否本人分为直接咨询和间接咨询

直接咨询是由学校心理咨询人员对具有心理疑难需要帮助、存在心理困扰需要排解或者患有轻微心理疾病需要治疗的来访学生直接进行的咨询。一般由学生本人进行预约后来到心理咨询室，向学校的心理咨询师进行咨询。这种方式最有利于问题的解决，也是高校最为常用的一种咨询方式。

间接咨询是由学校心理咨询人员对来访的教师、学校行政人员、学生家长所反映的当事学生进行咨询。间接咨询的特点是在咨询师和当事学生之间增加了一道中转，咨询师靠中转人收集当事学生的各种资料，对当事学生的咨询建议也靠中转人传达实施。因此，在间接咨询中，如果不能处理好咨询师和中转人之间的关系，不能使咨询师的建议被中转人转达，促使当事人接受并合理实施，就会影响咨询效果。

3. 按来访学生数量多少分为个别咨询和团体咨询

个别咨询是指咨询者与来访者一对一的咨询活动。这种咨询既可以采用面谈的方式，也可以通过电话、通信等其他途径进行。个别咨询具有保密、易于交流、触及问题深刻、便于个案积累和因人制宜等优点。

团体咨询是相对于个别咨询而言的。团体咨询是在团体情境下进行的一种心理辅导形式。它是以团体为对象，运用适当的辅导策略和方法，通过团体成员间的互动，促使个体在交往中通过观察、学习、体验，认识自我、探讨自我、接纳自我，调整和改善与他人的关系，学习新的态度和行为方式，激发个体潜能，增强适应能力的助人过程。团体咨询较之个别咨询，在节省咨询人力和时间、扩大咨询的社会影响、集中解决学生中的一些共同性和迫切的心理问题方面具有很大的优势，特别是对于那些害羞、孤独等具有人际关系交往障碍的学生，有特殊的功效。

4. 按来访的途径分为门诊咨询、现场咨询、专栏咨询、电话咨询和互联网咨询

门诊咨询是指开设心理咨询门诊，如在专科医院、综合性医院和专门的个体诊所开设的心理咨询，这是心理咨询最常见的方式。由专业咨询工作者与咨询对象直接见面，能进行深入的交流，及时发现问题，提出建议，故咨询效果好。

现场咨询是指咨询者在学校、机关、企业、部队、社区、家庭等现场，对咨询对象提出的各种心理问题给予咨询帮助。现场咨询对那些只有心理问题，或虽有心理障碍但本人由于各种原因又不能到门诊咨询的人最为合适。

专栏咨询是指针对公众关心的一些较为普遍的心理问题，通过报纸、杂

志、电台、电视台等大众传播媒介进行专题讨论和答疑。随着互联网的发展,专栏咨询又逐渐扩展到在专门的网站或网页上进行。这种方式便于普及心理健康知识,影响面广,缺点是针对性差。

电话咨询是指用电话的方式开展咨询,主要适用于有心理危机或有自杀观念、自杀行为的人。在国外是专线电话,只限于心理危机者使用,主要目的是防止自杀。除了处理各种心理危机,也为有其他心理问题者提供服务。优点是快捷、方便、保密性强。但这种方式缺乏面对面的直接交流,难以进行准确的心理评估,限制了咨询者的干预能力。

互联网咨询是指借助互联网进行的咨询。互联网咨询沟通迅速、快捷,对语言文字的依赖性强,咨询效果受文化程度、语言表达能力的影响很大。对于那些限于个人身体条件、地域环境而不能直接、方便地寻求心理咨询的人,以及限于个人生活风格、认知习惯,不愿意直接面对咨询师的人来说,互联网心理咨询尤其重要。

二、心理治疗概述

(一)心理治疗概念

心理治疗的英文是 psychotherapy。同心理咨询概念一样,心理治疗的内含迄今也无公认的定义,下面同样列举一些国内外比较有代表性的观点。

《美国精神病学词汇表》将心理治疗定义为:"在这一过程中,一个人希望消除症状,或解决生活中出现的问题,或因寻求个人发展而进入一种含蓄的或明确的契约关系,以一种规定的方式与心理治疗家相互作用。"心理治疗家弗兰克(J. Frank)认为心理治疗是受过专业训练的、为社会所认可的治疗师,通过一系列目的明确的接触或交往,对患有疾病或遭受痛苦并寻求解脱的人所施加的一类社会性影响。美国精神科医师沃尔培格(L. R. Wolberg)认为,从临床观点来说,心理治疗是一种"治疗"工作,即由治疗师运用心理学的方法,来治疗与病人心理有关的问题。治疗师必须是受过训练的专家,他们尽心与病人建立治疗性的关系,试图消除病人心理与精神上的症状,并使病人获得人格上的成长与成熟。

我国心理学家陈仲庚认为,心理治疗是治疗师与来访者之间的一种合作努力的行为,是一种伙伴关系;治疗是关于人格和行为的改变过程。研究者曾文星、徐静认为,心理治疗是指应用心理学的原则与方法,通过治疗师与被治疗者之间的相互关系，治疗病人的情绪、认知以及与行为有关的问题。治疗的目的在于解决病人所面临的心理困难，减少焦虑、忧郁、恐慌等症状，改善病人的非适应行为，包括对人对事的看法及人际关系等，并促进病人人格的成熟，使其能以较有效且适当的方式来处理心理问题以适应生活。钱铭怡教授把心理治疗定义为："心理治疗是在良好的治疗关系的基础上，由经过专业训练的治疗师运用心理治疗的有关理论和技术，对来访者进行帮助的过程，以消除或缓解来访者的问题或障碍，促进其人格向健康、协调的方向发展。"

从以上介绍的有关心理治疗的定义中不难发现，这些定义虽不尽相同，各有侧重，但都或多或少地涉及如下内容：心理治疗是一个过程，心理治疗涉及治疗师与来访者（患者）之间的关系，心理治疗是指治疗师运用有关心理治疗理论和方法，消除或控制病人的心理问题或心理障碍，改善病人的心理与适应方式，促进病人人格的发展与成熟。

综上所述，我们认为：心理治疗是指在良好的治疗关系基础上，由经过专业训练的治疗者运用心理治疗的有关理论与技术，对在精神和情感等方面有障碍或疾患的人进行治疗的过程。心理治疗的目的是改善病人的不良心态与适应方式，解除其症状与痛苦，促进人格改善，增进其身心健康。

（二）心理治疗师的分类

心理障碍存在不同类型的治疗方法，人们寻求帮助的动机也各不相同（有一些需要接受治疗的人却不寻求帮助）。从事心理治疗的治疗师的特点也各不相同，常见的心理治疗师主要有以下几类。

1. 临床社会工作者(clinical social worker)

临床社会工作者是心理卫生领域的专业人员。他们在社会工作学院接受过专业培训，能与精神病学家和临床心理学家协同工作。与精神病学家和临床心理学家不同的是，这类咨询师更关注问题产生的社会环境，所以他们的工作可能会涉及家庭其他成员，或者至少要与来访者的家庭及工作单位取得联系。

2. 宗教咨询师(pastoral counselor)

宗教咨询师是指属于宗教团体但专门对心理障碍进行治疗的成员。这类咨询者通常结合宗教精神来开展工作。

3. 临床心理学家(clinical psychologist)

临床心理学家必须完成研究生的训练,其训练包括心理问题的测量与治疗,完成在临床实习训练并接受督导,取得了哲学博士(Ph. D.)或心理学博士(Psy. D.)学位。与精神病学家相比,这类心理学家具有广博的心理学、心理测量学和研究方面的知识背景。

4. 咨询心理学家(counseling psychologist)

咨询心理学家通常情况下也需获得相关专业博士学位,主要针对职业选择、学校问题、药物滥用、婚姻冲突等问题提供指导。这些咨询师常常在与社区有关的领域,如企业、学校、监狱、军队服务机构或邻近的诊所工作。他们所采用的方法有访谈、测验、辅导或提供建议,以帮助个体解决特定的问题或帮助个体对未来做出选择。

5. 精神病学家(psychiatrist)

精神病学家必须完成医学博士(M. D.)学位所必需的训练,还需要完成某些心理和情绪障碍方面特殊的博士后训练。精神病学家所接受的训练更多地集中于心理问题的生物医学基础。

6. 精神分析师(psychoanalyst)

精神分析师具有医学博士或哲学博士学位,但必须接受过精神分析的特殊训练,以了解心理障碍并知道如何进行分析性治疗。

三、心理咨询与治疗的区别

从心理咨询与心理治疗的定义不难看出,二者有许多相似之处。具体表现在:两者所采用的理论方法常常是一致的;在强调帮助来访者成长和改变方面是相似的;两者都注重建立帮助者与求助者之间良好的人际关系,认为这是帮助求助者改变的必要条件;两者的目标都是维护和增进心理健康等。因此,无论在国内还是国外,心理咨询与心理治疗常常被当作同义词。咨询者的实践在心理治疗家看来是心理治疗;心理治疗家的实践又被咨询者看作是心理咨询。

尽管心理咨询与心理治疗有许多相似之处,但两者的区别仍然是显而易见的。具体表现在:

(1) 服务对象——心理咨询的对象主要是正常人,他们的主要困难是现实生活中的适应与发展问题,而心理治疗的对象主要是有较严重心理障碍的人，如人格障碍、神经症等。

（2）助人者——心理咨询工作者主要接受心理咨询和临床的训练，着重处理的是日常生活中的人际关系问题、职业选择问题、教育过程中的问题等，而心理治疗工作者则侧重病理心理、精神医学等方面的治疗和临床训练，心理治疗的适应范围是性变态、神经症、身心疾病、精神病患者康复期适应等。

（3）服务机构——心理咨询主要由一些组织内部如学校、部队，以及包括医院在内的少数社会性的心理咨询服务机构提供服务，心理治疗主要由精神科医院和一些综合性医院中的心理治疗部门提供服务。

（4）历史渊源——心理咨询的起源基本是一条心理学的线索，主要起源于20世纪初在美国兴起的职业指导运动和心理卫生运动与心理学中的个体差异研究，和心理测量的发展联系密切；而心理治疗的起源还有一条精神病学建立的线索，可追溯到欧洲文艺复兴后，对精神病人的看法和态度的改变直至现代精神病学的建立。

此外，由于心理咨询与治疗事业在我国开展时间不长，未被大家广泛了解，因此，社会上和大学生中都存在一些误解和偏见。在大学生中一般存在这样的认识，即我的问题是我自己的事，没有严重到非请别人帮忙不可。这是对心理咨询与治疗的一种误解。其实，在生活中所有的人都可以接受心理咨询和治疗，不论其问题的大小与严重程度。尽管有许多人的问题经过一段时间后也能自行解决，但接受心理咨询的帮助可能更有助于问题全面彻底的解决。况且，心理咨询不是直接替求询者解决问题，只是帮助他们认清问题的实质，分析问题的成因，是由他们自己选择解决的办法，咨询者只起建议、指导的作用，是助人自助。因此，认为自己的事只有自己才能解决，有“病”才需要心理咨询的观点是错误的。在生活中遇到任何问题，如果自己感到难于应付或不好解决，都可以寻求心理咨询的指导和帮助。

值得注意的是，由于社会上对心理咨询与治疗存在偏见，一些学生害怕自己去寻求心理咨询被人发现而被扣上“不正常、有问题、有精神病”的帽子，而宁愿到远离校园的地方求助。其实心理问题与感冒一样，也是一种疾病，没有人因感冒到医院看病而感到羞于见人。因此，我们不要因为有心理问题去咨询而忐忑不安，无论是什么样的心理问题都可以及时去求助和治疗。

第二节　心理咨询与治疗的原则与阶段

一、心理咨询与治疗的原则

心理咨询与治疗的原则是对咨询工作的基本要求,在咨询与治疗过程中,能否遵循心理咨询的基本原则,关系到咨询工作能否顺利开展,也决定了咨询工作的成败与效果,因而心理工作者有必要了解并遵守心理咨询与治疗的基本原则,从而能够更好地帮助来访者。

(一)职业规范性原则

1. 来者不拒、去者不留原则

这一原则既是由咨询的自助目标所决定的,也是由咨询的人际互动性质所决定的。来访者必须能意识到自己的困惑或问题,有自我改变的意愿和动机,并积极主动地寻求咨询师的帮助,才能够使自己完成自我改变,这也是咨访关系得以建立的前提。忽视来访者的求助意愿和动机,或违背来访者意愿的咨询将变成一种强迫性质的说教,背离咨询的本意。即使是咨询师认为他人需要帮助,出于热心,希望帮助他摆脱心理困扰,也不能强行让他人前来咨询。

在实际咨询工作中,许多来访者迫于他人的要求前来咨询。对此,咨询师不能简单地以来访者缺乏意愿而予以拒绝。因为来访者的意愿虽然不是特别充分,但毕竟是自己来到咨询室的,这也反映了他一定的意愿。因此,简单地拒绝他的求助,会违背来访者的意愿。当然,面对这类来访者,咨询师要付出更多的精力来调动其求助动机,打破他的自我封闭倾向和被动、抵触的心态。

另外,有时还存在替代他人前来咨询的情况,如家长替代孩子来咨询,家人、朋友替代自己的亲朋好友来咨询。对此,咨询师也不能简单地予以拒绝。这是因为,咨询实践中一部分替代者本身就是问题的一部分,也需要帮助;另一些替代者本身没有问题,但需要在如何适应和帮助潜在当事人方面获得帮助。这两种情况都使替代者成了当事人。还有一些替代者不属于以上两种情况,咨询师可以从发展与适应的角度给潜在当事人提供一般性的指导和意见,但应该明确告诉替代者,要提供有针对性的帮助,切实解决问题,还需要真正的"事主"出场。如果潜在的当事人是因为对咨询有一些错误的理解而拒绝前来,咨询师也可以适当地做一些解释和说明工作,或提供一些正确介绍咨询的书籍。

值得注意的是,来访者有权利在任何时间结束咨询,甚至来访者在选择咨询师、暂停咨询过程方面的意愿都应该受到尊重。咨询师可以向来访者说明这样做的影响,但应该尊重来访者的最终决定。

2. 时间限定原则

心理咨询必须遵守一定的时间限制。咨询时间一般规定为每次 50 分钟左右(初次受理时可以适当延长),原则上不能随意延长咨询时间或间隔。咨询过程中控制时间具有非常重要的作用,可以推动咨询过程顺利开展,对来访者的成长有积极的作用。

一般来讲,长达 2—3 小时的一次咨询的效果,并不如时间为 50 分钟—1.5 小时的两次咨询的效果好。长时间的咨询会使咨询师与来访者都感到疲劳,不能将注意力集中于要解决的问题上。一次长时间的咨询看似能讨论很多问题,但是来访者并没有时间去体味咨询中发现的问题,只是一味地发泄痛苦,表达自己的观点,或者接受咨询师的观点,而没有反省、体验的过程,这样的咨询并不能达到解决来访者问题的目的。另外,限定时间可以使来访者产生一种安定感,可以知道咨询将在什么时间结束。

限定时间还可以使来访者意识到现实原则的存在。这种做法可以使来访者意识到自己并不能控制任何事情,不能想怎么样就怎么样,需要遵守一定的规则;咨询师不可能一直围绕自己转,他也有自己的生活和工作。咨询师通过遵守限定时间的准则,让来访者在咨询过程中体验到这一点,其效果比特意用言语告诉他要好得多,更能使来访者产生一定的触动,能有效地推动来访者去反思自己的问题与不足,进而能更好地成长。咨询师也可以避免被来访者所牵制,因为想要更好地帮助来访者而随意延长时间或者根据来访者的病情状况更改时间,这些都不利于来访者的成长。有些来访者会在还未到约定的咨询时间就与咨询师联系,希望提前进行咨询,或者要求马上见到咨询师,此时,咨询师需要分析具体情况,若不是非常紧急的情况,咨询师应该在电话里跟来访者说清楚,让来访者等到约定的时间,再与咨询师商讨问题。否则咨询师会受制于来访者,而来访者会以自己的病情作为控制手段,把咨询师当作逃避问题的挡箭牌,这不仅不能帮助来访者成长,反而有碍于来访者问题的解决。

当然,咨询时间的限定并不是绝对的。咨询师要根据来访者的病理状态、心理发展程度和年龄大小等具体情况,考虑缩短时间和间隔,增加咨询次数。例如,当来访者有巨大的情绪波动,或有自杀倾向时,可以适当延长咨询时间,帮助来访者控制情绪,并及时通知相关人员或单位;对于行为化倾向较强的来访者,可以考虑增加咨询次数,以使双方能够进行充分的沟通与交流。

当咨询师由于自己的原因,需要变更咨询时间时,应提前告知来访者,并说明原因,避免给来访者带来不安或者不愉快。

(二）心理咨询与治疗过程中的原则

1. 理解与接纳原则

理解与接纳原则是指咨询师要认识到来访者的心理与行为是可理解的,要抱着一种尝试理解或尽量去理解来访者的心态,深入体验并接纳来访者的心理世界和精神世界。咨询师要对来访者的语言、行动和情绪以及当前出现的问题等给予充分的理解,不得以道德的标准批判对错,亦不可加入自己的价值判断,对来访者或他人妄加指责,而是要帮助来访者分析原因并寻找出路。例如,来访者向咨询师倾诉,自己最近不想上课了,觉得在学校没有意思,老师教的东西也不实用,还不如自己去社会上打拚,学一些真本事。

来访者表示:“我不是不努力,只是觉得学校不能让我满意,留在学校只是白白浪费时间。”

咨询师给予的反馈是:“你对学校不满意,我能理解,但我觉得你的想法有些极端。人生不如意的事太多了,既然我们不能改变环境,就应该改变自己,去适应这种环境。”

这种反馈就没有充分地理解来访者的心理,颇有指责和说教的意味,并不能让来访者感到被理解与支持。

更好一点的反馈是:“你对学校目前的教学状况感到不满、厌倦,但你又想继续学业,这样你感到很矛盾是吧?”

2. 主体原则

在心理咨询与治疗中,来访者既是咨询的对象,又是咨询的主体。咨询过程中，咨询师要以调动来访者的积极主动性为主要目的，使他们能积极地发现自己存在的问题，主动去寻找解决问题的方法，积极地改变自己，而不是被动地接受咨询师的指导和安排。咨询师的作用是助人自助，而非教导来访者该如何去做。这一点对于来访者的成长是至关重要的。咨询师要遵照咨询过程的主体原则，对来访者和自身树立正确的理念，这主要包括以下几点：

第一，咨询师应该相信人都是有发展潜力的，并且都有认识自我、完善自我的潜能。咨询师应该更多地启发、调动来访者自己的积极性、创造性，把更多的注意力放在其发展潜能上，而不要因为来访者当前的困境，就对他的发展潜能失去信心，这样可能会将咨询变成一种包办代替的解释和指导。

第二，在咨询过程中，咨询师不要主观地指示来访者一定要如何去做，而是应该给来访者创造机会，让他自己去认识问题，找到问题的解决方法。咨询师要做的是与来访者共同分析、讨论，设想有助于问题解决的方案，以及不同方案所导致的后果，但最终如何选择，依旧由来访者来决定。咨询师最终的目的是帮助来访者自己去应对生活，形成自助的能力。咨询师不可以认为自己是“救世主”，而要认识到自己与来访者是平等的，要更正“自己能够帮助来访者解决所有的问题，并且只有自己的方法才是最好的”这样的想法。咨询师为来访者包办代替并不能帮助来访者自己去认识问题，反而会使其对咨询师形成依赖，更难独自去应对生活。

（三）综合性原则

1. 心身的综合

咨询师要意识到心理与生理是相互作用、互为因果的。当来访者不愿意正视或没有清楚地意识到自己的心理问题，又或对自己所产生的心理困惑感到难以启齿时，就有可能出现心理问题躯体化的情况。此外，有时心理问题仅仅是因为生理问题所带来的紧张、焦虑等引起的。咨询师在进行心理咨询与治疗时，要注意区分这两种情况。

2. 原因的综合

来访者前来咨询的问题往往是由于多方面的原因造成的，咨询师要抓住主要原因，对此进行梳理，帮助来访者意识到自己可以改变的方面。

3. 问题的综合

来访者来咨询的问题往往不是单一的，某一个问题会牵连出其他的问题。思维、情感、行为三者是紧密联系的,往往很难割裂开来,分别对待。咨询师可以抓住来访者所遇到的主要矛盾,寻找合适的突破口。有时,由于主要矛盾对来访者来说太难以面对,咨询师可以从与之相连的细小的问题入手,慢慢帮助来访者提高心理承受力。

4. 方法的综合

当前的应用心理学界已经发展出诸多心理咨询与治疗的方法,每一种方法都有其独特的优势,也有其弊端。因此,有针对性地综合使用一些方法比单一地使用一种方法更为有效。但前提是要选择适合于来访者的方法,无论用什么方法,目的都是为了更好地解决来访者的困惑,促进来访者的成长。

总之,心理咨询与治疗的原则是为顺利地进行心理咨询与治疗,并获得一定的成效而服务的。建立这些原则的目的只有一个,那就是更好地帮助来访者达到心理健康和发展的目标。

二、心理咨询与治疗的阶段

虽然心理咨询与心理治疗家对心理咨询与治疗的基本阶段提出了不同的看法,但心理咨询与治疗过程是大致相同的,其中有几个必须经历的阶段,这就是心理诊断阶段、帮助和改变阶段以及结束阶段。

(一)心理诊断阶段

1. 信息收集阶段

这个阶段的主要任务是深入收集与来访者及其问题有关的资料。一般来说,咨询师收集到的资料越多,对于下一阶段所要进行的心理诊断就越有利。咨询师所收集的信息越全面,评价越中肯,其信息反馈就越准确,提出的建议也就越具有针对性。由于心理咨询或治疗时间有限,要在有限的时间内,最大限度地了解来自对方的有关信息,通常可以从以下几个方面来收集信息。

(1) 时间维度

对于来访者过去经历的了解,可以得知他成长发展至今的概况;对于来访者现时状况的了解,有助于获得他对自己和自身问题的理解及看法等有关信息;对于来访者对将来的看法和打算的了解,可以更进一步认清他对自己、对他人及对周围世界的看法,并对他之所以产生烦恼与困惑的背景和原因有进一步的理解。因此,对来访者过去、现在和将来的了解,往往可以构成一幅连续的图景,有助于大致了解他是一个什么样的人以及他为何前来求助。

(2) 内外在维度

在咨询中,既要了解个人内在信息,又要了解他在与人相处时的外在信息。个人内在信息大致有如下几方面:第一,他对现实的认识;第二,他的内在冲突以及处理这些冲突的方式;第三,他是什么样的人,他认为自己是什么样的人,他希望别人把他看成什么样的人;第四,他有什么样的价值观和期待。而人际之间的外在信息包括此人与他人交往的原动力,他自己或对方对这种交往是否满意等。

(3) 思维与情绪维度

咨询时应注意来访者对于他自身、他人及有关事件的看法,以及由此而引发的情绪。对思维与情绪的认识有助于了解思维与情绪之间的交互作用,以及在咨询或治疗过程中常常出现的思维与情绪不协调甚至对立的情况。

(4) 思维与行为维度

咨询时应注意来访者对于现实的理解和看法,注意他怎样处世待人,怎样处理自身所遇到的各种情境,注意他出现心理矛盾和冲突时,采取了怎样的防范、应急等措施,以及他对自身处理这些情境的看法。这有助于了解对方是怎样一个人,有助于了解其思维与行为之间的联系,并可预测其今后在情境上的反应。

除了言语方面的信息,咨询师还应认真观察来访者在咨询室中的行为、与自己的互动,以及来访者对自己所提出的要求作出的反应,这些信息都能够间接地反映来访者对咨访关系的态度、来访者的性格等。

咨询师在这一阶段还应具有敏锐的洞察力,能够在来访者提出的较为复杂的人物及事件中找到必要的线索。有时来访者急于说出自己的苦恼与问题,一时表达凌乱而无头绪,咨询师可帮助他们从中选择出一件事先讲,然后再说另一件事;或先了解其主要的治疗目的,然后帮助来访者围绕这一目的慢慢展开。

2. 心理诊断

心理诊断阶段的任务主要是对来访者的问题及原因进行分析和确认。

此外,是否接受来访者并给予其治疗,亦是咨询师在此阶段要确定的工作之一。心理诊断主要包括以下几个方面的工作。

(1) 症状

来访者的问题会呈现出各种形式,主要分为两大类。一类是通用的诊断类别中所包括的症状,包括精神病的症状,这属于精神病学范围,咨询师一般要注意区分;还可能是某些神经症症状,如抑郁症、焦虑症、恐怖症、强迫动作或强迫观念,也可能是性行为障碍等。另一类是无法归到某种症状范畴的问题,如适应不良、害怕某事、愤怒情绪、犹豫不决、过于敏感、负疚感、受挫感、内心矛盾冲突、效率低下、人际交往问题等。

(2) 来访者的筛选

对于来访者的筛选主要考虑两个方面问题:一个是来访者是否适合进行心理治疗,另一个是咨询师是否适合为该来访者进行心理治疗。针对来访者是否适合进行心理治疗,咨询师要注意不是所有的来访者(除精神病人之外)都适宜做心理治疗,换句话说,有些来访者的个人因素会影响咨询或治疗过程,难以取得积极的结果。来访者是否适宜做心理咨询或治疗工作,也应在诊断阶段进行确认,要对来访者的心理准备程度进行评估。

针对咨询师是否适合对来访者进行心理治疗,咨询师应该注意到,咨询涉及咨询师与来访者,咨询效果的好坏,并不仅取决于咨询师,也不仅取决于来访者,而是取决于双方的配合程度。很多咨询师有这样的偏见,认为自己有能力向每一个到咨询室来的人提供有效的帮助,实际上这种想法对心理咨询工作毫无帮助。

(3) 信息反馈

在信息反馈阶段,咨询师要将信息反馈给来访者,得以证实或肯定,方便使来访者能够做出决定,考虑是否继续进行咨询或治疗。

咨询师提供信息反馈时要尽可能做到清楚、简明、具体而又谨慎。即不用套话,简单明了;言语简短,不用烦琐的形容词和类比;运用通俗易懂的语言来表达。咨询师在谈话时应投入一种关切感,而又不至于惊到对方。

咨询师所提出的建议,来访者可以在当天作出下一步的决定;也可以对咨询过程中的咨询师的反馈情况进行思考、分析,或与他人进行讨论,然后再作出下一步的决定。要注意的是,咨询师千万不要摆出高高在上、盛气凌人的姿态,也不能是一副无所谓的态度。咨询师应作较中和、务实的表达,如:“我认为我的建议是合理的,希望你认真考虑,不过,最终的决定权在你自己。”

(4) 咨询协议的签订

通过前三个步骤,双方都比开始时掌握了更多的信息。下一步就是如何利用这些信息,咨询师与来访者之间达成共识,形成和签订咨询的协议。

(二) 帮助和改变阶段

这一阶段是咨询和治疗中的重要阶段。具体来说,在这一阶段采用何种方法,来访者产生何种变化,完全与来访者及其问题有关。在这一阶段,咨询师应通过领悟、支持、理解及行为指导等方式帮助来访者解决其在认知或行为等方面的问题。此外,咨询师要对来访者自我转变中的反复有足够的心理准备,不要指望来访者一下子完全转变,出现反复时要注意随时调整咨询计划。在这一阶段,咨询师要明确以下几个问题。

1. 责任

前来咨询或治疗的人往往容易把咨询师当作心理的建筑大师,认为咨询师能为他提供一幅建筑蓝图,告诉他:他是谁,他的问题是什么,他应该怎样解决这个问题,何时向前走出一步等。

咨询师对来访者的立场永远是:你来告诉我你是谁,你来告诉我你的问题,你来告诉我你希望怎样解决它,你来告诉我你准备什么时候采取什么方法解决它。因为咨询的基本假设是,上述问题的答案就在来访者身上。咨询师的任务不是越俎代庖地来回答这些问题,而是提供有利于来访者进步、成长的气氛与环境,使来访者获得必要的内省力来自行回答这些问题,并付诸实践。换而言之,咨询的总目标是帮助来访者成为他自己的咨询师。

2. 领悟

在这一阶段,咨询师可以帮助来访者重新审视自己内心与问题有关的方面,帮助他达到某种程度的领悟,使其更为清晰地看到自己的认知与情绪中存在的问题,从而更好地觉察这些认知与情绪。这种领悟的第一个作用是可以使来访者问题的严重程度有所降低,使其在心理上真正强健起来。此时,也许来访者的问题仍然存在,但他已开始有所改变。帮助来访者进行内心的探索,可以为他改变其外显行为提供心理依据。这是领悟的第二个作用。

3. 方法

在心理咨询与治疗过程中,方法的选择与使用是咨询师的核心工作,是确保心理咨询与治疗取得良好疗效的关键。现有的成熟的心理咨询与治疗方法,已经过长期的心理咨询与治疗实践的检验,有其自身的功能及特点,如果能够正确使用,将会取得较好的治疗效果。大量的临床研究和实践显示,每一种疗法的产生与发展都有其特定的历史背景,每一种疗法又具有其适合和不适合的治疗对象,每一种疗法在使用上还具有一定的局限性,因此咨询与治疗方法的选择与运用就成为咨询师的一项关键任务。只有根据求助者的具体心理状况如时间、地点等因素,慎重地选择和运用咨询与治疗方法,心理咨询与治疗才能取得良好的效果。

（三）结束阶段

结束阶段的工作亦不容忽视,对整个咨询与治疗工作的质量也有很大影响。在这一阶段,咨询师要向来访者说明他在治疗中已取得的成绩和进步,并指出还有哪些应注意的问题。咨询师传递给来访者的信息可能是这样的:“你现在做得越来越好了,你自己也可以做好它了。”咨询师还要帮助来访者重新回顾治疗要点,检查治疗目标实现的情况,进一步巩固治疗所取得的成果。如果有可能,还可将来访者在咨询与治疗中提高的对某一事物的认识扩展到其他事物,帮助来访者真正掌握咨询与治疗中习得的新东西,使来访者在日后脱离了咨询师仍可自己应付周围环境,做自己的咨询师。

咨询师可以依据来访者状态的具体情况,与来访者共同决定结束咨询的时间。关于咨询结束的状态判断,并没有特别严格的规定,但也有人提出了一些参考指标,可以帮助咨询师更好地把握结束时间。

如心理学家尼考尔茨(R. C. Nichols)等提出的“变化认知评定尺度”规定了四项指标:第一,来访者的症因、症状消解的程度;第二,来访者对自身行为的理解程度;第三,来访者对人生的思考、情绪变化的程度;第四,来访者对自身重要问题的认识变化程度。日本心理学家河合隼雄提出了“比较完善的终结”的四项指标:第一,由自我实现的观点来看,来访者的人格必须出现所期待的变化;第二,来访者所存在的症状或烦恼等以外的问题也得以解决;第三,充分辨明来访者内在的人格变化与外在的问题解决的相关性;第四,对以上三点,由咨询师与来访者相互确认,达成共识之后,决定心理咨询的结束。

当然,咨询师并不一定要完全按照这些指标来评估咨询是否要结束,而可以根据自己的经验、来访者的状态、下一步的咨询是否还能对来访者有效等因素，最终决定是否可以结束咨询。特别强调的是，咨询的结束不应该由咨询师单方面决定，而应与来访者协商。

咨询师可以与来访者就咨询结束的时间与方法进行协商。一般来讲，应该循序渐进地终止咨询。如果突然停止，可能会导致来访者出现分离性焦虑，使咨询效果产生倒退，此前的咨询成果付诸东流。在临近终止阶段，重温一下咨询目标是有很大益处的。这可以帮助来访者更加接近他们的目标，使他们认清眼前的自己与所要达到的目标之间的距离，较为顺利地走完剩下的路。咨询师可以通过提前告知来访者，或逐渐减少咨询频率等方法结束咨询。总之，要让来访者有一个心理准备，并且认识到“没有咨询师的帮助我也能很好地生活”。虽然已经有了一定的心理准备，在最后一次咨询结束时，来访者难免会产生失落感，有一种恋恋不舍的情感也是很自然的。所以在告别的时候，对来访者说上一句“如果今后还有什么问题，请您随时再来”，或许能帮助他减少失落感与无助感。

第三节　心理咨询与治疗技术

心理咨询与治疗必须遵循心理学的理论与原则。最常见的心理咨询与治疗理论有精神分析的理论、行为治疗的理论、以人为中心理论、认知治疗理论等。以这些理论为基础发展起来的心理咨询与治疗方法有 250 多种，下面介绍几种常用方法。

一、精神分析疗法

（一）基本原理

精神分析(psychoanalysis)是弗洛伊德用来分析个体潜意识思想的治疗技术。弗洛伊德认为，来访者的问题可以追溯到童年经验，这些童年经验涉及性的冲突，只有对这些经验进行广泛的提问、探索和分析，才能帮助个体意识到这些童年经验如何影响他们成年后的行为。

精神分析疗法到目前已有一百多年的历史，随着社会文化的发展，精神分析疗法的理论和技术也被不断地补充和修正。弗洛伊德的精神分析理论现在被称为经典精神分析。而以霍妮(K. Horney)、埃里克森(E. Erikson)、沙利文(H. S. Sullivan)和弗洛姆(E. Fromm)等人为代表的新兴精神分析学家的理论则被称为新精神分析。

在 1908 年以前，精神分析的发展饱受批评和责难，弗洛伊德划时代的代表作《梦的解析》在 1900 年出版之后的八年间只售出 600 册。但一批相信和推崇这一学说的青年学者从那时开始便聚集在弗洛伊德周围，定期在维也纳对此学说进行研讨。至 1908 年第一次国际心理分析学术会议召开及 1910 年国际心理分析协会成立，精神分析学说才得以向世界各国迅速传播。随后，精神分析团体发生了分裂，阿德勒（A. Adler）、荣格（C. G. Jung）等人与弗洛伊德渐渐远离，他们分别提出了有关广义的力比多及自卑情结论的学说，对精神分析理论进行了重大修正。20 世纪 30—50 年代，美国心理学家在弗洛伊德经典精神分析理论的基础上，发展出与时代、社会及文化相适应的学说与方法。近年来，对经典精神分析和新精神分析理论的修正和革新已成趋势，其主要目的都是为了缩短疗程，提高治疗效果。

精神分析疗法的一大重要贡献体现在心理治疗中的历史作用上。它是第一个正规的治疗体系，它的出现使心理治疗跨入了一个新的历史时期。它对后来出现的各种疗法有重大影响，有的疗法直接从它这里接受了某些思想和原理，有的从它身上吸取了灵感，也有的在反对它、攻击它的过程中创造了新东西，这时候，它从反面刺激了创新。正像陈仲庚教授所著的《人格心理学》表达的："弗氏的贡献，在于他所提出的问题比他所解决的问题更为重大……因此弗氏实际上为后人开拓了探索的道路，变更了心理学的研究方向，他的精神分析流派也成为现代关于动机和无意识问题最流行的派别之一。"

（二）治疗方法

精神分析理论认为症状是神经症性冲突的结果，它是经过化装的，背后有无意识的症结。精神分析治疗着重于寻找症状背后的无意识动机，并使之呈现在意识层面上，通过将无意识的心理过程转变为有意识的心理过程，病人便能够真正了解症状的真实意义，从而使症状消失。精神分析的治疗方法主要有以下几种。

1. 自由联想

自由联想是弗洛伊德 1895 年创造的。他让病人很舒适地躺着，把自己想到的一切都讲出来，不论其如何微不足道、荒诞不经、有伤大雅，都如实地说出来。在自由联想过程中，治疗师的任务是鉴别与解析潜意识中被压抑的事件与来访者的关联。

2. 释梦

弗洛伊德1900年出版的《梦的解析》一书，也很好地诠释了释梦的方法。弗洛伊德认为在睡眠中人的防卫能力是比较低的，一些被压抑的情感会表面化。在梦中，一个人的潜意识欲望、需要与恐惧都会表现出来，某些不被人接受的动机也会以伪装的形式表现出来，因此梦是有意义的心理现象，是人愿望的迂回满足。对梦的解释和分析就是要把显梦的重重化装层层揭开，由显相寻求其隐义。

3. 阻抗

阻抗是指病人有意识或无意识地回避某些敏感话题，有意无意地使治疗重心偏移。病人往往口头上表示迫切希望早日完成治疗，但行动上对治疗却并不积极热心。阻抗一方面是治疗神经症的障碍，另一方面也是治疗的中心任务之一。精神分析的治疗无法回避这种无意识的阻抗。治疗师需经过长期的努力，通过对阻抗产生的原因进行分析，来帮助病人真正认清和承认阻抗，从而使治疗向前迈进一大步。

4. 移情

一个人与他人现在的关系会受到他过去与其他人关系的影响，尤其是来访者与治疗师的关系，会再现来访者与过去的亲人的关系。形成移情的基础，是来访者幼儿期在与双亲或其他人际关系中的关键人物之间，存在未能处理妥当的问题。移情分为正转移和负转移。正转移，如患者产生向治疗师表白爱情并希望从治疗师身上获得爱恋情感的欲望等。负转移，如患者对治疗师产生厌恶、憎恨、敌意及想加以控诉的情绪等。移情在不同背景的咨询师身上都很容易发生。当来访者的情感达到一定的强度，以至于他们失去了客观判断力时，就会开始向咨询师移情，就好像咨询师是他们生活中的一些重要人物一样。治疗师通过移情可以了解到病人对其亲人或他人的情绪反应，引导他讲出痛苦的经历，揭示移情的意义，使移情成为治疗的推动力。精神分析治疗认为，病人在分析过程中都会对治疗师产生移情，对移情的处理将成为领悟病人症状的重要来源，因此移情被认为是精神分析治疗中的重要组成部分。

5. 解释

解释是精神分析中最常使用的技术。要揭示症状背后的无意识动机，消除阻抗和移情的干扰，使病人对其症状的真正含义达到领悟，解释是必不可少的。解释的目的是让病人正视他所回避的东西或尚未意识到的东西，使无意识之中的内容变成有意识的。

解释要在病人有一定的思想准备后进行。此外，单个的解释往往不可能明显奏效，较有效的方法是在一段时间内渐渐地接近问题，从对问题的澄清逐步过渡到解释。因此，解释是一个缓慢而又复杂的过程。通过解释，治疗师可以在一段时间内，不断向病人指出其行为、思想或情感背后潜藏着的本质意义。

拓展阅读

自我金刚结构

理性，即符号机能，是指使用概念、词汇等语言符号对内外刺激进行描述或评价的心理过程，包括认知和情绪；感性，即非符号机能，是指没有概念词汇参与的基本心理过程，包括感觉和知觉；身体，即生理机能，是自我赖以存在的物质基础。自我金刚结构中的核心是自我，它不是一个确切的存

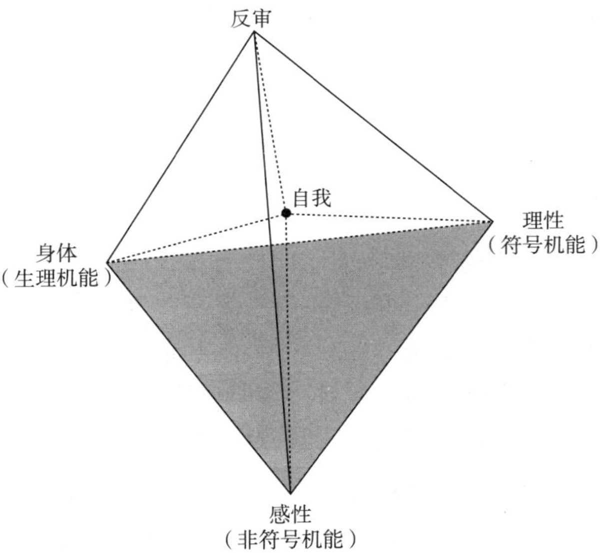

图 10－1　自我金刚结构

在，身体、感知、认知情绪都不是自我，但一切生理、心理和行为都是通过这个“我”被感知、被反应、被赋予意义的（王文忠，2014）。

金刚石的底部是“反应的我”，身体按照本能和后天形成的条件反射，做出行动的反应；感性接受内外环境中的刺激，启动反应；理性是在社会化过程中形成的一套概念语言系统，常常也在不自觉地对刺激做出反应和评价（王文忠，2014）。

在心理治疗中，精神分析针对无意识的压抑和防御机制，行为主义矫正错误的刺激—反应连结，认知主义改变错误的思维模式，正念疗法淡化认识对人的感觉和身体的束缚，而心理咨询师本身，则伴随着患者，帮助患者形成反审认识，促进患者采用一种超脱的认知来观察这些反应。因此一个完善的自我，本身就带着自己的心理咨询师——金刚石的顶部即“观察的我”，它时刻审视着自己的一切，自己周围的一切，以突破和完善自我（王文忠，2014）。身体、感性、理性和反审认识一起组成完整的自我结构，不仅要关注理性的认知与情感，还要关注基本的感觉和作为物质基础的身体，更要把它们视作一个整体的自我。同时要时刻注意用一种反审的观点看待自我，觉察作为整体的自我，更好地认识、改变、接纳、整合自我，与自我和谐共存，从而自己成为自己的心理咨询师。

［资料来源：孙炳丽，田雨，孙海洋，王文忠.从心理咨询与治疗的角度看自我[J]. 心理科学进展，2016，24(01)：87.］

二、行为疗法

（一）基本原理

行为疗法中将个体行为分为适应性行为与非适应性行为。非适应性行为又分为两类：一类是行为表现过度，另一类是行为表现不足。如同适应性行为一样，非适应性行为也是习得的，即个体是通过学习获得了不适应的行为。因此，当事人同样可以通过学习消除那些后天习得的非适应性行为，或通过学习获得所缺少的适应性行为以代替非适应性行为。一般来说，无论是适应性行为还是非适应性行为，作为一种习惯性行为的存在和延续，很大程度上都是被它们所带来的结果所维持的，即此种行为会给行为者带来某种“获益”。所谓“获益”是指产生的问题行为本身会给来访者带来什么好处，不产生问题行为会使来访者失去什么好处；或者说，产生的问题行为会使来访者避免什么坏处,而不产生问题行为则会给来访者带来什么不利之处。因此,为了达到咨询或治疗效果,就要分析问题行为所带来的实际后果,洞察其背后的实际意义及功能,从而采取相应的咨询或治疗措施。

行为疗法的风格明快简洁,它以实证研究为治疗原理,治疗目标具体,治疗方法和步骤明确,简便易行,疗效可观察和验证,易于被来访者接受,适用人群广泛,被认为是咨询和治疗领域的一次革命。

（二）常用的技术方法

1. 放松训练法

放松训练在应对紧张、焦虑等负性情绪当中有着很好的效果。很久以前人们就发现焦虑可以通过身体放松得以缓解,像中国的气功、印度的瑜伽,都有使身心放松的功效。放松训练既可单独使用,以克服一般的身心紧张和焦虑,又可以合并其他技术如系统脱敏、情绪想象使用,以治疗有焦虑症状的障碍。

2. 系统脱敏法

系统脱敏法源于对动物的实验性神经症的研究,是最早应用的行为治疗技术之一。系统脱敏法的基本原理是,让一个之前可引起微弱焦虑或恐惧的刺激,在求助者面前反复暴露,同时求助者以全身放松予以应对,使这一刺激逐渐失去引起焦虑或恐惧的作用。治疗一般分三个步骤进行:

(1) 建立恐怖或焦虑的等级层次。首先,找出所有使求助者感到焦虑或恐惧的事件,并让求助者报告出对每一事件他感到恐怖或焦虑的主观程度。其次,将来访者报告出的恐怖或焦虑事件按程度由小到大的顺序排列。

(2) 放松训练。一般需要 6—10 次练习,每次历时半小时,每天 1—2 次,以达到全身肌肉能够迅速进入松弛状态为合格。

(3) 要求求助者在放松的情况下,按某一恐怖或焦虑的等级层次进行想象或实际的脱敏训练。

以想象脱敏为例,可以先由咨询师作口头描述,让求助者进行想象。从等级层次中最低的一个恐惧或焦虑事件开始。事先告诉对方,当他能清楚地想象此事时,便伸出一个手指向咨询师示意,并让求助者保持这一想象场景 30 秒钟左右。之后让求助者报告此时的主观恐惧或焦虑的等级分数。如果等级分数下降了,则在下次想象的时候可以比上一次略有延长,直到求助者对这一刺激事件不再感到焦虑或恐惧为止。然后再对下一个等级更高的焦虑或恐惧事件进行同样的脱敏训练,直到达到预先设定的目标。

3. 厌恶疗法

厌恶疗法常用于治疗性变态行为者,或烟、酒、药物依赖等行为。厌恶疗法是将欲戒除的目标行为与某种不愉快的或惩罚性的刺激结合起来,通过厌恶性条件反射的作用,达到戒除或减轻目标行为的目的。引起厌恶感的刺激方法可以是物理性的,也可以是化学性的。如橡圈、电击、催吐剂等。

4. 强化法

强化的方法是根据操作性条件作用原理发展出来的。例如,某一行为得到奖赏,以后这个行为重复出现的频率就会增加;反之,某一行为得到惩罚,这一行为出现的次数就会减少。强化的方法就是系统地应用强化手段去增进某些适应性行为,减弱或消除某些不适应行为的方法。强化的类型有正强化与负强化。正强化指给予一个好刺激,如适应性行为出现时用奖励的方法强化;负强化指施加一个坏刺激,如不适应行为出现时,指责、批评。强化的具体方法有很多种,如代币管制法、消退法等。

拓展阅读

代币与奖赏

研究者招募了142名前来寻求帮助的可卡因和鸦片(如海洛因)依赖的个体,实施了一个为期12周的实验。所有的参加者都接受了一系列咨询会谈,学习如何克服依赖行为的策略和技巧。除了这个标准的治疗外,对于其中的53名参与者,当其尿液检查没有呈药物阳性时,她们就可以得到代金券的奖励。参加者第一次药检呈阴性时,可以得到1美元的代金券。只要这种情况在药物检查中能够得到保持,在每一次检查之后她们得到的代金券额度会增加1.5美元。出现阳性的药检结果后,他们的代金券额度又会回到刚开始的1美元。而对于另外51名参与者,根据其阴性药检结果进行奖赏。为了赢得奖赏,参与者需要从一个大壶中抽卡片。大多数卡片(62.8%)上写着"干得不错,再试一次",其他的卡片提供了1美元、20美元到100美元不等的奖赏。当第一次出现阴性药检结果时,参与者从壶中抽一张卡片。之后每一次药检呈现阴性结果,他们就可以额外多抽一次卡片。如果出现阳性药检结果,他们就只能抽一次。研究者评估了每一个方案的有效性,例如,测量了每个小组中参与者连续节制的平均周数。只接受标准治疗的小组的节制时间是4.6周,代币组是7.0周,奖赏组是7.8周。这些权变管理治疗增加了参与者戒除药物的可能性。研究证实,两种不同的权变管理方案——代币和奖赏——可以成功地用于治疗药物依赖。

[资料来源:理查德·格里格,菲利普·津巴多著.心理学与生活[M].王垒等译.人民邮电出版社,2014,516.]

三、人本主义疗法

(一)基本原理

美国心理学家罗杰斯(C. R. Rogers)是人本主义心理学的理论家和发起者,被心理学史学家誉为“人本主义心理学之父”。个人中心疗法最早就是由罗杰斯创立的。罗杰斯从1940年左右开始从事建立个人中心疗法基本原理和基本方法的准备工作。1942年他的《咨询与心理治疗:实践中的新概念》一书问世,该书认为咨询师应首先接纳和尊重来访者,与来访者建立相互信任的和非评价性的咨询关系,同时要尽可能地减少用咨询师自己的价值观来影响来访者自然成长的过程,充分相信来访者能够通过自己的力量来达到自我帮助。这一新的方法在当时很快被称作“非指导性疗法”。

个人中心疗法的基本原理就在于协助来访者将他被压抑的潜能释放和发挥出来。罗杰斯认为每一个人,包括来咨询的来访者都具有一定的潜能,都有可能达到自我充分发展的最高境界,只是由于后天环境的限制,并不是每一个个体都能够最大限度地使用和发挥其应有的潜能。个人中心疗法就是要协助来访者将他被压抑的潜能释放和发挥出来。当来访者被压抑的潜能得以释放的时候,就是其心理问题得到彻底解决的时候。

在个人中心疗法的咨询和治疗过程中,来访者始终是“主角”,咨询师则处在“配角”的位置上,成为一面真实反映来访者、促使来访者增强对自己了解的“镜子”。

(二)常用的技术方法

咨询师在咨询和治疗过程中最主要的工作就是要建立一种和谐融洽的

咨询关系。罗杰斯认为这种咨询关系本身就有治疗作用，在这种咨询关系当中，来访者的人格和行为也会随之发生根本性的改变。咨询师所要做的就是保持一种无条件关心和接纳的态度，从来访者的角度考虑其所面临的问题和环境，为来访者提供一个安全、自由的空间，以便其能够发现自己、面对自己和接受自己，同时逐步地适应社会、适应环境。咨询师在咨询过程中需要注意基本要求及方法。

1. 个人中心疗法的基本要求

第一，心理咨询师给来访者的印象是友好的、支持性的，咨询师和来访者之间有一种温暖的环境气氛。

第二，来访者的个体内部具有自我成长的潜力以及自我实现的倾向，心理咨询师要引导来访者的内在潜力朝着创造、实现的方向前进，而不是向破坏、消极的方向发展。

第三，心理咨询师要尊重来访者，关心其内心世界，要在咨询过程中与之建立一种真诚的、相互信赖的关系。

第四，在心理咨询过程中，要让来访者有新的体验和感受，促进其认知、行为发生变化。

第五，在心理咨询过程中，咨询师对来访者的倾诉要逐字记录或进行录音，以便对其加以细致的分析并作出正确的评估，这也有利于心理咨询技术向实证的、科学的方向发展。

2. 个人中心疗法的常用技术

（1）真诚。咨询师不能有任何的伪装，不能将自己放在咨询师的角色当中，而应该是一个真实的自己，在情况允许的时候也可以真诚地表达自己。

（2）无条件地积极关注。对来访者的任何行为和情绪，咨询师都应当给予无条件的积极关注，不作评价，无条件接纳，给来访者营造一种尊重、安全、自由的氛围，促进和鼓励来访者的自我表达和自我探索。

（3）共情和同理心。咨询师对来访者的各种体验要能够做到感同身受，并且能够恰当地将自己的这种感受准确地反馈给来访者，让来访者感到被理解、被接纳，愿意深入地探讨自己的问题。这有利于当事人了解自我的真实情感，更勇敢和深入地剖析自我，从而能够触及真正的自我。

四、认知疗法

(一) 基本原理

认知疗法是根据认知过程影响情感和行为的理论假设,通过认知和行为技术来改变患者不良认知的一类心理治疗方法的总称。认知疗法重视研究来访者的不良认知和思维方式,并且把不适应的心理行为看成不良认知的结果。所谓不良认知,指歪曲的、不合理的、消极的信念或思想,往往导致情绪障碍和不适应行为。治疗的目的在于矫正这些不合理的认知,使患者的情感和行为得到相应的改变。其中最有代表性的认知疗法是艾利斯(A. Ellis)的合理情绪疗法。

要了解艾利斯的合理情绪疗法,首先要了解合理情绪疗法对人性的看法。艾利斯认为:人具有一种生物学和社会学的倾向性,倾向于存在有理性的合理思维和无理性的不合理思维。任何人都不可避免地具有或多或少的不合理思维与信念。即人既可以是有理性、合理的,也可以是无理性、不合理的。当人们按照理性去思维、去行动时,他们就会很愉快,富有竞争精神且行动有成效;而按照非理性去思维和行动时则会产生情绪困扰,这种情绪困扰就是伴随着人们的不合理和不合逻辑的思维而产生的。

这种情绪上持续的困扰在很大程度上是内化语言持续的结果。因为人是有语言的动物,思维借助于语言而进行,不断地用内化语言重复某种不合理的信念,将导致无法排解的情绪困扰。正如艾利斯所说:"那些我们持续不断地对自己所说的话经常就是,或者就变成了我们的思想和情绪。"为此,艾利斯宣称:人的情绪不是由某一诱发性事件本身所引起的,而是由经历了这一事件的人对这一事件的解释和评价所引起的。

(二) ABC 理论

在 ABC 理论模式中,A 是指诱发性事件;B 是指个体在遇到诱发事件之后相应而生的信念,即他对这一事件的看法、解释和评价;C 是指特定情景下,个体的情绪及行为的结果。通常人们在面对外界发生的负性事件时,会产生消极的、不愉快的情绪体验,原因是人们常常认为罪魁祸首是外界的负性事件(A)。但艾利斯认为,事件(A)本身并非引起情绪反应或行为后果(C)的原因,人们对事件的不合理信念(B)(想法、看法或解释)才是真正的原因。

在ABC理论中,咨询师重点要帮助来访者改变其不合理信念(B),而要改变不合理信念,就先要了解他的不合理信念及其特点。艾利斯根据自己的临床观察,于1962年总结了11种不合理信念。

(1) 在自己的生活环境中,每个人都绝对需要得到其他重要人物的喜爱与赞扬。

(2) 一个人必须能力十足,在各方面至少在某方面有才能、有成就,这样才是有价值的。

(3) 有些人是坏的、卑劣的、邪恶的,他们应该受到严厉的谴责与惩罚。

(4) 事不如意是糟糕可怕的灾难。

(5) 人的不快乐是外在因素引起的,人不能控制自己的痛苦与困惑。

(6) 对可能(或不一定)发生的危险与可怕的事情,应该牢牢记在心头,随时顾虑到它会发生。

(7) 对于困难与责任,逃避比面对要容易得多。

(8) 一个人应该依赖他人,而且要依赖一个比自己更强的人。

(9) 一个人过去的经历是影响他目前行为的决定因素,而且这种影响是永远不可改变的。

(10) 一个人应该关心别人的困难与情绪困扰,并为此感到不安与难过。

(11) 碰到的每个问题都应该有一个正确而完美的解决办法,如果找不到这种完美的解决办法,那就是莫大的不幸,真是糟糕透顶。

这些不合理的信念通常都具有以下三个特征:

(1) 绝对化要求。这是指人们以自己的意愿为出发点,对某一事物怀有认为其必定会发生或不会发生的信念,它通常与"必须""应该"等字眼联系在一起。这些其实就是绝对化要求。这个思维方式是不正确的,然而又是被大多数人所认可的,甚至认为是天理。这些"绝对""一定""必须"的观念肯定只会让你苦恼和相对更长久地沉迷于痛苦之中而不能自拔。

(2) 过分概括化。这是一种以偏概全、以一概十的非理性思维方式的表现,就像以一本书的封面来判定其内容的好坏一样。

(3) 糟糕至极。这是一种认为如果一件不好的事发生了,将是非常可怕的、非常糟糕的,甚至是一场灾难的想法。

在人们不合理的信念中,往往都可以找到上述三种特征。每个人都会或多或少地具有不合理的思维与信念，而那些有严重情绪障碍的人，这种不合理思维的倾向尤为明显。情绪障碍一旦形成，往往是难以自拔的，此时就需要进行咨询或治疗。

艾利斯之后完善了其ABC理论，拓展为ABCDEF六个部分。其中，D是指劝导干预，E是指咨询或治疗效果，F是指咨询或治疗后的新感觉。当人们产生了不合理信念的时候，就要劝导干预(D)非理性观念的发生与存在，而代之以理性的观念。等到劝导干预产生了效果(E)，人们就会产生积极的情绪及行为，心里的困扰因此消除或减弱，人也就会有愉悦、充实的新感觉(F)产生。

（三）技术方法

合理情绪疗法是以改变来访者的认知为主要治疗目标的。即改变来访者的不合理信念，以合理的信念取而代之；改变不合理的思维方式，以合理的思维方式取而代之，从而达到最大限度地减少由不合理的信念给人们情绪带来的不良影响。其咨询或治疗过程一般可分为心理评估或诊断、领悟、修通和再教育四个阶段。

1. 心理评估或诊断

心理评估或诊断是咨询或治疗的最初阶段。首先，咨询师或治疗师要与求助者建立良好的关系，以帮助求助者建立自信心；其次，要摸清求助者所关心的各种问题，将这些问题所属的性质及求助者对其所产生的情绪反应进行分类；最后，当咨询师或治疗师确信自己已经找到了求助者核心的ABC之后，就可对这一阶段的工作做一总结，即对求助者的问题作出评估或诊断，再在此基础上同求助者一起制定具体咨询或治疗目标。

2. 领悟

在领悟阶段，咨询师或治疗师的任务和前一阶段没有严格区别，只是在寻找和确认求助者的不合理信念上更加深入。而且，通过对理论的进一步解说和证明，咨询师或治疗师要使求助者在更深的层次上领悟到他的情绪问题，不是由于早年生活经历的影响造成的，而是由他现在所持有的不合理信念造成的，因此他应该对自己的问题负责。

3. 修通

修通是对求助者存在的不合理信念进行讨论或辩论的阶段，也是咨询或治疗的关键阶段。这时咨询师或治疗师主要采用辩论的方法动摇病人的不合理信念，使他们认识到那些不合理信念是不现实、不合逻辑的，也是没有根据的。同时，咨询师或治疗师还要让求助者分清什么是合理信念，什么是不合理信念，从而用合理的信念取代不合理的信念。另外，治疗过程中还可以采用其他认知行为疗法。

4. 再教育

再教育是巩固咨询或治疗效果并结束治疗的阶段。这时咨询师或治疗师要帮助求助者巩固在咨询或治疗过程中所学到的东西，以便能更熟练地采用合理的方式去思考问题，使其在离开咨询或治疗情境之后能更合理地生活，更少遭受不合理信念的困扰。

常用的合理情绪疗法：

1. 与不合理信念辩论技术

在合理情绪咨询或治疗的整个过程中，与不合理信念辩论的方法一直是咨询师帮助来访者的主要方法。该方法几乎适用于每一个来访者，而其他方法则需视来访者情况而选用。

与不合理信念辩论技术由艾利斯创立，用于向来访者所持有的关于他们自己、他人及周围环境的不合理信念进行挑战和质疑，从而动摇他们的这些信念。采用这一辩论方法的咨询师必须积极主动地、不断地向来访者发问，对其不合理的信念进行质疑。提问的方式可分为质疑式和夸张式两种。与不合理信念辩论技术的具体操作方法如下。

（1）先从某一典型事件入手，找出诱发性事件A。

（2）询问对方对这一事件的感觉和对A的反应，即找出C。

（3）询问对方为什么会体验到恐惧、愤怒等情况，即由不适当的情绪及行为反应着手，找出其潜在的看法及信念等。

（4）首先，分清来访者对事件A持有的信念哪些合理、哪些不合理，将不合理的信念作为B列出来。在此过程中，要采用各个击破的原则，一个一个地去找，不能指望一锤定音，一了百了。其次，辩论中的积极提问能促使来访者进行主动思维。

与不合理信念辩论来源于“产婆术”，这一方法是指从科学、理性的角度对求助者持有的对于他们自己、他人及周围世界的不合理信念假设进行挑战和质疑，以动摇他们的这些信念。利用该技术时，咨询师要围绕求助者信念的非理性特征积极主动地提问。比如,当求助者对周围的人或环境存在绝对化要求时,咨询师可以运用“黄金法则”(像你希望别人如何对待你那样去对待别人)来反驳。

2. 合理情绪想象技术

合理情绪想象技术的具体操作步骤如下:

第一步,使求助者通过想象进入产生过不适当的情绪反应或自感最受不了的情境之中,让他体验在这种情境下的强烈情绪反应。

第二步,帮助求助者改变这种不适当的情绪反应,并使他体验到适度的情绪反应。

第三步,停止想象,让求助者讲述他如何想、情绪又有哪些变化,是如何变化的,改变了哪些观念。对于求助者情绪和观念的积极转变,咨询师应及时给予强化,以巩固他新的良好的情绪反应。

第四步(可附加的),让求助者按自己所希望的感觉和行动进行想象,这有利于确立一个积极的情绪和目标。

3. 家庭作业

家庭作业是辩论的延伸。在完成作业的过程中,求助者可以对自己与自己的不合理信念进行辨认,并通过理性情绪理论自助表和合理自我分析向咨询师报告。

4. 其他方法

合理情绪疗法的其他一些技术方法还有自我管理程序、“停留于此”方法等。在行为技术中还包括训练和系统脱敏等。

思政小贴士

良好的意志品质是成功的关键,是提升行动力度的保障。培养学生“意坚”品质,首先要融入挫折教育,培育学生的意志力和抗逆力,加强大学生良好意志和挫折应对能力的培育,从而磨炼意志,增强韧度,提升自我控制、自我激励、自我管理的能力。其次,有效运用多样化的心理健康教育形式,打破课堂空间,持续培育心理韧性;通过意志力训练营、时间管理成长营、自我激励积极心理小组等,开展团队心理素质拓展、团体心理辅导、朋辈心理互助、正念等丰富多彩的活动,帮助学生打破固有观念,学会克服挫折和困难,培育克己修身、磨炼意志的思想修养，学会有效自我激励、自我控制和自我管理。最后，培养“意坚”品质要聚合育人资源，打通“三课堂”，践行劳动教育，以增强实践育人效果，构建良好的心理健康育人机制，潜移默化、循序渐进地锤炼意志。

［资料来源：毛淑芳，叶星.“知情意行 四维一体”大学生心理健康教育课程思政路径研究[J].职教发展研究，2022(02)：106.］

思考题

1. 什么是心理咨询与心理治疗？它们的区别是什么？
2. 常见的心理咨询对象及分类有哪些？
3. 心理咨询与心理治疗的原则有哪些？
4. 常见心理咨询与治疗技术有哪些？

测一测

Carroll 抑郁自评量表[①]

回答以下所有的叙述，按您最近几天的感受圈出“是”或“否”。

题目	是	否
1. 我感到精神好。	1	2
2. 我很不幸或常常想哭。	1	2
3. 我想我这种情况已没希望了。	1	2
4. 我的未来只会是不幸的。	1	2
5. 我觉得我同别人一样是个好人。	1	2
6. 我感到自己没有价值，为自己感到羞愧。	1	2
7. 生活中的一些事使我懊悔，也使我心烦。	1	2
8. 我正由于过去生活中所干的坏事受到惩罚。	1	2
9. 我感到生活仍有意义。	1	2

① 汪向东，王希林，马弘等.心理卫生评定量表手册[M]. 北京：中国心理卫生杂志社，1999：176－179.

续　表

题目	是	否
10. 我常常希望自己已经死了。	1	2
11. 我还在思考怎样自杀。	1	2
12. 对我来说死是最好的解脱。	1	2
13. 在晚上我需要比平时更长的时间才能入睡。	1	2
14. 我需要半小时以上的时间才能入睡。	1	2
15. 我睡觉不解乏,睡得也不踏实。	1	2
16. 我夜里常常醒来。	1	2
17. 我早上醒得比平时早。	1	2
18. 我早上醒得太早,以致影响到日常生活。	1	2
19. 我能从自己所做的事中得到快乐和满足。	1	2
20. 我仍喜欢外出与人会面。	1	2
21. 我丧失了许多兴趣爱好。	1	2
22. 我仍能坚持去干我希望干的事。	1	2
23. 我的思想一直清晰、快捷。	1	2
24. 我说话迟钝,没有生气。	1	2
25. 我最近几乎什么事都干不了。	1	2
26. 我非常迟钝,以至于洗漱、穿衣都需要帮助。	1	2
27. 我想我的外表显得安静。	1	2
28. 我坐立不安,心绪不宁。	1	2
29. 我显得烦躁不安,容易发火。	1	2
30. 大多数时间里我不得不踱来踱去。	1	2
31. 阅读时我的注意力很容易集中。	1	2
32. 我觉得心神不定或忐忑不安。	1	2
33. 不少情况下我莫名其妙地感到恐惧。	1	2
34. 我极度恐慌,好像要发疯。	1	2
35. 我的消化不良。	1	2
36. 我的心跳有时比平常快。	1	2
37. 我有较重的头昏脑涨和晕厥感。	1	2
38. 我手抖得厉害,别人很易发觉。	1	2

续 表

题目	是	否
39. 我的胃口还跟平时一样好。	1	2
40. 我不得不强迫自己吃饭，哪怕是一点点东西。	1	2
41. 我同平时一样感到精力充沛。	1	2
42. 大部分时间我感到疲乏无力。	1	2
43. 我的性欲跟病前一样。	1	2
44. 患病后我的性欲完全丧失了。	1	2
45. 我过分担心躯体症状。	1	2
46. 我特别关注身体的机能。	1	2
47. 我的问题是由于某种严重的躯体病造成的。	1	2
48. 我的身体垮了，里面已经腐烂。	1	2
49. 只要好好休息一阵我就能彻底康复。	1	2
50. 我得的病是最近的坏天气造成的。	1	2
51. 我的体重正在减轻。	1	2
52.可以说我的体重下降了许多。	1	2

对所有条目必须回答“是”或“否”。其中题目 2、3、4、6、7、8、10、11、12、13、14、15、16、17、18、21、24、25、26、28、29、30、32、33、34、35、36、37、38、40、42、44、45、46、47、48、49、50、51、52 这 40 个条目回答“是”得 1 分；题目 1、5、9、19、20、22、23、27、31、39、41、43 这 12 个条目回答“否”得 1 分。量表总分范围为 0—52 分。如将该表用于抑郁的临床筛查，则 10 分或以上表示存在抑郁。

做一做

心理咨询——角色扮演

【要求】

扮演角色：每组 5 人，分别扮演心理咨询师、来访者、来访者的朋友、来访者的父母。

运用所学知识，进行角色扮演，要求每个角色扮演者能深入理解心理咨询的环节、步骤及较为专业的知识，能将角色扮演得生动形象。

自己编写故事,排练演绎。

【程序】

1. 来访者问题暴露。
2. 来访者前往心理咨询。
3. 咨询师共情,建立良好的咨询关系,评估并制定策略。
4. 父母及朋友帮助执行求助行动。
5. 问题再评估。

参考文献

Corey G.心理咨询与治疗的理论及实践[M].谭晨译.北京:中国轻工业出版社,2004.

陈秋红,彭怀学,熊娟梅.大学生心理健康教育——为心灵护航[M].成都:电子科技大学出版社,2019.

樊富珉,王建中.当代大学生心理健康教程[M].武汉:武汉大学出版社,2006.

樊富珉.大学生心理健康与发展[M].北京:清华大学出版社,1997.

江光荣.心理咨询与治疗[M].合肥:安徽人民出版社,1998.

江西省教育厅 江西省高校心理健康教育专业委员会.大学生心理健康教育教程[M]. 南昌:江西高校出版社,2019.

雷秀雅.心理咨询与治疗[M].北京:清华大学出版社,2017.

理查德・格里格,菲利普・津巴多著.心理学与生活[M].王垒等译.人民邮电出版社,2014.

林孟平.辅导与心理治疗[M].北京:商务印书馆,1997.

马建青.辅导人生——心理咨询学[M].山东:山东教育出版社,1992.

毛淑芳,叶星."知情意行 四维一体"大学生心理健康教育课程思政路径研究[J].职教发展研究 2022(02):104-108.

钱铭怡.心理咨询与心理治疗[M].北京:北京大学出版社,1994.

沈伊默. 大学生心理健康教育[M].重庆:重庆大学出版社,2021.

汪向东,王希林,马弘等.心理卫生评定量表手册[M]. 北京:中国心理卫生杂志社,1999.

徐光兴.心理咨询与治疗——临床心理学的理论与技术(第三版)[M].

上海：上海教育出版社，2017.

孙炳丽，田雨，孙海洋，王文忠.从心理咨询与治疗的角度看自我[J].心理科学进展 2016，24(01)，83－90.

曾文星，徐静.心理治疗：原则与方法[M].北京：北京医科大学出版社，2000.

郑日昌，江光荣，伍新春.当代心理咨询与治疗体系[M].北京：高等教育出版社，2007.

周蓓，雷玉霞.大学生心理健康案例教程[M].北京：人民邮电出版社，2012.

推荐阅读

1.《自卑与超越》(阿德勒著，民主与建设出版社，2016.)

2.《精神分析引论》(弗洛伊德著，彭运石，车文博，彭舜译.西安：陕西人民出版社，2001.)

3.《当事人中心治疗：实践运用和理论》(罗杰斯著，李孟潮，李迎潮译.北京：中国人民大学出版社，2004.)

4.《改变的理由：理性情绪行为疗法操作指南》(卓丹著，聂晶译.北京：中国轻工业出版社，2009.)

推荐影片

1.《美丽心灵》

2.《雨人》

实践篇

实践之团体辅导主题活动

一、团体辅导的概念

团体辅导是一种源于心理学家亚历山大·沃尔夫的创新性辅导方法，将心理学的分析手段与原理应用于团体活动中，能取得显著的成效。随后，他进一步完善了团体辅导的相关模式，将互动融入团体活动中，并对团体活动后的效果进行了分析。通常情况下，团体辅导的人数并没有严格的限制，主要取决于活动目标和场地等因素。根据不同的团体辅导性质，每次参与的人数不固定，可以是几个人，也可以是几十个人。在学校的团体辅导活动中，一般以班级为单位。

团体辅导是一种心理辅导方法，在团体氛围的感染下，由领导者引导团体成员解决自己的心理问题或者进一步开发自身潜能。团体心理辅导是在团体当中开展的，依靠团体中人与人之间的互动，帮助个体通过察觉、学习、体验等形式来实现自我认知，进而探索自我、悦纳自己，促进与他的人际关系提升，帮助个体习得新的认知和行为方式，从而实现健康成长。团体辅导是一种有益的过程，在整个辅导历程中，领导者起着重要作用。他们引领团体成员探索自身的内心世界，帮助他们发现并解决自身的心理问题，同时也能够鼓励他们探寻自己的潜能，从而达到实现自我成长和发展。团体辅导是一种非常有效的心理治疗方法，它既可以帮助个体解决心理问题，又可以促进个体的成长和发展，提高个体的心理素质和适应能力。它是一种被广泛应用的心理治疗方式，也被称为小组辅导或集体咨询。

二、团体辅导的理论基础

（一）团体动力学理论

团体动力学理论也称为群体动力学或集团动力学，最初由心理学家勒温提出。该理论主要研究团体内部各种潜在动力之间的相互作用,以及团体对于个体和团体成员之间相互关系的影响。通过对团体动力学的研究,我们可以更好地理解团体的运作机制,了解团体成员之间的相互影响,从而更好地促进团体的发展和个体的成长。团体动力学理论的研究具有重要的理论和实践意义,它为团体辅导和管理提供了重要的参考和指导。团体动力学理论的研究以“场论”为基础,即环境和个体的相互作用影响人的心理和行为。团体动力学理论强调了人与环境之间的相互作用和交叉影响。团体动力学理论认为,人不仅是个体,还是团体的一部分,环境也不仅仅是物理的,也包括心理和社会环境。团体不仅仅是个体的简单相加,而是由个体与环境之间相互作用和相互影响所产生的内在关系构成的,这种关系可以实现“1+1>2”的效应,即整体功能大于部分作用之和。因此,团体动力学理论的研究对于我们理解团体运作机制、个体与环境之间的相互关系以及团体成员之间的互动关系具有非常重要的意义。勒温曾联合多名心理学家进行团体决策实验,通过“解冻”、“引进新标准”、“重冻”三个步骤,探讨了团体决策的过程。他们发现,相比直接改变个体自身,通过引起整个社会团体的变化,可以更容易地实现个体的改变,并且效果更好。这一发现也印证了团体动力学理论中“场论”的基本思想,即个体在团体中会受到耳濡目染、教化和影响,从而其心理、行为习惯也会得到某种程度的改变。这个实验结果对于我们理解团体决策的过程、个体在团体中的作用以及团队管理和团体辅导等方面具有重要的启示。

（二）人本主义理论

以马斯洛和罗杰斯为代表的人本主义理论,反对以往的心理学将人视为动物或精神病人进行研究的做法。人本主义理论强调实现人的自尊和自我价值,主张在研究人的心理时,遵循人的本性,尊重人的价值。人本主义理论的出现,为心理学研究提供了新的视角和方法,强调人的主体性和个体差异,关注人的自我实现和成长,对心理学的发展产生了重要的影响。马斯洛提出了一种层次化归纳人的基本需要的理论,称为“需求层次理论”。他将人的需求从高到低分为缺失需求和生长需求两方面,这一理论包含七个层级,依次为生理需要、安全需要、归属和爱的需要、尊重需要、认知需要、审美需要和自我实现需要。人的需求不是孤立存在的,而是按照一定的层次结构排布,不同层次的需求相互作用、相互影响,上层需求的满足需要依赖于下层需求的满足。这一理论对于我们理解人的需要本质、满足需求的机制，以及个体在成长和发展过程中的需求变化具有重要的启示。罗杰斯在心理学领域提出了人格的“自我理论”，主张采用“患者中心疗法”和“无条件地积极关注”来治疗患者。他认为“无条件地积极关注”是人的自我发生机制所起的作用，因此要想培养健全的人和健全的人格，必须创造良好的教育环境，并给予理解、尊重、关心、关爱和接纳，才能实现人生的价值，并挖掘和发挥人的潜能。在团体活动中，通过为成员提供归属感和营造和谐良好的氛围，关注个体的需求、展现个体的魅力、实现个体的价值，让成员感受到爱和被爱、尊重和理解，从而实现团体成员的健康成长。这种理论为我们提供了一种新的视角和方法，帮助我们更好地理解人的内在需求、实现人的自我价值，也为团队管理和团体辅导提供了重要的启示。

（三）社会学习理论

班杜拉创立的社会学习理论认为，人的行为方式是通过人和环境的交互作用决定的，而不是由内在品质如本能、动机、特质等决定的。该理论强调了观察和模仿在学习中的重要性。在团体辅导活动中，团体成员之间通过相互观察和模仿，不断学习和影响彼此，从而获得新的知识和技能，促进个人的进步。社会学习理论为我们更好地理解人类行为和学习过程提供了新的视角和方法。此外，该理论还为团队建设和团体辅导提供了重要的参考。

三、国内目前的团体辅导形式

（一）动力学治疗小组：早年关系模式在团体中投射、镜观、改变

（二）心理剧：早年重要客体外化、驱除、重建

（三）存在人本主义：表达、责任、孤独、死亡、此时此地意义

（四）认知行为治疗：思维加工路线，行为模式改变训练

四、团体辅导的几大要素

（一）导师

（二）成员

（三）团体目标

（四）团体形式

（五）团体实施

五、团体技术工具箱

（一）团体技术组成：技术名称、技术理论、技术目标、技术形式、技术转换、导语设计

（二）团体按阶段划分

1. 热身技术工具箱

技术目标：团队形成、气氛营造、激活动机、导入主题

使用说明：

(1) 不局限于一个热身技术。

(2) 可以几个热身技术搭接使用。

(3) 几个热身技术的引导语设计，注意与主题目标形成递进效果。

(4) 引导语的设计灵活多变，扣紧主题目标，不能一成不变。

(5) 热身技术引导得当同样可以作为核心技术在主题阶段使用。

(6) 乡村教师对热身技术的导语设计要特别加强，涉及对儿童的学习动机激活、自尊体系维护。

2. 核心技术工具箱

技术目标：情绪激活、启动内省、深化体验、目标达成。

技术说明：

(1) 核心技术理论掌握可以自由进行技术转换。

(2) 核心技术的引导语一定要慎重设计，避免因引导语不当而没能有效达成目标，甚至给成员带来伤害。

(3) 核心技术选择需要准备后备技术以适应人群的即时性反应。

(4) 任何热身技术经由引导语转换都可以转换为核心技术。

3. 结束技术工具箱

技术目标：情绪固化、认知提升、团体分离。

技术说明：

(1) 结束技术以稳定、坚定、有力为目标。

(2) 结束技术引导注重动力导向，导师选择有正性动力的分享做点评。

(3) 结束技术落脚点要与开始阶段的主题导入对应，形成首尾呼应。

(4) 结束技术注意将团队中形成的信念通过导语植入成员潜意识，达成团队体验的迁移。

主题一　情绪管理团体辅导

团体名称：我情绪，我做主

领导者：课程主讲教师

团体性质：封闭性、结构性团体

成员对象：大一新生

人数：每组 5—8 人

筛选方式：随机分组

团体时间：约 90 分钟

团体次数：1 次

团体地点：授课教室

团体理论基础：艾利斯提出情绪 ABC 理论，认为一个人的情绪好坏是由自己的想法所决定，如果能改变一个人的不正确想法，就能改变他的情绪甚至行为。A 是缘起事件(activating event)，B 是信念(belief)，C 是情绪与行为的结果(emotional and behavioral consequence)，影响我们的并非事件本身，而是我们对此事的解释，因此即使发生的事情相同，若我们所持的信念不同，便会产生不同的情绪反应，所以艾利斯认为人应该为他们的情绪负责，因为情绪是由他的想法制造出来的。如果能找到人的非理性信念，并驳斥干预此信念，以合理信念取代之，人就会有新的情绪产生，拥有较好的情绪反应。

团体目标：

1. 认识情绪的多样性，知道面对不同的情境、不同的事件会产生不同的情绪。

2. 认识积极情绪和消极情绪对人的影响。

3. 了解艾里斯的 ABC 理论，了解情绪是可以调节和控制的，初步学会调节和控制不良情绪。

活动一　暖身

目的：

1. 放松、减轻焦虑、活跃气氛。

2. 互相熟识，增进团体凝聚力。

3. 引导个人参与团体活动。

4. 激发个人对他人的兴趣。

活动过程：

热身中的具体活动由教师自主选择，可参照附录暖身活动工具箱，选择其一开展。

活动时间：

5 分钟

活动准备：

依据自己所选择热身活动的内容准备活动材料

活动二　初识情绪

目的：

协助个体更深入地了解情绪，提高觉察自己及他人情绪的能力。

活动过程：

1. 写出你所知道的情绪种类。

每人依据以下每个句子的主干，快速完成句子，不要想得太多，只要把脑中一下就想到的东西写下来即可。

当我生气时，我会________________。

当我愤怒时，我会________________。

当我害怕时，我会________________。

当我嫉妒时，我会________________。

当我悲伤时，我会________________。

当我贪婪时，我会________________。

当我忧郁时，我会________________。

当我害羞时，我会________________。

当我开心时，我会____。

2. 分享和讨论不同表达方式的积极面和消极面。首先，每个成员就一种情绪表达方式主题发言。例如，愤怒的积极面是尊严的愤怒，它能使我们奋起，激励我们采取行动；消极面是失望的愤怒，它让人痛苦、绝望，易产生极端的念头。然后，其他小组成员提问、补充，谈自己的不同看法。

3. 讨论情绪表达方面常见的误区。每个成员写出一种误区，并讲出为什么，其他成员补充，如“哭泣是不应该的吗?”、“发火是不对的吗?”等。

活动三　情绪表达

目的：

通过了解表达情绪的非语言信息，提升表达情绪与感受情绪的能力。

活动过程：

1. 设定题目，如高兴、生气、失望、害怕、无奈、着急等。

2. 请几位同学负责表演，其他同学负责猜题。表演者不能说话，只能根据题目用肢体进行动作表演，让同学猜测。

3. 活动之后，进行自我评判，将自我情绪评判结果填入下表，讨论如何从非语言信息来判断各种情绪。

自我情绪评判结果

序号	自我判断	他人判断	实际表达的情绪	一致性

活动四　情绪太极拳

目的：

学习如何保持情绪平衡，不让自己对事物反应过激或消极。

活动过程：

1. 设立情境，针对大学校园学习、生活中出现的种种矛盾设立情景，如考试不及格、失恋、被同学误解、被老师批评等。然后，对每种情境均假设以下三种反应，并写在纸上。即过激的反应是什么？积极的反应是什么？消极的反应是什么？

2. 针对假想的三种反应，每个小组选择表演一种反应，其他小组成员观看。

3. 你在相应情境下常常会有什么样的表现？可演示出来。

4. 你是否体验过至少一次极端过激或特别消极的情绪状况？如果再次面对当时那个情境，你的积极反应应该是怎样的？可自己演示，也可请其他同学演示。

活动五　天使与恶魔

目标：

通过对理性情绪理论(RET)的学习，认识到造成我们某种情绪的往往不是事件本身(A)，而是我们对此事件的看法(B)。因此，改变看法就可以改变我们对事件所产生的情绪，从而可能产生不同的结果(C)。

活动过程：

1. 教师随机抽取三人一组上台，轮流扮演天使、凡人与恶魔，其余同学观看并感受。

2. 先由担任凡人者说出一件烦恼之事，再由天使与恶魔轮流发言。天使需提供对这件事情的积极想法，鼓励凡人，使凡人获得积极情绪。恶魔需提供消极想法，打击凡人，使凡人获得消极情绪。例如：凡人：我觉得考试好多，好怕都考不好。恶魔：你考不好就完了，你一定要考好，不然就没前途！天使：考试就尽力去准备就好了，考试是为了让自己知道哪里可能不会，是帮助自己找到薄弱的地方。三人交换角色，每个人皆轮过三个角色为止，三人轮流说出刚刚扮演不同角色的感受。

教师总结：此次活动是情绪 ABC 理论的实际应用，通过角色扮演让学生们体会到，同样的事情换一个角度去想，可能得到完全不同的结果。帮助学生在此次活动中找到诱发事件 A、对事件的信念 B 和情绪行为结果 C。

活动六　舒缓情绪

目标：

学习运用最简单易行的纾解情绪、转移情绪的方法。

条件：安静、封闭有舒适座椅的场所，训练人员要坐得舒适并保持安静。

活动过程：

1. 先进行一般性训练。选择一段轻松的音乐作为背景，调整坐姿，双手轻轻平放在身体两侧，依次放松头、颈、胸、臂、腿、脚部的肌肉。指导语为："绷紧你的全身。先攥紧双拳，快速绷紧双臂和双腿，然后绷紧腹部和胸部。继而咬紧牙，全身绷紧，之后，张开嘴，伸出舌头，做出一种可怕的表情。现在，什么也不想，让一切随它去吧。让你的双臂和双腿松弛下来，闭上双眼。如果你觉得特别紧张，那么将上述过程再做一遍。"

2. 呼吸训练。运用你的想象，把自己想象成一个像羽毛一样轻的东西，躺在你腹部，随着呼吸运动，你也上下起伏。这样想象几分钟，直到你的呼吸变得缓慢和平稳，腹部的一上一下也变得轻缓、平和。将精力集中于吸气和呼气，把思想集中于呼吸的气流，把注意力完全集中到呼吸上。想象所有的思维泡沫都被风吹走了，你已经感觉更轻松了。

活动七　情绪调节

目的：

懂得情绪调控的重要性，学习了解自己的情绪，并注意自己在情绪的理解与表达中存在的问题，提高情绪管理能力。

活动过程：

1. 起始阶段

分组进行：5—8 人一组，每个人在小组中给自己此时或今天的情绪评分，评分标准是 0—10 分，0 分表示情绪很差，10 分表示情绪很好。每个成员在小组内讲述自己的评分理由，派代表在集体中分享感受。

2. 运行阶段

(1) 分组进行彩绘。每组 5—8 人，发给每人一张白纸，打开彩笔套盒，每组一盒。请大家选用自己想用的色笔，画出自己的心情。无任何限制。只要认为能代表自己的心情即可(指导者要注意，在绘画开始时不要有任何暗示,引导成员自由选择)。画好后小组分享自己的画。

(2) 分享。小组围坐成一圈,在教师观察到所有成员都已画好后,提出开始小组分享。请大家自愿开始谈谈自己刚画好的画和近来的心情。教师帮助成员观察自己的作品,学会用语言的方式表达画中的感受,并且由表及里地进行自我分析。达到表达情绪、积极肯定自我就可以。教师在成员分享时,要注意运用小组团体,让小组成员较多地参与;同时,注意对成员进行适时的引导和帮助,如胆小者发言了要带动其他成员进行积极回应,可给予语言上的肯定和掌声鼓励;分享好心情的,对他们的好心情表示肯定,并祝福他们的好心情;对情绪处于波动状态的同学,指出这种现象非常普遍,关键是情绪处于低落状态的时候,要懂得及时调整;对表达了消极情绪的同学,发动和鼓励其他同学进行反馈,给予建议,同时教师可指出,我们常常不满意自己所处的环境,同时又无力改变外界的环境,但是,我们可以改变自身,改变自己的观念和行为,踏踏实实做好自己想做的事情,过好每一天,心情和处境就会随之发生改变。因改变自己是你可以把握、可以做到的。不管是谁与大家分享自己的心情,教师最后都要感谢大家的分享,并谢谢成员的参与和建议。

3. 结束阶段

(1) 目的:让学生再次剖析自己的内心感受,同时指出本次活动的不足或提供建议。

(2) 过程:教师在活动结束时,对活动进行小结,并对学生的认真参与表示感谢:"今天我们进行了一次了解、表达自己情绪的活动,我非常感谢大家都能坦诚分享自己的真实感受。你打开心灵越多,你的收获就会越大。我也真诚地希望大家在平时多注意觉察自己的情绪,采用适当的方式来表达自己的情绪,遇到困扰时能主动采取合适的方式来纾解情绪。"最后可要求学生在"学习通"中写出自己在活动中的感受、团体内的收获,并提出改进团体活动的建议。

主题二　人际关系团体辅导

团体名称：非诚勿友

领导者：课程主讲教师

团体性质：封闭性、结构性团体.

成员对象：大一新生

人数：每组 5—8 人

筛选方式：随机分组

团体时间：约 90 分钟

团体次数：1 次

团体地点：授课教室

团体理论基础：

1. 马斯洛需求层次理论：马斯洛把人的需求分成生理需求(Physiological needs)、安全需求(Safety needs)、爱和归属感(Love and belonging)、尊重(Esteem)和自我实现(Self-actualization)五类，依次由较低层次到较高层次排列。其中第三层爱和归属感的需求代表人人都希望得到关心和照顾。感情上的需要比生理上的需要来得细致，它和一个人的生理特性、经历、教育、宗教信仰都有关系。

2. 社会交换理论：这个理论对社会交往中的报酬和代价进行分析，提出那些能够给我们提供最多报酬的人是对我们吸引力最大的人，而且我们总是尽量使自己的社会交往给自己提供最大报酬。为了得到报酬，我们也要付出报酬。因为人类社会的原则是互相帮助，别人给了你好处你要回报，社会交往过程因此可以说是一个交换过程。

3. 差序格局：差序格局是一个由中国社会学家费孝通提出，用以描述中国传统人际关系的概念。费孝通认为，中国传统的人际关系格局不是一捆一捆扎清楚的柴，而是好像把一块石头丢在水面上所发生的一圈圈推出去的波纹。每个人都是他社会影响所推出去的圈子的中心，被圈子的波纹所推及的就发生联系。

团体目标：

1. 协助学生学习与人交往，学习爱与被爱，建立良好的社交体系。
2. 知道与人交往和互相信任的重要性。
3. 学会互相尊重和合作。
4. 学习人际交往中应注意的原则。
5. 学习与人交往的技能。

活动一　暖身

目的：

1. 放松、减轻焦虑、活跃气氛。
2. 互相熟识，增进团体凝聚力。
3. 引导个人参与团体活动。
4. 激发个人对他人的兴趣。

活动过程：

热身的具体活动由教师自主选择，可参照附录暖身活动工具箱，选择其一开展。

活动时间：

5 分钟

活动准备：

依据自己所选择热身活动的内容准备活动材料

活动二　优点大爆炸

目的：

悦纳自我、悦纳他人。

活动过程：

要求小组成员轮流被别人指出优点，每个人只对被谈论者指出一个确实存在的优点，被谈论者只允许静听，不必做任何表示。注意体会被大家指出优点时的感受。

讨论：

1. 被大家指出优点时有何感受？

2. 是否有一些优点是自己以前没有意识到的？是否加强了对自身优点、长处的认识？

3. 指出别人的优点时你有何感受？

活动三　一起来找茬

目的：

让学生懂得观察的重要性并学会观察，明白在人际交往中察言观色的重要性。

活动过程：

1. 教师随机抽取两人上台，两人自我介绍并观察对方的外貌特点。

2. 然后两人背对背各自改变自己身上的三处地方，之后转过身去发现对方有什么不同，最后向对方说“你是一个独一无二的人，认识你是我的荣幸！”（教师在介绍游戏时要边讲边演示）

3. 交流讨论：参与活动的学生分享活动感受。

活动四　我就要让你说

目的：

让学生了解说话技巧的重要性，以及学会用不同的方式表达自己的观点或思想。

活动过程：

1. 在学生头上都贴上精心准备好的纸片，纸片上写着被贴纸的人所不能做的事或者不能说的话（例如谢谢、你好、对不起）。

2. 学生两两之间需要不断地用各种方法引诱别人中招，一旦被贴纸的人做出纸片上的事，就是中招了，要接受惩罚。输者可以尾随赢家去寻找另外的学生继续上述步骤。

3. 游戏中每个人都只能看到其他人的纸片而看不到自己的，所以在引诱别人的同时，又要提防被别人诱惑。

4. 团体交流讨论：在游戏中，你能否通过观察其他学生的行为、语言和表情，猜出自己头上的纸片写着什么，你有没有发现一个意思可以有很多种表达方式?

活动五　破译密码

目的：

体会非言语沟通。

活动过程：

1. 教师随机选取一组学生上台，给组内每位同学戴上眼罩。

2. 给每人一个号，但这个号只有本人知道。

3. 让小组根据每人的号数，按从小到大的顺序排列出一条直线。

4. 全过程不能说话，只要有人说话或脱下眼罩就算游戏结束。

5. 讨论和分享：你是用什么方法来通知小组成员你的位置和号数的？沟通中遇到了什么问题，你是怎么解决这些问题的？你觉得还有什么更好的方法？

活动六　人际矛盾 AB 剧

目的：

1. 让学生明白同学都是来自不同地方的人，彼此的生活习惯和脾气秉性都可能不同。

2. 体验角色的感受，一起探讨做法的合理与不合理。

活动过程：

1. 剧情设定(教师可自主设计剧情)。

剧情一：今天你很早就关灯休息了，可是你室友很晚才回来并洗澡洗衣服，响声很大。

剧情二：室友很懒，不怎么整理自己的物品，并把垃圾弄到宿舍到处都有。

剧情三：好朋友向你借作业抄，你不想借，但又碍于情面。

2. 小组内讨论解决上述人际矛盾的方法，并用小品的形式表演至少一个剧情，教师随机抽取一组上台展示。

3. 表演时其他小组停止讨论，注意观察小品的合理与不合理处。

4. 所有成员一起讨论以上各种解决方案的可取之处和不合理之处。

活动七　社会支持系统图

目的：

体验自己是如何寻求社会支持的，反思如何向他人提供有效的社会支持。

活动过程：

1. 起始阶段

先在空白纸张的正中央画一个符号代表你自己（用小星星或小人均可），然后以代表你的符号为中心画上数条长度不等的放射线，在线的末端写下你遇到困难和压力时，所有可以寻求帮助的人际资源（一个名字或称呼，个人或团体均可）。放射线的长度代表此人或团体对你的支持程度，线段越短表示支持程度越高，线段越长则表示支持程度越低。

2. 运行阶段

反思与分享：

（1）图中谁离你最近？

（2）想一想为什么选他（她）？

（3）在你遇到困难和挑战时，你是怎样向他寻求支持的？

（4）画完你的社会支持系统图，你现在感受如何？

3. 结束阶段

（1）目的：让学生再次剖析自己的内心感受，同时给本次活动指出不足或提供建议。

（2）过程：教师在活动结束时，对活动进行小结，并对学生的认真参与表示感谢："今天我们进行了一次了解、表达自己情绪的活动，我非常感谢大家都能坦诚分享自己的真实感受。你打开心灵越多，你的收获就会越大。我也真诚地希望大家在平时多注意觉察自己的情绪，采用适当的方式来表达自己的情绪，遇到困扰时能主动采取合适的方式来纾解情绪。"最后可要求学生在"学习通"中写出自己活动中的感受、团体内的收获和提出改进团体活动的建议。

主题三　自我意识团体辅导

团体名称：我是谁

领导者：课程主讲教师

团体性质：封闭性、结构性团体

成员对象：大一新生

人数：每组 5—8 人

筛选方式：随机分组

团体时间：约 90 分钟

团体次数：1 次

团体地点：授课教室

团体理论基础：

埃里克森认为，人要经历八个阶段的心理社会演变，这种演变称为心理社会发展。这些阶段包括四个童年阶段、一个青春期阶段和三个成年阶段。每个阶段都有应完成的任务，并且每个阶段都建立在前一阶段之上，这八个阶段紧密相连。大学生处于"心理社会合法延缓期"，发展任务是处理自我同一性和角色混乱的冲突。

James 将"我"分解为主体我(I)和客体我(me)，自我意识即主体我对客体我的意识。自我意识又分为自我认识、自我体验与自我调节。自我认识是自我意识的认知成分。自我概念与自我评价是自我认识中的两个重要概念。在西方心理学中，在自我(self)这一标题下，常被提到的一个术语是自我概念，Rosenberg 将自我概念定义为"一个人把自己作为客体所具有的所有思想与情感的总和"，通常将自我概念分为现实自我(actual self)、理想自我(ideal self)和镜中的自我(looking-glass self)，自我概念有行为导向、行为动力、信息加工的功能。自我评价的途径主要有四条：通过对他人的认识来认识自己；通过分析他人对自我的评价来认识自己；通过与他人比较来认识自己；通过自己的活动表现和成果来认识自己。自我体验是自我意识的情感成分，包括自尊、自信、内疚、自豪感等。自我调节是自我意识的意志成分，包括自主、自立、自我控制、自我教育等。自我意识是人格结构中自我调控系统的重要内容。

团体目标：

1. 协助同学进行自我探索，了解自己，认同自己。
2. 协助同学发现自己的兴趣、能力、价值观与特质。
3. 协助同学挖掘自身优点，建立自信、肯定自我价值。
4. 协助同学协调现实自我与理想自我的矛盾。

活动一　暖身

目的：

1. 放松、减轻焦虑、活跃气氛。
2. 互相熟识，增进团体凝聚力。
3. 引导个人参与团体活动。
4. 激发个人对他人的兴趣。

活动过程：

热身的具体活动由教师自主选择，可参照附录暖身活动工具箱，选择其一开展。

活动时间：

5 分钟

活动准备：

依据自己所选择热身活动的内容准备活动材料

活动二　我是谁

目的：

分析自我，发现自我。

活动过程：

1. 轻柔体操

请后排的同学为前排同学揉肩、敲背，相互问好。

2. 教师指导语

请在下面写出 20 句“我是……”(如我是一个热爱生活的人,我是一个有理想和追求的人,我是一个爱交往的人,等等)。要求符合真实的自我,尽量选择一些能代表自己人格特征的语句,避免表述过于泛泛,如我是大学生。限时 5 分钟。

(1) 我是________________________________。

(2) 我是________________________________。

(3) 我是________________________________。

(4) 我是________________________________。

(5) 我是________________________________。

(6) 我是________________________________。

(7) 我是________________________________。

(8) 我是________________________________。

(9) 我是________________________________。

(10) 我是________________________________。

(11) 我是________________________________。

(12) 我是________________________________。

(13) 我是________________________________。

(14) 我是________________________________。

(15) 我是________________________________。

(16) 我是________________________________。

(17) 我是________________________________。

(18) 我是________________________________。

(19) 我是________________________________。

(20) 我是________________________________。

3. 结果分析

(1) 答案的数量和质量。一共写出了几个答案,答案中哪些方面的内容为多。如果能写出 9—10 个答案,则大体上可以认为没有特别的障碍。如果只能写出 7 个或更少的答案,则可以认为是过分压抑自己。

(2) 回答内容的表现方式。有三种情况:符合客观情况的,如“我是大女儿”“我是小学生”等。主观解释的情况,如“我是老实人”“我胆小”等中性的情况，即谁都不能做出判断的情况。如果主观评价都有，可以认为取得平衡了。如果倾向于主观或客观，则不能取得平衡。

(3) 回答的内容是否涉及自己的未来。哪怕只有一个答案涉及未来(如“我是未来的大学生”)，也说明自己有理想和抱负，在现实生活中充满生机。如果没有一个答案涉及未来，则可能说明自己对未来考虑不多。

(4) 回答的内容涉及自己的身体状况、心理(才智、情绪等)社会关系状况各有几项？

(5) 评估一下你对自己的陈述是积极的、肯定的还是消极的、否定的。其中，表示积极和消极的句子各有几句。如果表示积极的句子多于表示消极的句子，说明你的自我接纳状况良好。相反，你的消极陈述的句子将近一半甚至超过一半，则显示你不能很好地接纳自己，你的自尊程度较低，这时你需要内省一番，寻找问题的根源。例如哪一方面过低评价了自己？是什么原因造成的？有没有改善的可能？

4. 小组交流

在自愿的基础上同学之间可以相互交流、分享(如果有的学生不想把自己的隐私说出来，也不要勉强)。每个学生总结自己的评价和同学的评价，课后写一篇“这就是我”的总结，文章不讲究形式、措辞，只要求对“我”的各个方面都写全，以达到正确认识自我的目的。

5. 总结

教师发言，指出正确认识自我的意义。认识自我、接纳自我是一个艰难而痛苦的心理历程，所以，重塑自我、超越自我可以说是一场自我革命，必须从了解自我、接纳自我起步。这对于一个追求卓越成功的年轻人来说是难能非常可贵的。

活动三　我就是我

目的：

1. 发现主体我与客体我之间的差距、理想我与现实我之间的差距。

2. 进一步了解自我。

活动过程：

请同学们认真填写下面的表格。可以从外貌、性格、智力等多方面对现实的我“做一个评价”；可以选择一位心目中的偶像或者想象中的人来描绘

"理想的我";思考自己在别人眼中是什么样而填写"别人眼中的我",也可请身边同学帮忙来填写此栏。

项目	现实的我	理想的我	别人眼中的我
身高			
体重			
性别			
文化程度			
性格			
人际关系			
专业			
恋人			
生活费			
爱好			
理想抱负			

讨论:

1. 对比表的结论,看看现实的我和理想的我之间的差别。对于自己拥有的,你喜欢哪些不喜欢哪些?你想改变你不喜欢的自己吗?

2. 对比表的结论,看看现实的我和别人眼中的我之间的差别。你是不是一直在伪装自己?你今后打算怎么做?

3—5 人一组,每位同学独立填写下列句子,填好后在小组内分享交流:

我是独一无二的,因为我____________________。

我是奇妙的,因为我____________________。

虽然我有缺点,但是我____________________。

我就是我

我就是我,心中没有偶像,没有楷模。因为我不是傀儡,不是木偶,我是一个独立的人,有我的思想、我的灵魂、我的性格。

我就是我,我感受到人生的快乐,也品尝过生活的曲折。我愿意奉献,也希望得到;我崇尚奉公,也承认自私;我欣赏谦虚,但也生有傲骨。

我就是我,一个有七情六欲的人。我爱,我慕,但不嫉妒;我想,我恨,但不悲叹;我笑,我哭,但不过敏;我忍,我让,但不怯懦。

我就是我！我强调自我,但不唯我独尊;我强调自信,但不自傲;我崇尚刚强,但不粗暴;我追求自由,但不任性。

我就是我,一个醉心大自然、酷爱新生活的我。我敬佩梅花的刚强,我崇拜青松的挺拔,我动情垂柳的依恋,我倾心红豆的相思。

我渴望友谊,我渴望爱,我期待理解。但是,我知道,这一切我都要通过自己的努力去得到。

我就是我,一个自信的我,一个真实的我,一个潇洒的我,一个执着追求的我。

活动四　优点轰炸

目的:

悦纳自我、悦纳他人。

活动过程:

1. 要求小组成员轮流被别人指出优点,每个人只对被谈论者指出一个确实存在的优点,被谈论者只允许静听,不必做任何表示。注意体验被大家指出优点时的感受。

2. 讨论:

(1) 被大家指出优点时有何感受?

(2) 是否有一些优点是自己以前没有意识到的?是否加强了对自身优点、长处的认识?

(3) 指出别人的优点时你有何感受?

活动五　我很不错

目的:

1. 发掘自己及他人的正向特质。

2. 与他人分享自己的优点与长处。

3. 培养积极自我评价的习惯。

活动过程:

1. 准备工作:准备“我很不错”自我分析表和镜子(学生可用手机相机代替)。

2. 在黑板上示范说明什么是正面评价，然后发给学生“我很不错”自我分析表让他们填写。

3. 请一两名学生朗读自己的自我分析表，其他学生可以补充他的其他优点。

4. 向学生讲述下述观念——虽然有许多不顺利、悲观的事情发生在我们身边，但同时许多顺利、喜悦、乐观的事也依然存在，只是当我们过度悲伤时，常常忽略了它们的存在。只要用心体会，我们依然会发现这些美好的事物。

5. 手持一面镜子，由教师示范说出自己的三项优点。

6. 每组发给一面镜子(可用手机相机代替)，各组学生轮流用镜子并且说出自己的三项优点。其他学生也可补充说一两项，直到全组说完为止。

7. 回到大团体中，由若干学生自愿说说刚才参加小组活动时的感想。

8. 教师总结：活动结束前，教师可以就课堂上表现优秀的学生，分别给予具体的称赞，也可以补充说出他的优点。

请依照举例，填入你对自己的看法。你有哪些朋友？你喜欢哪些科目？你擅长什么运动或才艺？你最喜欢哪些家人？你最得意的是什么事？

“我很不错”自我分析表

我的个性	朋友	喜欢的科目	特长	家人	其它

9. 结束阶段

(1) 目的：让学生再次剖析自己的内心感受，同时给我们本次活动指出不足或提供建议。

(2) 过程：教师在活动结束时，对活动进行小结，并对学生的认真参与表示感谢：“今天我们进行了一次了解、表达自己情绪的活动，我非常感谢大家都能坦诚分享自己的真实感受。你打开心灵越多，你的收获就会越大；我也真诚地希望大家在平时多注意觉察自己的情绪，采用适当的方式来表达自己的情绪，遇到困扰时能主动采取合适的方式来纾解情绪。”最后可要求学生在“学习通”中写出自己活动中的感受、团体内的收获，并提出改进团体活动的建议。

主题四　生涯规划团体辅导

团体名称：我的未来不是梦

领导者：课程主讲教师

团体性质：封闭性、结构性团体

成员对象：大一新生

人数：每组 5—8 人

筛选方式：随机分组

团体时间：约 90 分钟

团体次数：1 次

团体地点：授课教室

团体理论基础：

Super 提出了“一生生涯的彩虹图(life-career rainbow)”分成五个阶段:成长—探索—建立—维持—衰退。咨询师可以协助来访针对个人之发展阶段、生活空间以及生活方式,透过彩虹图,看到不同角色如何建构成其特有的生涯组型;不同角色如何在不同的阶段出现;角色的组合该如何安排,才能达到最佳的自我实现。

霍兰德认为个人的职业选择为其人格的反应,是职业兴趣及人格在学业、工作嗜好、休闲活动上的表现。一般而言,职业选择是基于过去经验的积累,加上人格特质的影响而作的抉择。所以,一个职业将吸引有相同经验和人格特质者,同一职业的工作者具有相似的人格特质,对许多情景问题也有相近的反应。

埃里克森的心理社会理论认为,青年期的主要课题在于解决认定与认定混淆的冲突,而事业的抉择是寻求自我中相当重要的一环。大学生若够顺利发展出对自我认定的形象,对自己的内在一致性及连续性具有信心,对事业有希望且可以忠于目标，则可顺利进入下一阶段“亲密关系或疏离”：在工作上与人合作，分享思想和感受。所以产生成功的自我认同有助于大学生未来生涯上的发展。

团体目标：

1. 协助学生认识到自己的价值观与兴趣。
2. 协助学生了解自己的人格特质及能力，以及其对生涯抉择的影响。
3. 开始思考未来及合理规划四年大学生活。
4. 增进学生个人抉择、计划的能力。

活动一　暖身

目的：

1. 放松、减轻焦虑、活跃气氛。
2. 互相熟识，增进团体凝聚力。
3. 引导个人参与团体活动。
4. 激发个人对他人的兴趣。

活动过程：

热身的具体活动由教师自主选择，可参照附录暖身活动工具箱，选择其一开展。

活动时间：

5 分钟

活动准备：

依据自己所选择热身活动的内容准备活动材料

活动二　职业的世界

目的：

1. 了解不同的职业。
2. 对职业进行分类。
3. 澄清自己的职业倾向。

活动过程：

1. 请小组内某同学表演事先准备好的社会上人们的工作模式，其他同学猜该同学表演的是什么样的工作，小组内轮流表演，并交流答案。

2. 请学生说出现在社会上存在的职业名称。发给成员一些白纸，让他们写下自己所说的职业名称。拿出事先准备好的海报，让成员将所写的按照我国职业分类单大类的职业分类标准，分类地贴上去。

3. 学生完成《职业兴趣测量表》，并交流自我判断职业倾向和量表测量所得到的职业倾向。

活动三　价值观大拍卖

目的：

1. 激发学生思考自己的价值观念，学会抓住机会，不轻易放弃。

2. 帮助学生体验和澄清自己的人生态度。

活动过程：

1. 事前准备：将拍卖的东西事先写在 PPT 上（最好是不同的颜色），以增加拍卖的趣味性及方便进行拍卖。

2. 游戏规则：每个学生手中有 5000 元（道具钱），它代表了一个人一生的时间和精力。每个人可以根据自己对人生的理解随意竞买下表中的东西。每样东西都有底价，每次出价都以 500 元为单位，出价高者就能得到想买的东西，有出价 5000 元的，立即成交。

拍卖物品底价表

1. 爱情	500	6. 威望	500	11. 长命百岁	500
2. 友情	500	7. 自由	500	12. 诚实	500
3. 健康	1000	8. 爱心	500	13. 每天都能吃美餐	500
4. 美貌	500	9. 财富	1000	14. 聪明	1000
5. 礼貌	1000	10. 快乐	500	15. 名牌大学录取通知书	1000

3. 按游戏方式进行，直到所有的东西都拍卖完为止，然后请学生认真考虑买回来的东西，并讨论交流。

（1）你是否后悔你买到的东西？为什么？

（2）在拍卖的过程中，你的心情如何？

（3）有没有同学什么都没有买？为什么不买？

（4）你是否后悔自己刚才争取的东西太少？

（5）争取过来的东西是不是你最想要的？

(6) 钱是否一定会带来快乐?

(7) 有没有一种东西比金钱更重要或比金钱带来更大的满足感呢?

(8) 你是否甘愿为了金钱、名望而放弃一切呢? 有没有除了比上面所说的这些更值得追寻的东西呢?

活动四　职业方向盘

目的:

让同学了解自己大致的职业决定,并分析环境与他人的阻力与助力。学习多向度思考,以弹性的想法面对阻力。

活动过程:

1. 教师先要求每位同学思考自己可能会考虑从事的工作(不限一个工作),再随机抽取两位同学,每人发一个气球请同学自行吹饱自己的气球。

2. 让学生在气球上写上一个自己的决定。

3. 两位同学在讲台附近空地站着并拍打自己手边的气球,要求将自己的气球往上打,同时将对方的气球击落,气球落地一方则为输(可设定小惩罚,如表演节目)。

4. 回到小组,根据上一个活动让学生思考在真实生活中,是否有哪些阻力或助力会影响自己的决定。

5. 给每位学生一张纸,让每个人列出阻碍其达成目标所有可能的阻力,列出有助于达成其目标的有利因素。

6. 同学进行利弊分析,阻力由-1到-5,助力由$+1$到$+5$,列找出最大阻力及最大助力。

7. 协助同学发展如何增加最大助力、减少最大阻力的方法。

活动五　计划伴我行

目的:

1. 协助同学规划自己未来四年的大学生活。

2. 协助同学了解,唯有一步一步去做,理想才会实现。

3. 培养同学对不可知未来的积极主动的乐观态度。

4. 使学生学会在迷茫时为自己树立目标。

活动过程：

1. 引导者伴随轻音乐念起指导语，引领成员的思想进入时空隧道，想象四年后的自己。

2. 每个人写下自己大学每一年的计划，将自己的计划提出，由小组内成员发问，该学生加以澄清，大家讨论该计划的优势，培养该成员的乐观态度。

3. 留出作业：学生完善自己的四年计划和对自己四年后的展望，并将计划和展望封存，留待四年后查看。

4. 结束阶段

（1）目的：让学生再次剖析自己的内心感受，同时给本次活动指出不足或提供建议。

（2）过程：教师在活动结束时，对活动进行小结，并对学生的认真参与表示感谢："今天我们进行了一次了解、表达自己情绪的活动，我非常感谢大家都能坦诚分享自己的真实感受。你打开心灵越多，你的收获就会越大；我也真诚地希望大家在平时多注意觉察自己的情绪，采用适当的方式来表达自己的情绪，遇到困扰时能主动采取合适的方式来纾解情绪。"最后可要求学生在"学习通"中写出自己在活动中的感受、团体内的收获，并提出改进团体活动的建议。

主题五　压力应对团体辅导

团体名称：抗压站

领导者：课程主讲教师

团体性质：封闭性、结构性团体

成员对象：大一新生

人数：每组 5—8 人

筛选方式：随机分组

团体时间：约 90 分钟

团体次数：1 次

团体地点：授课教室

团体理论基础：

默里把人格归结为有目的的、动态的、连续的活动模式，这种活动模式贯穿于个体一生的发展之中。人格的动力结构是需要，需要是代表脑区力量的构造物，它引起行为反应，使原有紧张的情境向解除紧张的情境转化，并具有定向目的性。默里把需要分为 20 种，认为人在一定程度上能控制自己的需要状态，但是人在迫切需要时又知觉到压力。

沃尔什根据默里的这一理论模型提出了两个基本假设：第一，人伤口的心理意义可以从行为中推知，因为需要被看作是有组织的倾向，这种倾向为个体的行为提供了一致性和方向性。有鉴于此，个体的行为可以根据使需要得到满足的能力来得悉。第二，环境的心理意义可以从人体对环境的知觉中推知，因为环境是根据有赖于个体对环境解释的各种压力来定义的。

团体目标：

1. 协助学生了解自己的压力来源。

2. 使学生了解压力的正负面意义。

3. 了解自己对压力的反应。

4. 帮助学生积极应对压力的方法。

活动一　暖身

目的：

1. 放松、减轻焦虑、活跃气氛。

2. 互相熟识，增进团体凝聚力。

3. 引导个人参与团体活动。

4. 激发个人对他人的兴趣。

活动过程：热身的具体活动由教师自主选择，可参照附录暖身活动工具箱，选择其一开展。

活动时间：5 分钟

活动准备：依据自己所选择热身活动的内容准备活动材料

活动二　案例及讨论

目的：

1. 理解压力的客观存在。

2. 体谅压力情境下的个体。

3. 寻找压力解决途径。

活动过程：

1. 教师提供案例。小宇，男，大一学生。该生因到课率较低，没有提交平时作业而引起专业课老师的注意，专业课老师找学生谈话，希望学生能够按时到课并高质量完成平时作业。谈话后，小宇此门课程到课率提升，也按时完成作业，但作业质量比较敷衍，主观分析题只写了一两句话。专业课老师将情况反馈给辅导员，请辅导员对其进行关注和教育。辅导员去了解小宇的成长背景，小宇来自偏远农村，6 岁那年父亲因车祸去世后，妈妈一个人承担抚养小宇的责任，只能外出务工，将小宇交给爷爷奶奶抚养，小宇与爷爷感情格外深厚，爷爷暑假被诊断为肺癌晚期，目前卧病在床。小宇家庭经济贫困，大学的学费是妈妈找亲戚朋友借钱凑的，入校后经常有无力感，在宿舍以打游戏居多，很少与同学沟通交流，宿舍同学也没发现他有什么贴心的朋友。辅导员了解情况后找小宇谈话，要求学生积极上进，不要旷课，按时完成作业,同时委托寝室长催促小宇按时上课,按时完成作业。

2. 讨论

(1) 小宇的压力来源有哪些?

(2) 小宇使用了什么样的应对方式?

(3) 小宇有哪些应对资源可以给他提供帮助?

(4) 你如何看待案例中小宇的辅导员和寝室长对他提出的要求?你是否在生活中对沮丧的朋友提过类似的要求?

活动三　压力来时

目的:

1. 协助学生了解自己的压力来源。

2. 了解自己对压力的反应。

活动过程:

1. 请同学分组讨论,压力来时自己的身体及心理上会有什么症状产生。

2. 每一组同学轮流说出一个症状。(邀请二位同学上台帮忙记录)

3. 把压力症状按照成员说的次数多少量化,最多 10 分,最少 1 分。

4. 每个成员按压力症状为自己打分,了解自己的压力程度。

5. 教师总结:使成员了解了自己的压力来源和自己所具有的压力类型和程度。

活动四　冥想训练

目的:

释放压力

活动过程:

1. 教师引导:压力在生活中随时会出现,而我们常常因此受干扰使得情绪低落,有时候我们用听音乐、洗澡等一个人就可以完成的方式来纾解压力,有时候我们会找别人帮忙。现在我们先进行一小段时间的放松冥想,让同学感受一下另一种面对压力的自我放松方式,而老师也会引导学生去思考,当自己有困难时,会找谁帮忙。思考 3 分钟。

2. 教师带领学生做冥想

冥想指导语

同学们，请闭上你的眼睛，调整自己的身体到最舒服的姿势。停二秒。现在请将注意力转移到你的呼吸上，深深地吸进来，慢慢地吐出去，缓缓地吸进来慢慢地吐出去，慢慢地、慢慢地吸进来，缓缓地吐出去。想象你躺在一片柔软的草地上，这是一个安静的山谷，想象你的身体舒服地躺在草地上随意伸展，温暖的阳光洒在柔软的草地上，微风轻轻地拂过。现在请你将注意力转移到脸部的地方，感觉到自己正在放松，放松你的额头、眉毛，慢慢地放松，放松你的眼睛、鼻子、嘴巴，感觉到自己的脸部慢慢地放松。现在将注意力转移到你的肩膀，感觉一下它是不是很紧绷，慢慢地，将你的肩膀放松，让肩膀的肌肉放松，深深地吸进来吐出去，慢慢地吸进来，缓缓地吐出去。现在，将注意力移到头部，回想幼儿园的我、小学一年级的我，那时我穿着怎样的衣服呢？五年级的我，是谁站在我的身边呢？初中一年级的我，和现在有没有什么不同？到今天，生命走了将近 15 年，有时快乐，有时沮丧，每当我快乐时是谁陪在我的身边呢？是爸妈还是同学。当我悲伤难过时，是谁陪我走过的呢？是老师吗？或是朋友？每个人生命当中都有一些重要的人支持，在我的生命中有没有谁是这样重要的人呢？现在请想一想，找找生命中重要的人，想一想我遭遇困难压力时，我会向谁寻求协助呢？停三秒……好，当你已经想好了，就可以慢慢地睁开眼睛。

3. 请几位同学自由发表所想到的人及冥想后的感觉。

4. 发给每位同学一张蜘蛛网活动单，并说明每个人以自己为中心，在生命中需要别人的支持，而越靠近中心的人对你而言越重要，生命中会有许多时候我们需要别人的支持，而我们也可以同时扮演支持别人的角色。

5. 在团体中找愿意帮助你的人签名，至少要找三位同学。请成员先想好要找谁，让谁帮助你哪个项目，然后开始找。

活动五　抗压小天使

目的：

帮助学生寻找积极应对压力的方法。

活动过程：

领导者向学生介绍两种抗压方法：方法一：我的抗压碎碎念（自我暗

示法)

(1) 当遇到压力时,可以告诉自己"台下的观众都是笨蛋,就算我表演得不好,他们也不知道""我都准备好了,还怕什么! 冲吧冲吧!""我可以的、我可以的、我可以的!""神啊,请赐我力量吧!"

(2) 请学生去发现自己的抗压碎碎念,并把它写在白纸上。(时间10分钟)

方法二:肌肉松弛法

(1) 若感到非常紧张时,就将全身用力绷紧,使脖子紧缩后仰,双手握拳,手肘向内弯曲,臀部及大腿肌肉用力收缩,而此动作须持续至觉得无力为止,始可放松。

(2) 请同学自己练习,组成两人一组,互相配合练习。(时间10分钟)

活动六 突围闯关

目的:

1. 让成员感受压力的产生,体验到压力对自己的影响。
2. 体验压力的积极意义。

活动方式:

游戏体验法。

活动过程:

1. 游戏第一阶段——突围

第一步:选出一位成员,站在团体中央,其他成员面朝里,手臂相连,形成包围,被包围在团体中央的成员可以采用任何方式,如采用钻、跳、推、拉、诈骗、甜言蜜语等任何想到的方式,力求从圈子里突围出来,而站在四周围成一圈的成员要尽气力,共同协作,不让中央的成员逃出。一段时间之后,换其他成员尝试。

第二步:两个成员一起闯。

第三步:三个成员一起闯。

2. 游戏第二阶段——闯关

小组成员面朝外手拉手围成一个圆圈,一人站在圈外,用任何方式闯关进入圈内。作为闯关的成员,力图设法进入圈内,可以用钻、跳、推、拉、诈骗、甜言蜜语等任何想到的方式,围圈成员尽量不理睬,并竭力抗拒该成员进入圈内。一段时间之后，换其他成员尝试。

3. 游戏做完后，小组成员进行分享和讨论。

（1）游戏中，当你一个人面对团体时，是否感受到了压力？那是一种什么样的感受？

（2）当你和团队在一起组成圈子共同协作时，有没有压力产生？那是一种什么样的感受？

（3）这个活动让你想到了什么？

4. 结束阶段

（1）目的：让学生再次剖析自己的内心感受，同时给本次活动指出不足或提供建议。

（2）过程：教师在活动结束时，对活动进行小结，并对学生的认真参与表示感谢："今天我们进行了一次了解、表达自己情绪的活动，我非常感谢大家都能坦诚分享自己的真实感受。你打开心灵越多，你的收获就会越大；我也真诚地希望大家在平时多注意觉察自己的情绪，采用适当的方式来表达自己的情绪，遇到困扰时能主动采取合适的方式来纾解情绪。"最后可要求学生在"学习通"中写出自己活动中的感受、团体内的收获，并提出改进团体活动的建议。

附录1 热身技术工具箱

1. 松鼠搬家
2. 内外圈
3. 口香糖
4. 成长三步
5. 兔子舞
6. 握手舞
7. 筷子舞
8. 人体多米诺
9. 串名字
10. 赞美大轰炸
11. 我喜欢我可以
12. 鸳鸯蝴蝶梦
13. 解手链
14. 心有千千结
15. 幸福拍手测试
16. 信任盲行
17. 滚雪球
18. 大风吹
19. 叠罗汉
20. 微笑握手

……

例:大风吹

方法:学生坐好,教师发口令:"大风吹,大风吹,穿白色衣服的人动起来!"这时符合条件的同学要迅速从座位上起来。口令可以是多种多样,如戴眼镜的同学、男同学等,任何有标志性的口令都可以。没有完成的人可以适当表演节目。

微笑握手

方法:5分钟的时间内,边微笑着做自我介绍边握手,每和一位同学微笑着握手都要重复地自我介绍,规定时间内握手人数越多越好,感受彼此阳光般温暖的微笑。

串名字

方法:5分钟的时间内小组成员围成一圈,任意提名一位学生自我介绍,第二名学生轮流介绍,但是要说:我是×××后面的×××,第三名学员说:我是×××后面的×××的后面的×××,依次下去……最后介绍的一名学生要将前面所有学员的名字复述一遍。

附录 2　团体活动记录表

<table>
<tr><td colspan="2">主题：</td><td colspan="3">主办单位：</td></tr>
<tr><td colspan="2">活动名称：</td><td>活动时间：　年　月　日</td><td>活动地点：</td><td>团体次数：</td></tr>
<tr><td colspan="2">领导者：</td><td>助理：</td><td>观察员：</td><td>团体人数：</td></tr>
<tr><td>本次
活动目标</td><td colspan="4"></td></tr>
<tr><td>团体
活动流程</td><td colspan="4"></td></tr>
<tr><td>领导者
评估</td><td colspan="4"></td></tr>
<tr><td>观察员
评估</td><td colspan="4"></td></tr>
<tr><td>特殊
事件</td><td colspan="4"></td></tr>
<tr><td>讨论
意见</td><td colspan="4"></td></tr>
</table>

附录 3　活动参与度评分

日期	活动主题	是否到课	自评参与度(A/B/C/D)	教师评分

注:学生自评 A、B、C、D 四个档次,其中 A 为 91—100 分,B 为 81—90 分,C 为 71—80 分,D 为 61—70 分。教师依据学生的课堂表现、发言次数、发言质量以及课程反馈册的填写内容来确定每次课的分数,最终分数取平均分。

参考文献

1. 浙江师范大学教育学院心理系.团体辅导设计集锦[M].2005.

2. 杨敏毅,鞠瑞利.学校团体心理游戏教程与案例[M].上海:上海科学普及出版社,2006.

3. 魏荣霞.基于萨提亚模式的大学生心理健康教育课程设计[M].天津:天津科学技术出版社,2020.

4. 刘孝荣,王绪忠,张鑫莉.心理健康教育[M].成都:电子科技大学出版社,2019.

5. 江西省教育厅.大学生心理健康教育教程(第四版)[M].南昌:江西高校出版社,2019.

6. 赵异民,杨中焕,向宇婷.大学生心理健康教育[M].成都:电子科技大学出版社,2019.

7. 张英莉.大学生心理健康教育[M].北京:北京理工大学出版社,2019.

8. 李锦云.大学生心理健康辅导[M].北京:北京理工大学出版社,2020.

9. 邱乐,陈理智,胡胜利.心理健康与调适[M].长沙:湖南人民出版社,2020.

10. 王祖莉, 简洁.大学生心理健康教育[M].北京:北京理工大学出版社,2021.

11. 董朝燕.大学生心理健康教育[M].北京:新华出版社,2021.

12. 张萍,彭德珍,于婷.大学生心理健康教育[M].重庆:重庆大学出版社,2022.

13. 杨昕玥.非暴力沟通团体辅导对初中生家庭语言暴力的干预研究[D].华中师范大学,2023.